W0267732

NATURE & découvertes

Michel
LIS

LE JARDINIER

L'ALMANACH PERPÉTUEL

MENGÈS – RUSTICA

MENGÈS

A mon grand-père Gustave,
homme de nature et de caractère qui a su toute sa vie
que le bonheur naissait dans les jardins
et qui me l'a enseigné.

Que ce livre soit aussi pour mes petits-enfants
Alexandra et Adrien, mes enfants Pierre-Marc,
Annabel et Vahina, ainsi que Corinne, Kader et Christian,
et pour Marlène, épouse unique et confidente patiente,
un jardin de joies et d'amour : ne sont-ils pas
les plus beaux de tous !

© 1966, 1997 et 1998, Éditions Mengès, Paris
ISBN : 2-8562-0403-1
Dépôt légal : mars 1998

Un jardin « pris sur le vif »

Avril est le temps où la terre s'ouvre. Étymologiquement c'est ainsi que les Romains qualifiaient ce mois « pas comme les autres » qui se présente souvent avec encore un peu de neige à son chapeau !

La terre s'ouvre… Ils n'étaient pas si fous ces Romains. Solides et avisés jardiniers à qui l'on doit entre autres l'irrigation dirigée et l'art topiaire, c'est en avril et pas avant qu'ils confiaient semences et plantes à la terre de leur jardin. C'est avant tout pour cela que j'ai souhaité faire débuter mon nouvel *Almanach* avec ce mois béni des jardiniers, des oiseaux et des arcs-en-ciel.

Une autre raison, tout aussi valable, est que le 1er avril fut naguère également le premier jour de l'année, d'où la charmante tradition des étrennes amusantes et drôles qui accompagnaient ce faux jour de l'an rentré dans le rang. C'est bien en ce temps de renouveau que se prennent les meilleures résolutions.

C'est en avril que le bourgeon devient fleur et promesse de fruit, la graine germe de mille rêves, parfums et saveurs, la nature et le jardin enfilent leur habit vert.

Comment mieux commencer son jardin !

Au fil des mois vous retrouverez au quotidien tout ce que j'ai pu faire de mieux dans mon jardin afin que le vôtre devienne « le plus beau du monde ».

C'est en parcourant cet almanach « tout neuf », comme on se promène dans les allées du jardin, que vous goûterez encore plus le jardinage, j'en suis persuadé. Le jardin que l'on crée, que l'on aime avec passion, même s'il est en pots sur la terrasse, est toujours le reflet d'une âme, d'un cœur, d'un art de vivre.

Le mien, je l'ai voulu jardin des cinq sens où couleurs, parfums, saveurs, chants de l'eau et des oiseaux, la caresse, parfois rudes, d'une feuille ou d'une fleur composent un tableau pris sur le vif.

Certains le peindront à petites touches, d'autres le brosseront à grands traits, les couleurs en seront légères ou fortes selon les saisons, mais ce sera toujours votre œuvre.

Prenez donc mon nouvel *Almanach* non seulement comme un guide, mais aussi comme la boîte à peintures que le peintre emporte sur son dos pour « aller sur le motif », en ce lieu précis qu'est un jardin : le centre de l'union de l'homme avec la nature.

Michel Lis, le Jardinier
Officier du Mérite agricole,
Maître jardinier de la Confrérie de Saint-Fiacre,
membre de nombreuses confréries de bouche et de nature.

JARDINEZ AU BON MOMENT

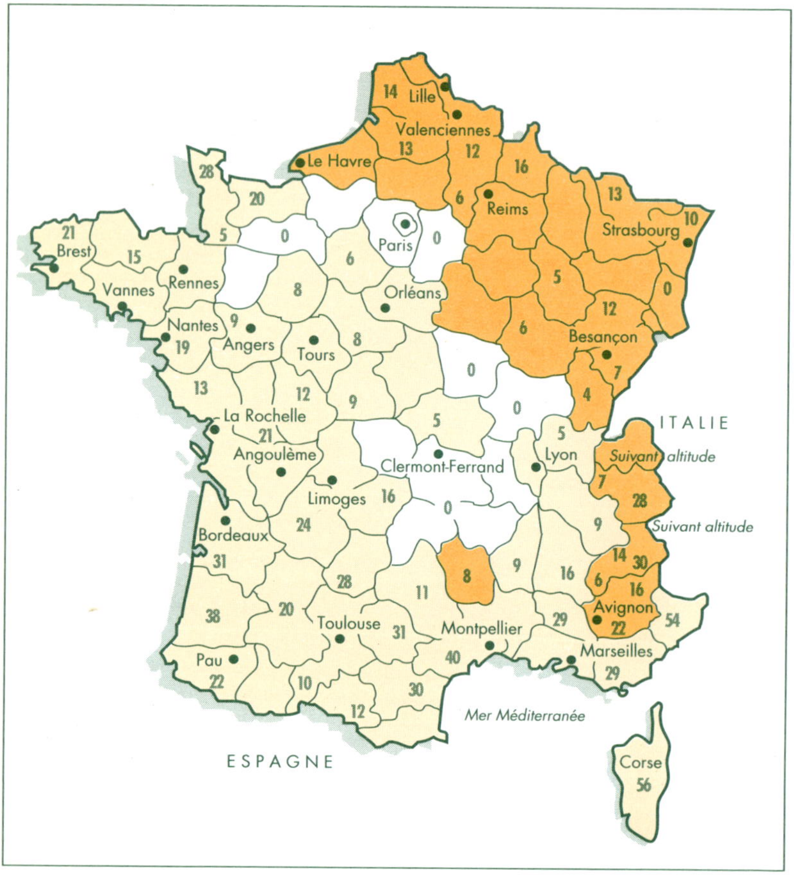

Tous les jardiniers de France et de Navarre ne jardinent pas en même temps. Ils doivent en effet tenir compte du climat de la région où pousse leur jardin. Entre les Ardennes et la Côte d'Azur il peut y avoir jusqu'à soixante-dix jours d'écart pour les mêmes travaux ! C'est pourquoi cette carte dressée à votre intention tient compte des disparités de climat et de situation géographique pour vous guider utilement dans vos cultures, semis, plantations, récoltes. J'ai pris pour point de départ la région parisienne, base zéro, et d'un seul coup d'œil vous pourrez savoir quand commencer vos travaux, plus tôt ou plus tard par rapport à Paris. Les régions qui sont en avance sont indiquées en jaune clair, celles en retard (régions à hivers rigoureux, zones montagneuses) en jaune foncé. Et maintenant bon jardinage… Au bon moment !

Fleurs annuelles

	MODE ET ÉPOQUE DES SEMIS				
	En terrine, dans une pièce chauffée à la maison	Sous châssis froid ou sous tunnel plastique	En place	Hauteur	Floraison
AGERATUM	février/mars			25 cm	juillet/octobre
ALYSSE			avril/juin	10 cm	juillet/septembre
AMARANTE	février/mars			60 cm	juillet/septembre
BALSAMINE		avril/mai		50 cm	juin/septembre
BELLE-DE-JOUR			avril/mai	35 cm	juillet/septembre
BELLE-DE-NUIT			avril/mai	80 cm	juillet/octobre
CAPUCINE		mars/avril (en godet)	avril/mai	40 cm	juillet/octobre
CENTAURÉE ANNUELLE			mars/avril	90 cm	juillet/septembre
CHRYSANTHÈME ANNUEL			avril/mai	60 cm	juillet/septembre
CLARKIA	février/mars			60 cm	juillet/septembre
COBÉE	février/avril			300 cm	septembre/octobre
CORÉOPSIS ÉLÉGANT			avril/mai	80 cm	juillet/octobre
COSMOS			avril	110 cm	juillet/septembre
ESCHSCHOLTZIA			mars/mai	40 cm	juin/octobre
GAZANIA	février/mars			25 cm	juillet/septembre
GODETIA			avril/mai	50 cm	juillet/septembre
GYPSOPHILE ANNUEL			avril/mai	60 cm	juillet/septembre
HARICOT D'ESPAGNE		mars/mai		200 cm	juin/septembre
IMMORTELLE			avril/mai	30/120 cm	juillet/octobre
IMPATIENS	février/avril			20 cm	juin/octobre
IPOMÉE			avril/juin	200 cm	juillet/octobre

Fleurs annuelles (suite)

	MODE ET ÉPOQUE DES SEMIS				
	En terrine, dans une pièce chauffée à la maison	Sous châssis froid ou sous tunnel plastique	En place	Hauteur	Floraison
JULIENNE			mars/juin	25 cm	juin/octobre
LAVATÈRE			avril/mai	90 cm	juillet/septembre
LIN ROUGE			avril/mai	30 cm	juin/septembre
LOBÉLIA	février/mars			15 cm	juillet/septembre
MAÏS DU JAPON			avril/mai	160 cm	septembre/octobre
MUFLIER	mars/avril			20/100 cm	juin/octobre
NÉMOPHILE			avril/mai	20 cm	juin/septembre
NIGELLE			mars/mai	50 cm	juin/septembre
ŒILLET D'INDE		mars/avril	avril/juin	25/40 cm	juillet/octobre
PÉTUNIA	février/avril			20/40 cm	juillet/septembre
PHLOX ANNUEL			avril/mai	20 cm	juillet/septembre
PIED-D'ALOUETTE			avril/mai	130 cm	juin/septembre
POIS DE SENTEUR		février/mars (en godet)	sept./oct. ou mars/avril	180 cm	juin/août
POURPIER			avril/mai	20 cm	juillet/octobre
REINE-MARGUERITE			mai/juin	30/75 cm	août/septembre
ROSE D'INDE	février/mars	février/mars	avril/mai	30/60 cm	juillet/septembre
RUDBECKIA ANNUEL	mars/avril		septembre	70/80 cm	juillet/septembre
SOLEIL			avril/mai	150 cm	juin/octobre
SOUCI			mars/mai	50 cm	juillet/octobre
TAGETE SIGNATA			avril/mai	30 cm	juillet/octobre
TAPIS MAGIQUE			avril/juin	15 cm	juillet/septembre
VERVEINE			avril/mai	25 cm	juillet/octobre
ZINNIA		avril (en godet)	mai/juin	20/80 cm	juillet/octobre

Fleurs bisannuelles

	MODE ET ÉPOQUE DES SEMIS					
	En place	Sous châssis ou sous tunnel plastique	En pépinière	Repiquage	Hauteur	Floraison
CHEIRANTHUS			juin/juillet	août/ septembre	30 cm	avril/mai
DIGITALE			avril/juin	août/ septembre	120 cm	juin/août
GIROFLÉE			juin/juillet	octobre/ novembre ou février/ mars	40 cm	mars/mai
MONNAIE-DU-PAPE			mai/juin	mai	90 cm	mai/juillet
MYOSOTIS			juin/août	octobre (ou mars)	30 cm	avril/mai
ŒILLET DE POÈTE		mars/avril	mai/juin	octobre (ou mars)	50 cm	juin/août
PÂQUERETTE		mars/avril	juin/août	octobre (ou mars)	15 cm	mars/mai
PENSÉE		juin/août	juin/août	octobre	20 cm	mars/juillet
POIS DE SENTEUR (culture en fleur annuelle possible)	sept.				180 cm	juin/août
ROSE TRÉMIÈRE			mai/juillet	octobre	200 cm	juin/ septembre
SAUGE SCLARÉE			août/ septembre	septembre/ novembre	100 cm	juin/août sept./oct.

Fleurs vivaces

	MODE ET ÉPOQUE DES SEMIS					
	Sous châssis ou sous tunnel plastique	En pépinière	En place	Repiquage	Hauteur	Floraison
ANCOLIE		avril/mai		octobre	100 cm	mai/juin
ARABIS		mai/juin		octobre	15 cm	avril/mai
AUBRIÈTE		mai/juin		octobre	10 cm	avril/juin
CAMPANULE		mai/juillet		octobre	20 à 70 cm	mai/ septembre
CORBEILLE D'OR		mai/juin		octobre		
CORÉOPSIS	mai/juin			août/ septembre	70 cm	septembre/ novembre
DELPHINIUM	mars	avril/mai		octobre	150 cm	juin/ octobre
GAILLARDE		mai/juin		octobre	70 cm	juin/ octobre
GRANDE MARGUERITE		mai/juin		août	70 cm	mai/ septembre
GYPSOPHILE		avril/mai (en godet)		octobre	80 cm	juin/ septembre
LIN BLEU		mai/juin		octobre	50 cm	juin/ septembre
LUPIN		avril/mai	avril/juin	octobre	150 cm	juin/août
ŒILLET MIGNARDISE			avril/mai	mai/juin	25 cm	juin/août
PAVOT D'ORIENT		avril/juillet	avril/juillet	juin/août	40 cm	juin/ septembre
PHLOX VIVACE		juin/juillet		octobre	60 cm	juillet/ septembre
PHYSALIS		avril		juin	60 cm	août/ octobre
POIS VIVACE	mai/juin			octobre	180 cm	juillet/août
PYRÈTHRE	mai/juin			octobre	70 cm	mai/juillet
SÉDUM		mai/juin		octobre	10 cm	juin/juillet
VIOLA CORNUTA		juillet/ septembre		août/ octobre	20 cm	mars/juillet
VIOLETTE		mai/juin		octobre	15 cm	mars/avril

Légumes

	MODE ET ÉPOQUE DES SEMIS				
	Sous châssis ou sous serre chaude	En pépinière	En place	Repiquage	Période de récolte
ANETH			avril		septembre
AUBERGINE	avril			avril/mai	juillet à octobre
BASILIC	mars à avril			mai	juin à octobre
BETTERAVE			mars à juin	éclaircir	juillet à octobre
CAROTTE			mars à juillet	éclaircir	juin à octobre
CÉLERI	février à avril	mai à juillet		avril à juin	août à novembre
CERFEUIL	février à mars	juillet	avril à août		avril à octobre
CHICORÉE FRISÉE ET SCAROLE				juin à septembre	juin à octobre
CHICORÉE DE BRUXELLES (endive)			mars à juin		novembre à mars
CHOU DE PRINTEMPS	janvier/février			mars/avril	mai/juillet
CHOU D'ÉTÉ/AUTOMNE		mars/avril		avril/mai	juin à septembre
CHOU D'HIVER		mai à juillet		juin à août	octobre à février
CHOU DE BRUXELLES		mars à juin		avril à juillet	septembre à décembre
CHOU-FLEUR				avril à juillet	juillet à décembre
CIBOULE/CIBOULETTE			février/mars		toute l'année
CONCOMBRE			avril à juin		juillet à octobre
CORNICHON					
COURGETTE			mai à juin		juillet à septembre
CRESSON			mars à octobre		avril à novembre
ÉPINARD			août/sept. juin/juillet	éclaircir éclaircir	octobre/février
FENOUIL	décembre		février/mars		septembre à novembre
FÈVE	mars		avril à juillet		juin à août
HARICOT			février à avril		juillet à octobre
LAITUE DE PRINTEMPS			mars	avril à juillet	juillet à octobre
LAITUE D'ÉTÉ/AUTOMNE		septembre/octobre		octobre/novembre	avril/mai
LAITUE D'HIVER			août	éclaircir	octobre à mars

Légumes *(suite)*

	MODE ET ÉPOQUE DES SEMIS				
	Sous châssis ou sous serre chaude	**En pépinière**	**En place**	**Repiquage**	**Période de récolte**
MÂCHE			novembre		
MARJOLAINE			avril		mai à novembre
MELON			mai/juin		juillet à septembre
NAVET DE PRINTEMPS			mars/avril	éclaircir	mai/juin
NAVET D'AUTOMNE			juillet à septembre	éclaircir	octobre à décembre
OIGNON BLANC		août/ septembre		octobre/ novembre	mars à juin
OIGNON JAUNE ET ROUGE			février à avril	éclaircir	juillet à septembre
OSEILLE			mars à août	éclaircir	toute l'année
PERSIL			février à août		juin à mars
PIMENT	février/mars			avril à juin	août à octobre
POIVRON PISSENLIT			mars à juin	éclaircir	septembre à février
POIREAU		février à mai		mai à juillet	septembre à mars
POIRÉE			mars/juillet	éclaircir	juillet à octobre
POIS			février à avril		mai/juin
RADIS DE TOUS LES MOIS	janvier à mars		avril à septembre		avril à octobre
RADIS D'HIVER			juin à août		septembre à décembre
ROQUETTE			mars à août		mai à octobre
SALSIFIS			mars à mai		septembre à novembre
SARRIETTE			mars à juin		juin à septembre
SAUGE		avril à mai		septembre	mai à juillet
SCORSONÈRE			mars à mai		septembre à janvier
TÉTRAGONE			mars à mai		juin à octobre
THYM	février/mars	avril à juillet		septembre	juin/juillet
TOMATE	février à avril			mars à juin	juin à septembre

1er avril

S a i n t   H u g u e s

« Pluie de Saint-Hugues à Sainte-Sophie • Remplit granges et barils »

Les premières laitues

C'est le moment de semer les premières laitues d'été à couper ('Blonde à couper' par exemple), en pépinière ou en place. Après le 15 avril, vous sèmerez les laitues pommées d'été, par exemple 'Nancy' (pour les régions fraîches), 'Kinemontepas', 'Merveille des quatre saisons', 'Contessa'.

Les plantes d'intérieur se réveillent. Celles-ci ont une période de repos moins marquée que celle des plantes du jardin, mais néanmoins bien réelle. Puisque l'hiver se termine, il faut augmenter la périodicité des arrosages et commencer à apporter de l'engrais.

Le bon remède

Les amendements calcaires

Pour chauler, on utilise le plus souvent la chaux agricole (ou chaux hydratée) et la chaux magnésienne (ou dolomie) ; l'une et l'autre contiennent un fort pourcentage de calcaire, mais leur action est relativement brève. Elles conviennent surtout pour les sols lourds (qu'elles contribuent à alléger) et les sols riches en humus. Dans les terres sablonneuses, les calcaires broyés ont une action beaucoup plus longue. Les marnes sont nettement plus pauvres en calcaire, mais leur action se prolonge longtemps. En outre, elles améliorent la structure du sol.

Notes personnelles

....

....

....

....

....

2 AVRIL

Sainte Sandrine

« Souvent avril • Est cousu de mauvais fil »

LA FRISÉE DE LOUVIERS

Qu'est-ce qu'il y avait sur la route de Louviers ? De la frisée ! Et Dieu merci, il y en a toujours car la chicorée aime le climat tempéré et doucement humide des bords de l'Eure. La frisée 'Fine de Louviers' forme une belle pomme bien dense, à feuilles très profondément divisées et à cœur large et plein, blanchissant spontanément. C'est une salade rafraîchissante et savoureuse, un peu croquante, à semer précocement pour la récolter à la fin du printemps ou en été. Cependant, il ne faut pas la semer trop tôt en pleine terre, sinon elle monte vite à graines. En revanche, sous châssis, on peut la semer dès le début avril : la levée se fait rapidement si la température est suffisante, ce qui est une garantie contre la montée. Si vous n'avez pas de châssis, attendez fin mai pour semer en place. La chicorée préfère les sols profonds, frais et bien équilibrés (ni acides ni calcaires).

Le bon remède

La gale des feuilles

Chez l'érable, le tilleul et le poirier, on observe le développement de petites excroissances, souvent rougeâtres, sur les feuilles. C'est une attaque d'acariens et il faut traiter maintenant à l'aide d'un produit acaricide.

Semez la chicorée

Sous châssis ou en pépinière bien exposée, semez les chicorées frisées ('de Meaux', 'Fine de Louviers') et scaroles ('Batavia améliorée'). Vous les repiquerez une première fois en mai, et vous les mettrez en place en juin, en les espaçant de 40 cm.

Notes personnelles

....

....

....

....

....

....

Effectuez un apport d'engrais riche en phosphore et en potasse, en granulés, au pied des plantes vivaces dont les jeunes pousses apparaissent à cette époque (aster, solidago, rudbéckia...). Vous obtiendrez ainsi une floraison plus belle.

3 AVRIL

Saint Richard

« Si le coucou en avril ne chante au 3 • C'est qu'il a perdu sa femme au bois »

LE MIMOSA

Celui de Nice *(Acacia dealbata)* préfère les terres un peu acides. Si le sol de votre jardin est calcaire, achetez des sujets greffés sur le mimosa des quatre saisons *(Acacia retinodes)*, qui résiste bien en terre alcaline. Beaucoup de pépiniéristes proposent une excellente variété, à grandes fleurs, 'Bon Accueil'. C'est le bon moment pour planter les mimosas, à l'abri des vents du nord.

Le basilic

Sous châssis, effectuez le premier semis de basilic à grandes feuilles, dans un sol riche et bien drainé. Maintenez humide et méfiez-vous des limaces – les dégâts sont souvent importants et rapides.

C'est le moment de commencer les traitements *contre les pucerons, en particulier contre le puceron noir du cerisier. Préférez les insecticides non toxiques pour les abeilles (lisez bien la notice sur l'emballage). Et surtout, ne dépassez pas les doses conseillées.*

Le bon remède

Le mildiou de la vigne

Cette maladie très tenace et fréquente se traduit par des « taches d'huile » blanc jaunâtre sur le feuillage, avec un feutrage au revers. Ensuite, les feuilles se dessèchent. C'est une maladie d'été qui se déclenche en général quand il fait chaud et humide. En prévention ou en traitement, utilisez de la bouillie bordelaise ou un fongicide de synthèse (captane). Effectuez plusieurs applications à partir du printemps, mais cessez au moins quinze jours avant la récolte des raisins.

4 AVRIL

Saint Isidore

« Soleil de Saint-Isidore fait blé grenu • Et laisse le pommier tout nu »

Les hôtes du jardin

Pour attirer les fauvettes, les roitelets et les pouillots, qui sont des oiseaux très utiles, plantez des haies et laissez subsister des endroits à végétation dense. Un manteau de lierre, sur les murs, est un lieu privilégié de nidification.

Le bouturage dans l'eau, *si celui-ci est appliqué à de nombreuses plantes d'intérieur, il peut l'être aussi à un certain nombre de plantes du jardin, en particulier le laurier-rose. Prélevez des rameaux latéraux ne portant pas de fleurs. Mettez dans l'eau quelques morceaux de charbon de bois, pour éviter la pourriture. Dès que les racines ont deux ou trois centimètres, repiquez les boutures dans un mélange adapté (terre de bruyère, terre franche et terreau pour le laurier-rose).*

Le bon remède

La mouche de l'oignon

Pour l'éviter, cultivez les oignons à proximité des carottes et évitez la fumure fraîche dont l'odeur attire les mouches – et qui, en outre, entraîne la pourriture des bulbes.

Des concombres très productifs

Les variétés traditionnelles de concombre ('Gros de Bonneuil', 'Long Parisien', 'Vert long maraîcher') donnent des fruits excellents. Cependant, puisque la plante donne à la fois des fleurs femelles et des fleurs mâles, et que seules les premières produisent des fruits, le rendement est limité. L'hybridation a permis d'obtenir des variétés dites « gynoïques » (par exemple 'Gynial' ou 'Regal'), qui comptent plus de 90 % de fleurs femelles et qui sont donc nettement plus productives. Il existe aussi des variétés « parthénocarpiques » (par exemple 'Jazzer'), donnant leurs fruits sans fécondation, et qui ne présentent que des fleurs mâles.

Notes personnelles

....

....

....

« Lune d'avril nouvelle • Ne passe jamais sans gel »

Le salsifis chez soi

Si l'on aime ce légume très fin, il faut le cultiver : en effet, sur les marchés, on ne trouve guère que la scorsonère.
On cultive essentiellement la variété 'Mammouth' qui donne une grosse racine blanc jaunâtre, à peau lisse.
On récolte environ sept mois après le semis (effectué début avril), alors que la culture de la scorsonère s'étale sur deux ans si l'on souhaite récolter de grosses racines. Notez que le salsifis contient de l'insuline et qu'il est conseillé aux diabétiques.

• Semez en place salsifis et scorsonères, en lignes distantes de 30 cm, en enterrant les graines sous 2 cm de terre fine ; plombez et arrosez en pluie.

• Après la levée, éclaircissez à 10 cm. Arrosez régulièrement pendant la culture.

Pour prévenir l'hernie, *cultivez le chou là où, l'année précédente, vous avez récolté des poireaux ou des oignons.*

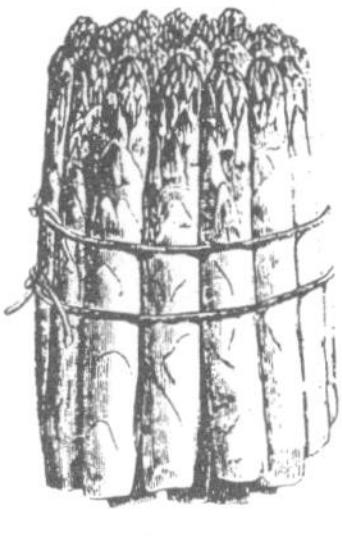

Le bon remède

La pourriture de l'asperge

Cette maladie se déclare surtout en terre un peu lourde et humide pour la plante. Elle se traduit par un brusque jaunissement du feuillage. Il faut arracher la griffe et retirer aussi la terre tout autour, pour éviter la contagion. Traitez les autres plantes à l'aide d'un insecticide d'origine végétale.

« Avril frais et rosineux • Rend tout l'an plantureux »

Le noyer

Quand on coupe une branche de noyer, il « pleure » abondamment. Cet écoulement de sève est préjudiciable à l'arbre et l'affaiblit. Pour l'éviter, effectuez les élagages quand l'écart entre les températures diurne et nocturne est le plus faible, c'est-à-dire en avril ou en octobre. Et n'oubliez pas de protéger la plaie à l'aide de goudron de Norvège.

La bonne quantité de pommes de terre

Si vous achetez de la semence de pomme de terres, il faut compter 500 à 600 tubercules d'une variété hâtive pour 100 m², et environ 400 tubercules d'une variété tardive.

Le bon remède

Le puceron noir du cerisier

Il se manifeste au printemps, au début de la végétation, sur les jeunes pousses. Il cause des déformations importantes aux jeunes feuilles. Ensuite, le feuillage se couvre d'une substance noire, la fumagine. Dès que vous avez repéré le premier symptôme, effectuez des pulvérisations d'insecticide (roténone) sur le feuillage. En juin, le puceron migre sur les véroniques – qu'il faut donc traiter à leur tour.

Découvrez... LA CONSOUDE

On l'appelle aussi « oreille d'âne » ou « langue de vache », à cause de ses grandes feuilles rugueuses qui deviennent lisses et douces après cuisson. Les botanistes eux la nomment *Symphitum officinale*. C'est une plante dressée à grandes feuilles poilues que l'on consomme comme les épinards. Quand celles-ci sont jeunes, elles font de délicieuses salades. Elles sont savoureuses et bourrées de protéines et de vitamines. C'est aussi une vieille plante médicinale dont on utilise la racine en compresse sur les blessures. Et comme la consoude pousse vite et donne un feuillage très abondant, c'est une plante que je cultive pour produire du compost. En outre, elle est assez décorative, avec ses fleurs violacées. Semez-la maintenant, directement en place, au soleil ou à mi-ombre, en sol assez fertile.

« Quand il tonne en avril • Vigneron apprête tes barils »

DANS LA MAISON

Ne sortez pas vos plantes d'intérieur ou de serre trop tôt : elles risquent de subir un choc, surtout à cause du froid nocturne, et il s'ensuivrait un arrêt de la végétation. Et même si elles sont réputées aimer le soleil, placez-les d'abord à l'ombre pendant une semaine ou deux, pour qu'elles s'adaptent à leur nouvelle situation.

Un jardinage sans pesticide. *Les jardiniers ont parfois l'impression de mener une guerre chimique permanente contre les ravageurs et les maladies. Une des possibilités, c'est le jardinage biologique qui lutte contre les déséquilibres souvent responsables de la prolifération des parasites. Force est de constater que les attaques de maladies et de prédateurs sont moins fréquentes et moins graves dans les jardins cultivés biologiquement.*

Découvrez...

LE RAIFORT

Les Anglais et les Allemands raffolent de la racine de raifort. Ils la râpent sur les crudités et les salades, pour donner un goût piquant : elle remplace la moutarde. On peut d'ailleurs en faire une pâte, pour accompagner les viandes. On dit aussi qu'il faut mâcher une rondelle de raifort pour lutter contre le déchaussement des dents. Plantez les tronçons de racines en avril, en espaçant de 50 cm en tous sens, et récoltez l'année suivante, à partir de septembre.

Le bon remède

Le puceron du pêcher

C'est un puceron vert qui sévit surtout au printemps, au début de la végétation. Les fleurs avortent et les feuilles se dessèchent. En été, le parasite migre sur d'autres plantes, notamment sur la pomme de terre. Traitez au premier symptôme à l'aide d'un insecticide systémique (roténone). La lutte contre le parasite sur la pomme de terre contribue aussi à sa destruction.

8 AVRIL

Sainte Julie

« Arc-en-ciel du soir • Beau temps espère »

« **AULX OU AILS** » : Le pluriel d'ail, on le sait, c'est « aulx », sur le marché et dans les cuisines. Cependant, les botanistes disent plus volontiers « ails ». Personnellement, je préfère « aulx », je trouve que c'est plus pittoresque : les irrégularités, c'est la pointe d'ail qui rend le français savoureux.

Le bon remède

Les amendements calcaires doux

Le jardinage biologique n'apprécie pas beaucoup le chaulage – qui entraîne, il faut l'avouer, la destruction de nombreux micro-organismes. Lorsque le sol est acide, on peut le corriger de manière douce en effectuant des apports réguliers de compost évidemment non acide, et également de lithothamne, une algue marine riche en calcaire que l'on broie grossièrement avant de l'incorporer. Même si l'on ne respecte pas strictement les règles de jardinage naturel, je crois qu'il est bon de préférer cette méthode qui donne des résultats satisfaisants sans nuire au sol ni aux produits récoltés.

La courgette ronde de Nice

C'est la petite courgette ronde, qu'on appelle aussi « courgourdon » en Provence. Elle est délicieuse, fondante, et excellente pour farcir. De couleur vert clair à marbrures plus foncées, elle se cueille quand elle est encore jeune. Semez-la en avril, en godets, à l'intérieur – ou début mai et à l'extérieur dans les régions chaudes.

Les plantes d'intérieur ont besoin d'un bon nettoyage *pour aborder le printemps dans de bonnes conditions. Éliminez les feuilles et les parties fanées, notamment sur les fougères. Griffez la terre pour l'aérer.*

Saint Gautier

« A la Saint-Gautier sois sûr • Du retour des giboulées et de la froidure »

LA PHALANGÈRE
Chlorophytum

De petites plantes se sont développées à l'extrémité des tiges de la phalangère. Prélevez-les et placez-les dans un verre d'eau pour qu'elles s'enracinent.

Découvrez...
LE PÉLARGONIUM RUSTIQUE

Presque tous les pélargoniums sont issus de régions chaudes du globe, notamment d'Afrique du Sud, et ils sont donc assez frileux. Mais il existe un oiseau rare, un pélargonium vraiment rustique, capable de résister à un hiver normal sous nos régions. Il a pour nom *Pelargonium endlicherianum* et il vient d'Asie Mineure. Ce n'est pas une espèce pour collectionneur, mais une belle plante de jardin, formant une touffe basse et étalée, à feuilles arrondies et crénelées vert argenté. Les fleurs, portées au-dessus du feuillage par des tiges dressées (30 cm), sont rose soutenu et forment de petites grappes. Elles s'épanouissent tout l'été. Quelques pépiniéristes proposent ce joli pélargonium de rocaille (Ellébore, Pellizzaro, Orkidée, Bureau, Les Jardins d'en Face, Jardin d'Athena).

Réhabilitez le pâtisson

Ce légume décoratif, proche des courges, n'était présent que dans bien peu de régions voici quelques années. Aujourd'hui, on le trouve dans de nombreux jardins, et c'est justice car sa chair est plus fine et plus savoureuse que celle des courgettes. Semez en avril en godets (quatre ou cinq graines), ne conservez que le pied le plus vigoureux et mettez-le en place en mai en quinconce, en espaçant de 1 m (il s'agit d'une plante non coureuse), dans un sol copieusement enrichi de terreau. Récoltez le pâtisson sans attendre la complète maturité car la chair est alors plus fine. Meilleures variétés : 'Sunburst' (jaune taché de vert), 'Summer Satellit' (blanc), 'Patty' (blanc).

Notes personnelles

....

....

....

....

....

....

....

....

10 AVRIL

Saint Fulbert

« Le rossignol doit au 10 avril • Faire entendre son babil »

Le bon remède

Le lithothamme

Cette algue marine rouge, incrustée de calcaire, est utilisée depuis longtemps, au moins près du littoral, pour l'amendement des terres acides et pour l'apport d'humus ; elle est bien connue des jardiniers bio. En outre, on l'utilise sous forme de poudre comme engrais, en particulier pour la fertilisation foliaire : elle est en effet riche en oligo-éléments et en hormones de croissance. On la trouve chez différents fournisseurs de produits pour agriculture biologique.

Le meunier des laitues

Les feuilles jaunissent et se couvrent d'un duvet blanchâtre au revers. C'est une maladie assez féquente sous les tunnels et les châssis. Pour l'éviter, aérez aussi souvent que le temps le permet. En cas d'attaque, détruisez les plantes atteintes et réduisez les arrosages. Les semis trop précoces favorisent la maladie.

RHODODENDRONS ET AZALÉES

Si le sol de votre jardin est équilibré, vous les cultiverez en creusant un trou, de 60 à 80 cm de profondeur et de côté, que vous remplirez de terre de bruyère. Mais s'il est franchement calcaire, il faut prendre des mesures plus draconiennes pour éviter la chlorose et la dégénérescence. Vous tapisserez donc le trou d'un film plastique que vous percerez dans le fond avant d'apporter la terre de bruyère. On peut également utiliser une grande poubelle en plastique de 100 litres, dont on fait sauter le fond et que l'on enterre jusqu'au bord avant de la remplir de terre de bruyère.

Les pommes de terre

Si vos pommes de terre ont été touchées, l'année dernière, par le rhizoctone noir, trempez les semences dans une boue très argileuse avant de les planter.

Les racines des plantes en pots *se développent parfois si densément qu'elles bouchent le trou de drainage : dégagez-le à l'aide d'un crayon – et pensez au rempotage, qui devient nécessaire.*

« En avril tout oiseau fait son nid • Sauf la caille et la perdrix »

Le chou

Si l'année précédente vos choux ont été attaqués par le charançon (qui entraîne des chapelets de galles à la base de la tige), effectuez des applications répétées d'un insecticide d'origine végétale (roténone ou pyréthrine). Répétez le traitement en automne pour les variétés d'hiver.

DANS LA MAISON

LE REMPOTAGE

Les plantes qui ont besoin d'être rempotées vous en préviennent par des signes clairs : les racines sortent par le trou de drainage, le mélange terreux s'assèche très rapidement, et le pot sonne clair lorsqu'on le frappe.
Pour vos plantes à rempoter, choisissez un nouveau pot de 4 cm plus grand que l'ancien. Évitez les pots trop grands car les plantes s'y épuisent à produire des racines – au détriment du feuillage et des fleurs.

DES ANNUELLES PARTOUT...

Partout où il y a de l'espace, semez des annuelles en pleine terre – entre les arbustes et les vivaces, en arrière-plan ou en bordure. Les espèces faciles à réussir ne manquent pas : alysse odorant, cosmos, clarkia, balsamine, soleil, godétia, eschscholtzia, acroclinium…

Le bon remède

Le charbon de l'oignon

Des taches d'abord grisâtres, puis noires se développent sur les feuilles, les tiges et les écailles du bulbe ; les jeunes plantes meurent assez rapidement (le poireau est parfois également touché). Cette maladie, due à un champignon, se déclare surtout dans les sols mal travaillés. Cependant, des rotations assez longues permettent en général de l'éviter. En cas d'attaque, il faut arracher et détruire les plants touchés.

« En avril feuilles au châtaignier • A coup sûr remplissent le panier »

Le navet sans toile

Avant de semer le navet, mélangez du soufre en poudre à la semence; vous éviterez ainsi la toile (ou fonte des semis) et les maladies des jeunes plants. Semez en lignes espacées de 15 cm et conservez une bonne dizaine de navets au mètre. Et n'oubliez pas d'arroser régulièrement pour récolter des navets bien fermes mais à chair tendre et non filandreuse.
Semez les premiers navets: 'Demi-long de Croissy', 'Blanc plat hâtif à feuille entière' (ou 'Milan blanc'), 'de Milan', 'A forcer nantais'.
Maintenez humide et éclaircissez en plusieurs fois après la levée.

Le bon remède

La pourriture noire de la carotte

Cette maladie, appelée aussi alternariose, se déclenche souvent précocement au printemps. Elle entraîne le noircissement du feuillage et la mort des plantes. Sur les carottes déjà développées, les racines ont des taches noires qui se tranforment en pourriture. En prévention, évitez la fumure fraîche mal décomposée et les semis trop drus. Pratiquez une rotation assez longue. En cas d'attaque, pulvérisez de la bouillie bordelaise.

Découvrez...

L'ÉPINARD FRAISE

On l'appelle aussi arroche fraise (ou *Chenopodium capitatum* pour le nom botanique). C'est l'un des légumes originaux qui ont de plus en plus d'amateurs. Les feuilles se mangent cuites, comme les épinards, ou même en salade quand elles sont jeunes. Et le goût des fruits rouges (décoratifs) rappelle celui des fraises. On le sème directement en place, d'avril à juillet, au soleil et en sol fertile.

DANS LA MAISON

LE CAOUTCHOUC

Pour le bouturer, prélevez un rameau terminal ou latéral, en coupant sous un œil, à la quatrième ou cinquième feuille. Ne conservez que les deux ou trois feuilles du sommet. Fendez la base de la bouture et introduisez un grain de blé ou d'avoine frais. Ensuite, placez la bouture dans un verre d'eau et à l'ombre pour qu'elle s'enracine. Lorsque les racines ont atteint quelques centimètres, empotez le jeune caoutchouc dans un bon terreau, maintenu humide.

« Bon mois d'avril • Veut que le chêne rie »

Les arbres à noyau

La gomme est une maladie qui touche le cerisier, le pêcher, le prunier, l'abricotier et l'amandier, et se traduit par des écoulements de sève. Elle est favorisée par certaines conditions de culture, notamment un sol trop humide. Avec un couteau, grattez les plaies jusqu'au bois sain avant de les frotter avec une poignée de feuilles d'oseille fraîches. Traitez alors l'arbre à la bouillie bordelaise (printemps et automne), puis appliquez du goudron de Norvège sur les plaies.

Le bon remède

Les pucerons du pommier

Le puceron lanigère est facilement identifiable car il laisse des masses cotonneuses sur les feuilles ; il est très prolifique et provoque des tumeurs chancreuses sur le bois. Vérifiez souvent l'état des arbres pour intervenir très tôt, dès que les symptômes sont manifestes. Effectuez des pulvérisations de fongicide à base de roténone. Il existe également d'autres pucerons chez le pommier (puceron cendré ou puceron vert) ; on les traite de la même manière.

Le céleri à couper

Cette variété de céleri donne un feuillage très fourni, à côtes creuses, et on l'utilise comme condimentaire. Les feuilles ont une saveur de céleri très prononcée, et elles parfument les potages ou les salades. On le sert aussi dans les buffets, avec les fromages. Semez-le à partir d'avril. Les meilleures variétés : céleri 'à couper d'Amsterdam', à feuillage fin; céleri frisé 'Wolsche Krul', à feuillage frisé ressemblant au persil, très parfumé.

Notes personnelles

« Quand avril boit • Le laboureur est plus fier qu'un roi »

Des fraises saines

Si l'an passé, vos fraises ont été largement touchées par la moisissure grise (elles prennent une couleur vineuse et pourrissent), effectuez un premier traitement à l'aide d'un fongicide (bénomyl ou thirame). Répétez-le trois ou quatre fois jusqu'au 15 juin.

Le bon remède

Les huiles blanches

Ces produits très efficaces permettent d'éliminer les œufs et les larves qui s'abritent dans l'écorce, ainsi que les araignées rouges. Effectuez des traitements sur les pommiers et les poiriers.

L'oïdium du pommier

Dès leur apparition, les jeunes pousses sont recouvertes par les efflorescences blanchâtres typiques de cette maladie (appelée aussi « blanc du pommier »). Il faut intervenir car, sinon, vous risquez de voir la floraison avorter. Coupez toutes les parties touchées pour les brûler. S'il y a des rechutes en cours de végétation, traitez avec des fongicides à base de soufre.

LE VIN DE BOULEAU

Cette boisson délicieuse se prépare à partir de la sève de bouleau que l'on recueille sur l'arbre, à l'aide d'un bocal et d'un tuyau souple. Il faut percer un trou dans le tronc d'un gros bouleau, à environ 50 cm du sol ; on place une des extrémités du tuyau dans le bouleau et l'autre dans le bocal – et on vérifie qu'il n'y a pas de fuite. L'écoulement est assez rapide, de l'ordre de 3 ou 4 litres en trois jours. Ensuite, il faut reboucher le trou avec du mastic. Faites bouillir la sève et versez-la dans un récipient en verre ou en inox, sur 150 grammes de raisins secs écrasés. Ajoutez le jus d'un citron. Quand la température a baissé (vers 30 °C), délayez de la levure (un sachet) dans de l'eau et ajoutez-la à la préparation. Laissez fermenter quelques jours en remuant quotidiennement. Placez le tout dans un grand bocal et fermez avec un linge. Laissez reposer jusqu'à ce que le vin ait terminé sa fermentation. Il reste à mettre en bouteilles et en cave. Vous dégusterez le vin quelques mois plus tard.

« Saint-Paterne pour de bon • Apporte chaleur de saison »

L'actinidia

Plantez cette belle liane en la faisant grimper sur un mur ensoleillé, en prévoyant un espace d'au moins 3 m. Mais il faut éviter les sols calcaires, car la plante est sensible à la chlorose. Associez au moins un pied mâle et un pied femelle pour obtenir des fruits.
Cette belle plante grimpante est relativement rustique puisqu'elle peut supporter des froids de –15 °C. Toutefois, elle a besoin de beaucoup de chaleur pour donner des fruits (elle réussit particulièrement bien en Corse). Si vous n'obtenez pas de kiwis, le beau feuillage vous consolera.

Découvrez…

LA TÉTRAGONE

Par la saveur, les feuilles de la tétragone cornue sont proches de celles de l'épinard – qu'elles soient cuites ou crues. Cette plante excellente, revitalisante, est lente à monter à graines et peut donc remplacer l'épinard durant l'été.
Faites tremper les graines pendant 24 heures et semez-les en avril-mai, en poquets espacés de 70 cm (4 graines par poquet). Ne conservez ensuite que deux pieds par poquet. Par la suite, arrosez régulièrement pour éviter les arrêts de végétation.
Récoltez en été, en coupant les grandes feuilles, au fur et à mesure des besoins.

Le potager en sol calcaire

De nombreuses plantes potagères se montrent particulièrement tolérantes aux sols calcaires : chou, chicorée, ail, échalote, laitue, betterave, céleri, salsifis.

Le bon remède

Les hannetons

Les filets de protection contre les insectes sont particulièrement conseillés lors des années à hannetons (ceux-ci volent à partir du 15 avril et jusqu'à la fin mai). On peut compléter la lutte en ramassant systématiquement les scarabées adultes, et même en secouant les branches des arbres pour les en faire tomber.

Saints Benoît-Joseph et Fructueux

« Gelée de Saint-Fructueux • Rend le vigneron malheureux »

Des tomates rescapées

Ne jetez pas les tomates que vous avez semées en godets et qui ont « filé » (dont la tige s'est étirée démesurément). Repiquez-les au jardin en enterrant une bonne partie de la tige, en oblique. Elles vont s'enraciner et reprendre un développement normal.

Découvrez... LE QUINOA

Cette belle annuelle *(Chenopodium quinoa)*, appelée également ansérine du Pérou, était l'un des aliments de base des Incas. C'est une grande plante dressée, mesurant 1,80 m, avec des feuilles dentées et de belles inflorescences de divers coloris – jaune, rouge, vert. Elle mérite d'être cultivée en groupe, dans les massifs, et également au potager car les feuilles se mangent comme des épinards. Semez-la en avril, en plein soleil.

Le bon remède

La jambe noire de la pomme de terre

Pour économiser la semence, on coupe parfois les tubercules. Cependant, la blessure peut être une porte d'entrée pour divers parasites, en particulier pour une bactérie responsable de la jambe noire – une pourriture de la base de la tige. En cas d'attaque, arrachez et brûlez les plantes touchées. Respectez les rotations et n'utilisez que de la semence sélectionnée.

Pour que les plantes achetées en godets soient au meilleur de leur forme au moment de la plantation, faites-les tremper la veille dans un peu d'eau. Recouvrez la motte de un centimètre de terre, pour mieux conserver l'humidité. Arrosez abondamment, même si le temps est à la pluie. Et ne les oubliez pas dans les semaines qui suivent !

Notes personnelles

....

....

....

....

17 AVRIL

Saint Anicet

« La lune d'avril nouvelle • Ne passe pas sans gel »

Les hôtes du jardin : La belette

Elle a mauvaise réputation parce qu'elle est amateur d'œufs, de poulets et de petits lapins. Cependant, elle détruit aussi les campagnols, les rats et d'autres rongeurs nuisibles. D'ailleurs, elle se fait aujourd'hui assez rare dans bien des régions.

BOUTUREZ LES BÉGONIAS

C'est le moment de bouturer le bégonia *Rex* (et les bégonias de même type) ainsi que le saintpaulia. Prélevez quelques belles feuilles bien saines, assez jeunes et vigoureuses, pour les piquer dans un pot rempli de sable humide. Apportez un peu de fongicide en poudre. Vous repiquerez les boutures dans un compost plus substantiel quand de jeunes pousses apparaîtront.

Certains jardiniers se montrent fort peu sévères avec les mauvaises herbes. *Ils les laissent se développer, dans une mesure raisonnable, et leur abandonnent même des carrés de terre dans leur potager. Pourquoi ? parce qu'elles offrent un abri et une réserve de nourriture pour de nombreux insectes et petits animaux prédateurs de parasites. Elles contribuent à l'équilibre biologique du jardin.*

Semez le melon

Semez-le à raison de trois ou quatre graines par godet, dans un compost bien drainé, à une température de 20 °C. Ensuite, ne conservez qu'un seul plant qu'il faudra endurcir en l'aérant et en le sortant.

Le bon remède

Les gelées blanches

Les arbres fruitiers fleurissent, et sont menacés par les gelées blanches. N'effectuez pas de binage ni de bêchage à leur pied à cette période de l'année. Les gelées blanches sont meurtrières pour les arbres fruitiers en fleurs. S'il est difficile de protéger les arbres de plein vent, on peut en revanche abriter les sujets en espalier. Tendez un film plastique sur des perches enfoncées dans le sol d'un côté et appuyées au mur de l'autre. L'abri ainsi formé est très efficace. Retirez-le lorsqu'il n'y a plus de risque de gelées (vers le 10 mai en région parisienne).

18 AVRIL

Saint Parfait

« S'il n'y avait ni seigneur ni avril sur terre • Il n'y aurait ni famine ni guerre »

GUERRE AUX GOURMANDS !

Dès que le temps se réchauffe, les gourmands en profitent pour se développer au pied des rosiers. Pas de pitié : supprimez-les car ils épuisent l'arbuste. On les reconnaît facilement à leur feuillage, plus petit et plus clair que celui du rosier (c'est le feuillage de l'églantier !).

Le bon remède

La tavelure

Cette maladie du pommier et du poirier se reconnaît par des taches brunes sur les fruits – que l'on peut cependant consommer. Mais la tavelure peut être grave et compromettre la récolte en entraînant la chute prématurée des pommes ou des poires. C'est une maladie fréquente quand le printemps est pluvieux et humide. Elle entraîne l'apparition de taches vert olive sur les feuilles. La manière de lutter consiste à ramasser et à brûler les feuilles mortes – c'est là que le champignon hiverne. On peut aussi effectuer plusieurs pulvérisations d'un fongicide anti-tavelure (captane, zinèbe, manèbe) maintenant, et une autre fin août.

DANS LA MAISON

LE NEPHROLEPIS

Nephrolepis exaltata

C'est sans doute la fougère la mieux adaptée à l'atmosphère des appartements. On l'appelle aussi « fougère de Boston », et elle fort belle quand elle est bien saine, avec son feuillage vert clair très découpé. C'est le moment de rempoter et de diviser les sujets bien développés et denses. Préparez un mélange de terre de bruyère et de terreau, et ajoutez un peu de sable pour le drainage.

Lorsque vous rempotez les plantes d'intérieur, *profitez-en pour les diviser en prélevant les jeunes pousses bien enracinées apparues en périphérie. Repiquez-les immédiatement dans un petit pot.*

Saints Emma et Vernier

« On voit pour Saint-Vernier • La dernière neige de l'année »

Sous le tunnel, les poireaux

A bonne exposition ou sous tunnel, repiquez les poireaux précoces semés en février. Raccourcissez les racines et supprimez la partie supérieure du feuillage. Repiquez en sillons profonds de 5 cm, que vous comblerez peu à peu lorsque les poireaux se développeront.

Avant de repiquer les poireaux, *les vieux jardiniers les laissaient se dessécher au soleil pendant deux ou trois jours. C'est une bonne recette car les plantes se montrent ensuite plus résistantes au ver et aux autres parasites.*

Découvrez...

LE PERSIL TUBÉREUX

Cette plante a le même feuillage que le persil commun, et on peut d'ailleurs l'utiliser de la même manière. Mais elle donne aussi une racine assez volumineuse, comme une petite carotte, de couleur blanche ; sa chair est très fine, avec une saveur assez proche de celle du panais.

Semez le persil tubéreux en avril (après avoir fait tremper les graines pendant deux jours), en lignes espacées de 20 cm ; éclaircissez à 12 cm sur le rang.

La récolte se fait en général en octobre. On peut conserver les racines comme les navets, en cave ou en silo.

Le bon remède

Le pralinage du chou

Avant le repiquage, trempez les racines des choux (toutes variétés) dans une bouillie d'algue calcaire ou dans une décoction de prêle. C'est excellent contre les maladies et les ravageurs. Par la suite, faites des arrosages avec du purin de prêle, ou des décoctions d'ail et d'oignon.

Saints Odette et Simon

« Tonnerre à la Saint-Simon d'avril • Du vigneron remplit le baril »

Les poiriers

Les poiriers 'Beurré Hardy', 'Passe Crassane' et 'Doyenné du Comice', très cultivés, donnent des fruits excellents. Mais il faut les surveiller car ils se montrent très sensibles à la tavelure, surtout le premier. En revanche, 'Comtesse de Paris' n'est pas touché par cette maladie.

Le bon remède

L'anthracnose de la vigne

On dit aussi « charbon » de la vigne parce que les bourgeons noircissent ; en outre, les feuilles se déforment et des petits points noirs apparaissent sur les nervures. La plante semble faible et périclite. On lutte contre cette maladie par des traitements d'hiver et des applications de bouillie bordelaise au début de la végétation.

Lors du repiquage, disposez les poireaux de manière que le panache de feuillage retombe alternativement d'un côté et de l'autre. Vous pourrez repiquer plus serré et vous gagnerez de la place. Et prenez la précaution de tremper les racines dans un produit antiver en solution (il existe aussi des préparations à base d'essence de plantes pour les jardiniers bio).

Notes personnelles

....

....

....

....

....

....

« Arc-en-ciel du matin • D'eau remplit les chemins »

Les hôtes du jardin : Les merles et les grives

Ces oiseaux se sont beaucoup multipliés, souvent au détriment d'autres espèces. Ils sont évidemment dangereux dans les vergers, surtout pour les cerisiers et les pruniers, mais ils commettent aussi parfois certains dégâts aux semis (ils bouleversent la terre que l'on a soigneusement ratissée). Toutefois, ils ont leur utilité parce qu'ils dévorent aussi les insectes, les chenilles, les limaces et les escargots (ils s'envolent avec ces derniers et les laissent tomber de haut pour casser leur coquille). Chez le merle, c'est le mâle qui est tout noir ; la femelle (merlette) est marron.

Les insecticides pulvérisés sur le feuillage des arbres fruitiers *sont assez rapidement lessivés par les pluies de printemps. Il est préférable d'effectuer des pulvérisations à dose faible mais assez fréquentes (tous les dix à quinze jours), en particulier contre la tavelure et l'oïdium. Mais attendez six semaines entre deux applications de produits à base de cuivre.*

Le bon remède

Le psylle du poirier

Les fruits, les feuilles, les branches et le tronc de l'arbre se couvrent d'une substance gluante : c'est le miellat rejeté par les larves d'une très petite cigale (psylle), qui piquent les feuilles. Ce miellat est gênant car il entraîne le développement de la fumagine, champignon qui noircit complètement l'arbre. Les traitements d'hiver sont un bon moyen de se défaire de ce parasite. On peut aussi effectuer des traitements insecticides avant la floraison.

22 AVRIL

Saint Alexandre

« A la Saint-Alexandre • Adieu veilles, adieu cendres »

Le bon remède

La mouche de l'oignon

C'est à cette époque qu'a lieu le vol de la mouche de l'oignon. Ce parasite dépose ses œufs sur la plante, et la larve creuse des galeries dans les bulbes (elle s'attaque aussi à l'ail, au poireau et à l'échalote). Le feuillage se décolore rapidement, se flétrit et la plante périclite. La méthode de lutte la plus efficace consiste à tendre un filet protecteur. On peut également effectuer des applications répétées d'un insecticide à base de pyrèthre, jusqu'à la fin du mois de mai.

Contre les pucerons, un poudrage avec de la cendre de bois se révèle souvent efficace, et sans danger pour la plupart des plantes.

Découvrez...

LA CLAYTONE DE CUBA

Ce légume à découvrir (appelé parfois « pourpier d'hiver ») donne des feuilles et des tiges assez épaisses que l'on consomme en salade ou cuites, à la manière des épinards. La culture est très facile : il faut semer d'avril à juillet, en lignes espacées de 25 cm. Éclaircissez ensuite à 15 cm. Récoltez au fur et à mesure des besoins, jusqu'en automne et même en hiver.

Petits choux

Pulvérisez les jeunes choux avec un engrais foliaire (un produit à base d'algues calcaires est excellent) pour les protéger contre les maladies et les insectes, notamment les puces de terre (altises).

Notes personnelles

Saint Georges

« Toujours à la Saint-Georges • L'épi est dans la gorge »

Les orangers et citronniers

Dans le Midi, c'est le moment de commencer à greffer en écusson les orangers et citronniers. Effectuez un arrosage généreux quelques jours avant : l'écorce va se tendre et sera plus facile à décoller.

Les tomates tardives

En pépinière abritée et bien exposée, semez les variétés de tomates tardives ('Saint-Pierre', 'Yellow Stuffer'). Elles seront bonnes à repiquer en juin et donneront une récolte d'automne. Pour aider vos pieds de tomates repiqués dans le jardin à mieux pousser, placez derrière chacun d'eux (côté nord) une tuile ronde qui stockera la chaleur du soleil pendant le jour et la diffusera pendant la nuit.

Ne sous-estimez pas la toxicité *des pesticides. Surtout, ne fumez pas pendant les pulvérisations. Je vous conseille même de porter systématiquement un masque protecteur. Et ne traitez que lorsqu'il n'y a pas de vent qui disperserait le produit !*

Le bon remède

La hernie du chou

Pour prévenir cette maladie grave, chaulez les sols un peu acides une quinzaine de jours avant le repiquage des choux (utilisez par exemple un produit à base de lithothamne, qui est une algue riche en calcaire).

24 AVRIL

Saint Fidèle

« C'est pour la Saint-Fidèle • Que de son nid sort l'hirondelle »

« **SALUT L'HARICOT VERT !** » Les petits voyous, sur les fortifs, au début du siècle, ne se fâchaient pas tout rouge à ce salut. Ils prenaient même ça comme un compliment. Un haricot vert, c'était un voleur de classe, un cambrioleur doué. L'expresion fait allusion au caractère vigoureux de la plante grimpante, qui passe partout – véritable monte-en-l'air.

Le poivron

Dans les régions méridionales, essayez un semis de poivron ou de piment en pleine terre, en recouvrant peu les graines. Éclaircissez à 80 cm en tous sens.

Le bon remède

L'amendement des sols calcaires

Si l'on peut chauler un sol acide, il n'existe pas d'amendement spécifique pour corriger l'alcalinité d'un sol calcaire. Cependant, en apportant régulièrement des matières organiques (compost de jardin, fumure animale, sang séché, corne torréfiée) et de la tourbe, on rétablit l'équilibre du sol après quelques années. Mais comme le calcaire entraîne une décomposition rapide de ces matières organiques, il ne faut pas les enfouir en automne, mais au printemps, quelques semaines avant la mise en culture

Les traitements ne sont pas tous bénéfiques. *On disait autrefois que la peste était la punition divine des fautes humaines. Nous n'affirmerons pas que les maladies des plantes sont dues aux fautes du jardinier ! Mais tout de même, force est de constater que les gros « pépins » ont souvent pour origine des erreurs de culture – par exemple des excès d'engrais (notamment d'engrais azotés), ou des traitements trop radicaux avec les pesticides. Donc, soyons modérés en la matière, pour éviter les déséquilibres !*

LE SAINTPAULIA

Lorsque cette plante a terminé sa floraison, elle demande une période de repos d'un bon mois. Réduisez alors très sensiblement les arrosages et cessez les apports d'engrais.

25 AVRIL

Saint Marc

« Quand Saint-Marc nous trempe • On peut dire : Adieu les rentes »

L'oignon poireau

Cette espèce ne produit pas de bulbe. On utilise le feuillage et la partie renflée à la base comme de la ciboulette, pour les salades et les sauces. On le sème dru au printemps pour le récolter en été et en automne.

Le mangetout

Les variétés anciennes de haricot mangetout ont bien du charme et de l'intérêt (notamment du point de vue gustatif), mais les nouvelles ont souvent des qualités remarquables. C'est le cas, par exemple, de 'Purple Teepee' – qui vient évidemment d'Angleterre. Il se développe rapidement et il convient bien pour les semis tardifs. Surtout, il donne un très gros rendement de gousses violettes, absolument sans fil, de 15 cm de long, qui deviennent vertes à la cuisson.

Commencez à sortir les plantes d'intérieur *les plus robustes, surtout dans le Midi. Pensez en particulier à sortir l'aralia que vous placerez à mi-ombre, à l'abri du vent.*

DANS LA MAISON

LES PLANTES GRASSES

Rempotez les cactus et les autres plantes grasses dans un terreau spécial acheté en jardinerie. Pour le préparer vous-même, mélangez à parts égales de la bonne terre de jardin, du terreau du commerce et du sable de rivière.

Le bon remède

L'hoplocampe du prunier

Si vous habitez le Sud-Ouest, vous connaissez peut-être cette petite guêpe qui pond dans les fleurs du prunier (et parfois du pêcher). Ensuite, la larve se développe dans le fruit – qui devient véreux. Pour l'éliminer, on effectue des pulvérisations d'insecticide au moment de la chute des pétales (mais pas en pleine floraison).

Notes personnelles

....

....

....

....

....

....

26 AVRIL

Saints Alida et Riquier

« Marquet, Georges et Riquier • Sont méchants casseurs de gobelets »

Pêches, pommes et poires

Contre la cloque, effectuez une pulvérisation de bouillie bordelaise sur tout le feuillage, au moment où les bourgeons rosissent. Continuez en outre les traitements contre l'oïdium sur les pommiers, et contre la tavelure sur les poiriers.

Reproduisez l'oseille

Ne la laissez pas trop longtemps à la même place car les touffes s'épuisent. Après trois ou quatre ans, effectuez la division au printemps et repiquez les éclats dans un sol fertile et frais, en les espaçant de 20 cm environ. Le semis en pépinière, en avril-mai, donne également de bons résultats et permet de disposer de beaucoup de plants. La variété la plus courante est l'oseille 'de Belleville', à larges feuilles.

Le bon remède

La noctuelle de la tomate

Ce papillon de nuit touche surtout les régions du sud de la France. Les chenilles s'attaquent aux feuilles, creusent des galeries dans les fruits encore verts et dans le pédoncule : les tomates tombent avant leur maturité. Au premier symptôme, effectuez une pulvérisation d'un insecticide pour plantes potagères. Renouvelez plusieurs fois (tous les 10 jours).

Découvrez...

L'OSEILLE ÉPINARD

Cette plante vivace produit pendant plusieurs années. Ses feuilles sont beaucoup moins acides que celles des autres oseilles ; on les utilise soit en aromatiques, soit comme les épinards. Semez-la au printemps (et assez tôt pour récolter dès la première année) dans un sol assez frais (ou semez en pépinière et repiquez quand les plants ont quelques feuilles). L'oseille épinard résiste au froid et peut être cultivée en toute région.

Le ver du poireau : le remède de mon grand-père contre ce parasite très actif consiste à planter quelques bâtonnets d'une vingtaine de centimètres de hauteur dans la planche de poireau, et à placer une demi-coquille d'œuf sur chacun d'eux. La teigne se laisse bel et bien piéger !

27 AVRIL

Sainte Zita

« Qui a beau jardin au printemps • L'aura aux quatre temps »

C'EST LE MOMENT DU REPIQUAGE

Les agératums, impatiens, dahlias nains, cinéraires, lobélias et verveines, semés en mars en caissettes ou en godets, à l'intérieur, sont maintenant bien développés. Repiquez-les en godets individuels ou sous châssis.

L'artichaut blanchi

Lorsque la pomme commence à se former, couvrez-la d'un bonnet de drap assez lâche pour qu'elle puisse grossir. Recouvrez le tout de paille. L'artichaut va se développer en restant blanc. Vous le récolterez à la grosseur habituelle, mais il sera très tendre et savoureux.

De grosses laitues

Pour obtenir des pommes denses et trapues, résistant à la montée à graines, repiquez deux fois les laitues. La première quand elles sont encore très jeunes, en pépinière : raccourcissez la racine pour que se développe un chevelu abondant. Quand les plants sont bien repartis, repiquez en place, avec la motte et sans trop les enterrer. Arrosez au goulot.

Si votre terre est lourde *et difficile à travailler, frottez le fer de la bêche et celui des autres outils avec un morceau de suif. Ils glisseront mieux et l'argile y collera moins.*

Le bon remède

Le rhynchite

Les pommes et les poires tombent alors qu'elles sont encore jeunes : en les observant de près, il semble qu'on ait sectionné le pédoncule. Le coupable est un petit coléoptère à ailes rouges, le rhynchite. On en vient à bout en traitant avec un insecticide de contact.

Notes personnelles

« A la Sainte-Valérie beau temps arrivé • Fait le vin parfait »

Le groseillier à maquereau

Ce buisson est assez souvent attaqué par des pucerons, noirs ou verts. Restez attentifs, surtout à cette époque, quand il commence à faire plus chaud. Au premier symptôme, effectuez des applications d'insecticide à base de roténone ou de pyréthrine. En prévention, évitez de cultiver le groseillier épineux à proximité des épilobes.

Le bon remède

Les mauvaises herbes

L'eau de cuisson des pommes de terre (et aussi, semble-t-il, le court-bouillon de poisson) retarde la croissance des mauvaises herbes, et vous pouvez donc en arroser vos allées.

Les insecticides naturels

Ce sont de véritables insecticides, mais issus de plantes, tels les pyréthrines ou la roténone, ou des décoctions de plantes (tanaisie, rhubarbe, absinthe, lavande). Ils sont souvent très efficaces, mais ils se distinguent des insecticides de synthèse parce qu'ils se dégradent très rapidement dans le sol. Il n'y a donc pas de risque de toxicité des légumes ou des fruits.

LA ROSE TRÉMIÈRE

On peut semer maintenant certaines variétés à croissance rapide, qui fleuriront en août, en particulier 'Majorette' (60 cm), à fleurs doubles, en coloris variés, pastel.

La pomme de terre

Les lilas sont en fleur : c'est le moment de planter les premières pommes de terre. Plantez les semences sur des lignes distantes de 50 à 60 cm, en les espaçant de 40 cm le rang. En sol léger et bien drainé, plantez à 15 cm de profondeur, et à 10 cm seulement en sol lourd. La pomme de terre demande un sol bien ameubli, riche, fumé aux labours d'automne.

Au moment de la plantation des pommes de terre, *coupez le gros germe à 2 ou 3 cm du tubercule : de nombreuses pousses vont se former à la base du germe. Vous obtiendrez ainsi des plantes plus vigoureuses et plus denses.*

« Neige qu'avril porte à son chapeau • Ne nourrira pas tout le troupeau »

Les hôtes du jardin : Les insectes pollinisateurs

Je connais des jardiniers, sans doute échaudés par les attaques de guêpes ou de chenilles sur leurs arbres fruitiers, qui finissent par mener une véritable guerre chimique contre tout ce qui vole ou qui rampe. C'est une grave erreur, car au jardin il y a beaucoup plus d'insectes utiles que nuisibles. Les abeilles, les guêpes, les papillons et beaucoup d'autres assurent notamment la pollinisation des arbres fruitiers. C'est une raison supplémentaire pour se montrer très modéré dans l'emploi du pulvérisateur. Au verger, on peut pratiquement s'en passer si l'on observe une bonne hygiène.

Chouchoutez vos choux

C'est à cette époque que la mouche du chou pond ses œufs dans le sol, à la base de la plante. Pour l'éviter, il suffit donc de repiquer les choux avant – c'est-à-dire début avril – ou après - fin mai. Il faut aussi planter les choux assez profondément, en tassant bien avec la main, autour du plant. Effectuez les premiers arrosages avec des décoctions de feuilles de tomate, de tanaisie ou d'absinthe. Évitez les matières organiques mal décomposées qui attirent les mouches.

Découvrez...

LE POIS ASPERGE

Cet excellent légume se présente sous la forme de gousses munies de quatre ailettes, que l'on consomme jeunes, comme les pois mangetouts ; elles ont une saveur douce et fine, proche de celle de l'asperge. La culture est facile : semez fin avril-début mai en lignes distantes de 30 à 40 cm, et éclaircissez sur le rang à 20-30 cm. Ensuite, arrosez régulièrement. La plante atteint de 30 à 40 cm de haut. Récoltez quand les gousses ont 3 cm de long.

Le bon remède

Des engrais verts

Si le sol de votre jardin est calcaire, utilisez le trèfle incarnat et le seigle comme engrais verts. S'il est argilo-calcaire, semez également de la féverole.

« Quand du roitelet on entend le chant • C'est mauvais temps venant »

Le choix des pros

Pépinière de La Foux *

Leucophyllum frutescens : Famille des scrophulaniacées (Amérique centrale). Arbuste à fleurs roses en fin d'été, dont le feuillage est gris, duveteux, persistant. C'est une plante de plein soleil qui préfère les sols secs. Arrosage occasionnel en été. Hauteur : entre 1,50 et 2 m. Rustique dans la zone de l'olivier. Utilisation : bac ou pleine terre, isolé ou en groupe et haie libre.

***Salvia greggii* 'Alba'** : Famille des lamiacées (Mexique). Petite sauge de 40 à 60 cm de hauteur. Compacte. Floraison blanche de mai à novembre. Exposition : soleil ou mi-ombre. Tous sols, bien drainés. Rustique jusqu'à - 8 °C, - 10 °C environ. Utilisation : massif, jardinière, plate-bande herbacée, potée fleurie.

***Salvia* x 'Indigo spires' :** Famille des lamiacées (Mexique). Grande sauge herbacée de 1,20 à 1,50 m. Hybride entre *Farnacea* et *Longispicata*. Floraison bleu intense avec de longs épis de mai à novembre. Exposition : soleil ou mi-ombre. Rustique jusqu'à environ - 15 °C, en sol drainé. Utilisation : fond de massif ou associé à des rosiers.

Polygala myrtifolia : Famille des polygalacées (Afrique du Sud). Feuilles persistantes lancéolées vertes. Port très dense. Fleurs violet pourpre presque toute l'année dans le Midi. Hauteur : 1,50 à 2 m. Exposition : soleil. Sol profond, drainé. Arrosage occasionnel. Utilisation : haie libre, massif, bac.

* Voir le carnet d'adresses.

1er mai

Fête du Travail

« Pluie du premier mai • Ôte au fourrage sa qualité »

Concombre butté

C'est le moment de mettre en place les plants de concombre – semés en mars-avril sous châssis ou achetés en jardinerie. Pour les protéger contre les maladies, je forme, tout autour du pied, une bonne butte avec du sable de rivière.

LES ANNUELLES FRILEUSES

Sous le climat de la région parisienne, on peut semer à l'extérieur les annuelles les plus sensibles au froid : capucine, pourpier, ricin, haricot d'Espagne, ipomée, belle-de-nuit, rudbéckia. Elles poussent plus vite et plus vigoureusement que celles semées plus tôt sous abri, et fleurissent à peine plus tard.

Votre pommier ou votre cerisier vous paraît manquer de vigueur *et vous observez des taches jaunes sur le bord des feuilles et sur les nervures. Il s'agit sans doute d'une carence en magnésium. Effectuez des apports d'engrais azotés et phosphatés (mais en évitant les excès de potasse). Autre solution, plus radicale : des pulvérisations de sulfate de magnésie en solution (à 2 %), après la chute des pétales.*

Le bon remède

La teigne du lilas

Les feuilles sont roulées en cornet et brunissent – la chenille est à l'intérieur. Ramassez les feuilles touchées. Effectuez des applications d'insecticide en cours de végétation, et un traitement d'hiver. Ameublissez le sol en automne et en fin d'hiver.

Notes personnelles

....

....

....

2 MAI

Saint Boris

« Le vigneron pleure • Quand Saint-Boris est vendangeur »

***Placez sur des cales** les pots et les jardinières qui sont installés sur la terrasse et le balcon. Vous éviterez que l'eau ne s'accumule dans le pot, entraînant la pourriture des racines.*

Le bon remède

La mouche du semis

Il arrive parfois que les jeunes plantules du haricot ou du pois, à peine apparues, s'affaissent brutalement et meurent. La responsable est la mouche du semis, dont la larve, qui vit sur le sol, aime les tissus très tendres. Pour l'éviter, tenez le sol bien propre et n'apportez pas de fumure fraîche mal décomposée avant les semis. Si vous avez déjà connu ce problème, vous pouvez essayer d'utiliser les graines enrobées, protégées par un insecticide.

DANS LA MAISON

PROLONGER LA FRAÎCHEUR D'UN BOUQUET

Lorsque les fleurs d'un bouquet commencent à se flétrir, trempez la base des tiges dans l'eau bouillante. Après quelques minutes, les fleurs reprennent meilleure allure : coupez la partie des queues qui a trempé dans l'eau chaude et placez ensuite le bouquet dans l'eau fraîche.

La carotte dans le vent

La mouche de la carotte n'aime pas le vent. Pour l'éviter, vous pouvez donc semer les carottes en situation très exposée au vent.

Saints Philippe et Jacques

« Ne crois pas de l'hiver avoir atteint la fin • Que la lune d'avril n'ait accompli son plein »

DANS LA MAISON

LES PLANTES CAILLOUX

Lithops

Ces étonnantes petites plantes grasses originaires d'Afrique australe sont assez largement diffusées. Elles sont originaires de déserts pierreux, et ont réellement l'aspect de cailloux – mais elles donnent des fleurs superbes. Elles supportent le soleil direct, à condition d'y être habituées peu à peu. Mais il faut être très prudent en ce qui concerne l'arrosage. Après le repos hivernal, attendez le changement de feuilles (celles de l'année précédente se réduisent alors à des écailles) pour commencer les apports d'eau – qui doivent être mesurés. A la mi-septembre, cessez complètement d'arroser et placez les plantes cailloux à bonne lumière indirecte.

LE PHACÉLIA

Phacelia tanacetifolia

Cette plante annuelle californienne est un excellent engrais vert, à croissance rapide. Elle forme une touffe de 50 cm de haut, avec un feuillage divisé et léger et des fleurs bleu lavande décoratives (visitées par les abeilles). Semez au potager après une culture, et retournez après la floraison, ou broyez à la tondeuse et laissez la matière végétale se décomposer sur place.

L'oignon grelot

Dans une terre maigre et simplement ameublie en surface, semez la variété jaune 'de Mulhouse'. Ensuite, contentez-vous de désherber et de biner, mais n'arrosez pas. En juillet-août, récoltez les bulbilles : vous les mettrez en place l'année suivante, en mars. Vous pouvez aussi en utiliser une partie pour les confire au vinaigre.

Le bon remède

Le criocère de l'asperge

Ce petit coléoptère est rouge avec des taches noires ; ce sont ses petites larves vert grisâtre qui s'attaquent à l'asperge, surtout aux extrémités. C'est le moment de bien examiner le feuillage et de ramasser les parasites. Dans les cas graves, effectuez un traitement à l'aide d'un insecticide de contact.

Saint Sylvain

« A la Saint-Sylvain la pluie • A tout l'an nuit »

Les noisettes

Lorsque ces fruits ont été très largement véreux l'année précédente, il faut lutter contre le responsable, un charançon appelé le « balanin des noisettes ». C'est ce mois-ci qu'il faut effectuer deux ou trois traitements, à une semaine d'intervalle, à l'aide d'un insecticide à base de pyréthrine.

Le bon remède

Le plomb

Les feuilles de votre pêcher ou de votre prunier prennent une teinte métallique, presque plombée ou argentée : il s'agit d'une maladie due à un champignon qu'on appelle le plomb. Malheureusement, quand le symptôme apparaît, le parasite est déjà installé. Il se manifeste par un affaiblissement général et un amoindrissement de la récolte. Il atteint surtout les arbres cultivés dans des sols lourds et humides. Il n'existe aucun moyen de lutte curative. On prévient le plomb en assainissant le sol et en protégeant les plaies de taille et d'élagage avec du goudron de Norvège.

Le rutabaga a du bon

D'accord, il a mauvaise réputation. Pourtant, quelques choux-navets bonifient le pot-au-feu ou un bon ragoût d'hiver. Et ils sont également délicieux, encore jeunes, quand on les râpe avec les crudités. La culture est facile – de préférence en sol frais et un peu lourd. Semez en avril-mai directement en place, en poquets espacés de 40 cm ; récoltez les racines à partir de septembre, sans trop attendre pour éviter qu'elles ne deviennent filandreuses. Il y a plusieurs variétés : 'Champion jaune à collet rouge' (racine ronde), 'Blanc d'Aubigny' (racine longue à chair blanche), 'Jaune à collet vert' (racine ronde, savoureuse).

Des pommes de terre antipucerons

Faites macérer quelques heures des épluchures de pommes de terre dans l'eau, et pulvérisez le liquide sur les plantes touchées par les pucerons. C'est très efficace.

Notes personnelles

....

....

....

....

5 MAI

Sainte Judith

« Quand au 5 mai il pleut • Du noyer attends peu »

Les hôtes du jardin : Les escargots

Certes, ils dévorent les feuilles de nombreuses plantes, mais ils commettent tout de même moins de dégâts que les limaces. Et savez-vous que l'escargot de Bourgogne est une espèce protégée dans certains pays ? Chez nous, dans la campagne, son ramassage est interdit du 1er avril au 30 juin.

Découvrez… LE CARVI

On le cultive aussi sous le nom d'anis des Vosges ou d'anis des prés. C'est une belle plante à feuillage découpé, de 80 cm de hauteur. Les feuilles agrémentent délicieusement les salades et les graines, très parfumées, entrent dans la préparation des gibiers, ragoûts ou poissons. C'est une plante bisannuelle et elle fleurit la seconde année – elle est parfois même presque vivace. Semez-la à partir de mai dans un sol léger et fertile ; espacez de 40 cm.

La greffe en couronne *se pratique lorsque les sujets sont en végétation et en pleine sève, contrairement à la greffe en fente. Avec un couteau, pratiquez un petit épaulement sur le greffon que vous pourrez ainsi bloquer sur la coupe du tronc. Ligaturez et engluez avec du mastic.*

Le bon remède

Le ver des pommes et des poires

Cette chenille, qui commet de gros dégâts, s'appelle la carpocapse. Le papillon pond sur l'arbre et les chenilles pénètrent ensuite dans les fruits. Il faut traiter avant que les fruits ne soient touchés, c'est-à-dire au moment du vol des papillons, entre avril et juin. Dans les grands vergers, on utilise des pièges englués à phéromone, et lorsque des papillons viennent s'y prendre, on effectue un traitement à l'aide d'un insecticide. Si vos pommes sont régulièrement véreuses, effectuez plusieurs pulvérisations en mai – vous avez de fortes chances de toucher les papillons.

Saints Prudence et Jean Porte Latine

« A la petite Saint-Jean beau temps • Année pleine de froment »

FAIRE LE POIREAU : C'est tout simplement rester planté au même endroit, comme un poireau dans le potager, d'où le verbe « poireauter ». Mais les poireaux, on le sait, ce sont aussi les verrues – qui poussent comme les poireaux… et que l'on attrape aux pieds en poireautant !

Les hortensias *donneront des fleurs d'un rose plus soutenu, et leur feuillage sera plus vert, si vous versez à leur pied, maintenant et à nouveau le mois prochain, le contenu d'un arrosoir auquel vous aurez ajouté 30 g de sang séché.*

La pomme de terre

Ne la plantez pas à côté de la tomate ou de l'aubergine qui appartiennent à la même famille, ce qui faciliterait les attaques du doryphore et du miliou.

Le bon remède

La puce du chou

L'altise, ou puce de terre, attaque particulièrement les choux, de toutes variétés, mais aussi les radis. C'est un petit insecte de 2 mm, bleu ou noir, qui perfore les feuilles de trous larges et irréguliers. Il est surtout actif au printemps, pendant les épisodes de sécheresse. Au premier symptôme, effectuez des pulvérisations de décoction insecticide (par exemple à base de tanaisie) ou d'insecticide d'origine végétale. En prévention, arrosez dès cette période s'il ne pleut pas, et évitez les sols trop secs.

REVIGOREZ LES ANNUELLES

Les plants que vous avez repiqués ont du mal à repartir et piquent un peu du nez ? Rabattez-les en supprimant le tiers ou la moitié supérieure de la tige. Bassinez et arrosez régulièrement, et ombrez en cas de chaleur.

Sainte Gisèle

« En mai, crois-moi • Le vent ne court guère sur le toit »

POIREAU 'BLEU DE SOLAISE'

Tous les jardiniers sont forts en géographie et je ne leur ferai donc pas l'injure de leur rappeler que Solaize est une petite commune du sud de Lyon – autrefois, on y trouvait beaucoup de maraîchers qui alimentaient la cité. Le 'Bleu de Solaise' (il faudrait écrire Solaize) est cultivé depuis fort longtemps, mais contrairement à beaucoup d'autres, cette variété est toujours largement diffusée, malgré les hybrides récents. Ses principales qualités sont sa grande résistance au froid, qui en fait l'un des meilleurs poireaux d'hiver, et son intérêt gustatif. Ce poireau présente un gros fût, de longueur moyenne, et son feuillage est nettement bleuté – il est excellent pour la soupe. Semez-le fin avril ou début mai, en pépinière, dans un sol riche en humus, meuble, profond et frais. Plombez avec le dos du râteau et maintenez la terre un peu humide. Repiquez les jeunes poireaux fin juillet-début août, en lignes distantes de 30 ou 35 cm, en les espaçant d'une douzaine de centimètres. Par la suite, binez et sarclez régulièrement. Vous récolterez durant tout l'hiver, jusqu'au début du printemps.

Mes radis préférés

Mes variétés préférées de radis de tous les mois, pour la pleine terre et la récolte de printemps et d'été: 'Fluo' F1, demi-long à petit bout blanc, croquant et peu piquant, lent à creuser et précoce; 'Cerise', rond et entièrement écarlate, lent à creuser; 'Falco', gros et rond, rouge vif, peu piquant, lent à creuser. Je conseille également un radis inhabituel: 'de Cinq semaines' rose race Rino; il s'agit d'un radis très allongé (jusqu'à 15 cm) de couleur rouge clair, au goût assez doux et à croissance rapide.

Le bon remède

La sciure de bois

Elle constitue un excellent mulch, qui protège le sol. En outre, elle dissuade de nombreux parasites, notamment l'otiorrhynque, mais aussi les limaces.

8 MAI

Victoire 1945

« Au mois de mai • Les voleurs sont nés »

L'arachide au chaud

Quelques grainetiers proposent des graines d'arachide d'Espagne, facile à cultiver dans toutes les régions un peu chaudes. Semez dans la deuxième semaine de mai sur une terre à la fois riche, légère et bien drainée, en plein soleil. Les tiges vont se développer, puis se coucher et s'enraciner. Vous récolterez à la bêche, en automne – pour la plus grande joie des enfants !

Les insectes parasites *apparaissent et pondent à des périodes bien précises de l'année. En semant ou en repiquant précocement ou tardivement, il est possible que la plante échappe à ses parasites habituels. C'est ainsi que l'on peut éviter la cécidomyie du pois ou la mouche du chou.*

Le bon remède

La cochenille de l'érable

Elle est fréquente, mais, heureusement, facile à repérer. En effet, elle forme de petites masses blanchâtres, dans l'écorce des branches, à cette époque. Traitez sans retard à l'aide d'un insecticide huileux, spécial pour les cochenilles.

Découvrez…

LA PERVENCHE DE MADAGASCAR

Avec ses feuilles assez grandes, brillantes et denses, et ses petites fleurs roses qui se succèdent du printemps à l'automne, la pervenche de Madagascar *(Catharanthus roseus)* est une très belle plante pour les balcons, les fenêtres et même pour l'intérieur. Elle est cultivée depuis longtemps chez nous : elle ornait déjà les jardins de Versailles vers 1760. Arrosez-la abondamment et effectuez un apport d'engrais toutes les semaines. On la conduit en général en annuelle car sa floraison est nettement moins belle la seconde année. Elle est largement diffusée, en avril-mai, dans les jardineries.

Notes personnelles

....

....

....

....

....

....

....

9 MAI

Saint Pacôme

« Fleurs de mai et des femmes la beauté • En un jour peuvent être gâtées »

Les hôtes du jardin : Le chrysope

Cet insecte entièrement vert, qui ressemble un peu à une éphémère, a deux grandes paires d'ailes, et il est assez commun dans les jardins, de mai à septembre (sauf dans le Nord). Il faut le protéger car sa larve est prédatrice des pucerons.

Le chou à choucroute

Si vous souhaitez préparez vous-même vos choucroutes, préférez les variétés 'de Brunswick', à grosse pomme vert franc, 'Filderkraut', variété traditionnelle à pomme énorme, atteignant jusqu'à 8 kg, ou 'Quintal d'Alsace', à pomme aplatie. Elles sont également très bonnes pour la potée et les soupes. Semez-les maintenant pour une récolte d'automne.

*
* *

Le céleri à côtes

Il arrive que les pieds de céleri à côtes soient véreux : des larves ont creusé des galeries dans l'épaisseur des tissus. Si la culture de l'année précédente a été touchée par la mouche, c'est à partir de maintenant qu'il faut effectuer deux ou trois traitements, espacés de dix jours, avec un insecticide à la roténone.

Dès que les jeunes pousses se développent sur les rosiers, *les pucerons s'y installent – et se multiplient à toute vitesse ! On en repère quelques-uns une semaine, et la suivante on s'aperçoit qu'il y en a déjà toute une colonie. On peut traiter avec un insecticide de contact, mais à dose légère car la végétation est encore fragile. Utilisez un produit à base de roténone ou, plus simplement, chassez-les avec la lance d'arrosage. C'est ce que je fais et ça marche très bien.*

Le bon remède

La roténone

Cette substance insecticide est obtenue à partir des racines de plantes tropicales (derris). Elle est efficace contre de nombreux insectes, mais ne présente pas de danger car elle n'est toxique ni pour l'homme ni pour les animaux domestiques. En revanche, évitez son utilisation à proximité des bassins car elle est meurtrière pour les poissons d'ornement. On l'applique en poudrage, ou dissoute dans de l'eau.

« Vigneron malin • Ce jour vend son vin »

Le bon remède

La carpocapse des prunes

Cette chenille est assez fréquente. Elle est de couleur rose et on identifie facilement sa présence parce qu'elle laisse un petit tas de déchets autour du trou sur le fruit qu'elle a percé. L'insecte adulte est un papillon qui vole maintenant, et également en juillet-août. C'est donc à ces périodes qu'il faut traiter, à l'aide d'un insecticide de contact.

L'époque du haricot

C'est le moment – tant attendu – de semer le haricot. Ne le faites pas trop tôt car, qu'il soit vert, mangetout ou à écosser, il a besoin de chaleur pour lever dans de bonnes conditions. Semez en terre bien bêchée et ameublie, mais sans enfouir de fumure fraîche. Ouvrez des poquets, c'est-à-dire de petits trous de 3 ou 4 cm de profondeur, arrosez à l'arrosoir et placez trois à cinq graines par poquet. Recouvrez d'une mince couche de terreau. Le haricot ne doit pas être semé trop profondément; comme le dit la sagesse populaire, il doit entendre le pas du semeur qui s'en va...

LE LILAS DES INDES
Lagerstrœmia

Ce bel arbuste est assez sensible à l'oïdium. Cette maladie se traduit par un dessèchement ou une crispation de l'extrémité des rameaux. Supprimez les parties touchées et effectuez une pulvérisation de fongicide à base de soufre tous les dix jours.

La rouille de la menthe. *On constate assez souvent, à cette époque, un dessèchement des feuilles sur les touffes de menthe. Les tiges portent des sortes de pustules orangées. Coupez toutes les tiges à la base et brûlez-les. La menthe va repousser rapidement. Pour éviter cette rouille, renouvelez les plantes tous les trois ou quatre ans par division, en changeant d'emplacement.*

11 MAI

Saints Estelle et Mamert

« Pancrace, Servais et Mamert • Au printemps ramènent l'hiver »

Les groseilliers et les cassissiers

Il existe plusieurs espèces de pucerons qui entraînent des crispations et des déformations de leurs feuilles. Il faut mener la lutte par des applications d'insecticides d'origine végétale dès le premier symptôme, d'autant plus que ces parasites sont des vecteurs de maladies virales graves. Par ailleurs, évitez certaines cultures à proximité des vos arbustes, notamment celles de la laitue, du stachys, du lamium. Désherbez régulièrement au pied.

Le maïs doux

Cette graminée est décorative et donne des épis succulents, très sucrés, agréables en accompagnement de viande ; on peut les faire griller sur le barbecue. Semez les grains lorsque les gelées ne sont plus à craindre, en poquets de 3 ou 4 graines, espacés de 50 cm environ. Ne conservez que le plus beau pied de chaque poquet.
Il est conseillé de cultiver le maïs en carré, plutôt qu'en lignes : la pollinisation est meilleure.
Meilleures variétés : 'Pinnacle', 'Blizzard Super Sweet'.

*
* *

Certains jardiniers utilisent les tiges de maïs comme tuteurs pour le pois ou le haricot ; elles servent aussi à faire un peu d'ombre pour les cultures potagères qui n'aiment pas les fortes insolations estivales.

Au pied des arbres fruitiers *et dans la cuvette ménagée pour les arrosages, étalez un mulch d'écorce de pin broyée ou de paille, sur une épaisseur de 5 à 10 cm. Cette protection, qui ne gêne en rien les arrosages, ralentit l'évaporation de l'eau du sol et évite la croissance des mauvaises herbes qui concurrencent les racines des arbres.*

Le bon remède

L'oïdium de la vigne

Dans les régions viticoles, on l'appelle le « meunier » ; il se traduit par une sorte de poussière blanchâtre sur les feuilles. Ensuite, les grains de raisin se dessèchent. Réagissez au premier symptôme en effectuant des pulvérisations de fongicide à base de soufre. Préventivement, traitez surtout en début de végétation et au moment de la floraison.

Fête de Jeanne d'Arc, Saint Pancrace

« Mamert, Servais et Pancrace • Sont bien nommés les saints de glace »

Découvrez...

L'ORANGER D'INTÉRIEUR

Le plus souvent, il s'agit de l'oranger calamondin (× *Citrofortunella mitis*). Il ne manque pas de charme avec ses feuilles brillantes et ses petits fruits orangés. Il fleurit et fructifie assez facilement et conserve une taille assez basse quand il est installé en pot. Il a besoin de beaucoup de lumière: mettez-le à l'extérieur de mai à octobre. Arrosez-le régulièrement en période de croissance (avec des apports réguliers d'engrais phosphoré), et assez peu en hiver. Il préfère une certaine fraîcheur (12 à 15 °C) de novembre à mars, mais il peut supporter une pièce chauffée normalement.

Les hôtes du jardin: Les chauves-souris

Autrefois craints et pourchassés, ces étranges mammifères volants sont aujourd'hui protégés. Ce sont de bons auxiliaires pour le jardinier parce qu'ils détruisent de nombreux insectes, à un moment où les oiseaux ne sont plus actifs (le soir). Dans certaines boutiques, on trouve des nichoirs pour chauve-souris, qu'il faut suspendre à un mur ou un arbre, dans un lieu calme et tranquille. Mais il ne faut pas être pressé: la chauve-souris est méfiante et le nid n'est parfois occupé qu'après plusieurs années.

Le bon remède

Les balais de sorcière

Sur votre cerisier, vous constatez le développement de rameaux dressés, formant une touffe dense et ne donnant pas de fleur au printemps. Cette maladie bénigne est due à un champignon. Le traitement consiste tout simplement à couper les rameaux qui portent ces balais de sorcière, 50 cm au-dessous de l'insertion.

Protéger une bouture. *Lors d'une promenade, vous vous laissez séduire par un bel arbuste... Même si vous êtes loin de chez vous, prélevez une bouture ou un greffon que vous conserverez frais en le plantant profondément dans une tomate, une courgette ou une pomme de terre: ainsi protégé, il peut tenir deux jours.*

13 MAI

Saints Rolande et Servais

« Avant la Saint-Servais point d'été • Après plus de gelées »

Les vertus de la mélisse

Si vous êtes piqué par une guêpe, broyez entre les doigts quelques feuilles de mélisse et frottez-en la peau ; la douleur va rapidement s'atténuer. Je connais beaucoup de jardiniers qui mettent quelques pots de mélisse citronnelle sur les fenêtres, pour dissuader les insectes et surtout les moustiques de pénétrer dans la maison. Personnellement, j'utilise les jeunes feuilles fraîches pour parfumer les salades vertes, la volaille et le poisson. En outre, la mélisse est visitée par les abeilles. Cette bonne plante est facile à cultiver en sol ordinaire (pas trop humide). Il vaut mieux la rabattre à la cisaille, au moment de la floraison, pour qu'elle conserve un port compact.

Le chou de Bruxelles

Ce légume est assez souvent touché par la mouche qui pond sur les pommes situées près de la base de la tige. Une bonne solution, pour prévenir les attaques, c'est d'associer tomates et choux de Bruxelles, par exemple en alternant les rangées.

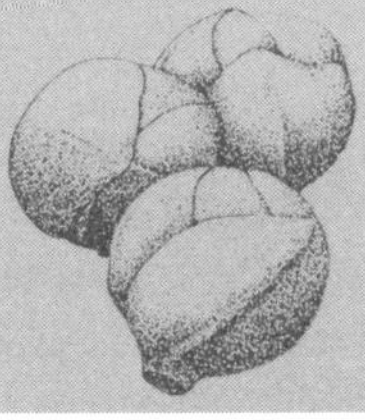

Le bon remède

Le trèfle

Les jardiniers bio sèment du trèfle en couverture, au potager, entre les rangées de diverses espèces, et notamment des choux. Ils dissuadent ainsi de nombreux insectes de venir pondre leurs œufs sur le sol ou sur les feuilles – notamment la mouche, mais aussi la piéride et la noctuelle.

Les plantules en attente de repiquage sont fragiles et risquent de se dessécher très rapidement. Effectuez l'opération par temps couvert ou le soir. S'il fait chaud, répandez sur les plantules un peu de tourbe humide qui les protégera.

Notes personnelles

....

....

....

....

....

....

14 MAI

Saint Matthias

« Belles rogations • Font belles fauchaisons »

HARICOT ROSE D'EYRAGUES

Sortez un peu des grandes routes ! A peu près à mi-chemin entre Avignon et Saint-Rémy-de-Provence, vous allez trouver un bourg ; arrêtez-vous sur la place, devant la vieille église romane. Vous êtes à Eyragues. Attardez-vous un peu dans cette contrée où fleurissent potagers et vergers, où la tomate est omniprésente. C'est la patrie du haricot 'Coco nain rose d'Eyragues'. Il mérite bien son nom car la gousse, de 12 cm de long, est d'un beau rose doux, panaché de jaune, et le grain est rosé et marbré de rouge vif ; sa peau est très fine et il est délicieux frais ou sec. C'est un haricot précoce que l'on peut cultiver en toute région, en le semant vers le 15 mai dans la région parisienne. Il résiste à la chaleur et donne un rendement remarquable. On le récolte aussi en mangetout, quand les gousses sont encore jeunes.

DANS LA MAISON

LES BOUQUETS D'ARBUSTES

Les fleuristes écrasent et refendent le bas de la tige des rameaux de lilas, de forsythia, de prunus et des autres arbustes à fleurs. De cette manière, l'eau pénètre mieux les tissus. Cependant, certains maîtres de l'art floral préfèrent charbonner le bas des tiges : il faut le porter au rouge à la flamme, puis le tremper dans l'eau. Le pourrissement en est nettement retardé.

La tomate en motte

C'est le moment de repiquer les plants de tomates semés en février – ou achetés en jardinerie. Si la tige est un peu longue, couchez la base et enterrez-la : la plante ne s'enracinera que mieux. Repiquez avec la motte, en lignes distantes de 70 cm, en espaçant de 50 cm sur le rang. Avant de repiquer, placez les tuteurs.

Notes personnelles

....

....

15 MAI

Sainte Denise

« Pluie des rogations • Pleurera le vigneron »

FLEURIR LES JARDINIÈRES

Les jardineries et les grainetiers proposent de très nombreuses plantes annuelles en godets – œillet d'Inde, rose d'Inde, impatiens, bégonia, tabac, agératum, verveine, sauge Splendens, cinéraire, héliotrope, calcéolaire... C'est un bon moyen de fleurir facilement les jardinières et les bordures. Mais vérifiez les plants qui doivent être compacts, exempts de maladies et de ravageurs, avec un feuillage bien coloré.

Le giraumon, un régal

Ce proche cousin du potiron, qui se cultive exactement de la même manière, donne de beaux fruits décoratifs, qui sont en outre délicieux dans les soupes et les beignets. Le plus connu est le giraumon turban, appelé aussi « bonnet turc », qui produit des fruits de trois kilos environ, dotés d'un renflement en forme de calotte et de couleur orangé panaché de blanc et de vert. Mais on cultive aussi le 'Giraumon galeux d'Eysines', donnant de gros fruits rouge clair à épiderme garni d'excroissances blanches.

L'arrosage des plantes vivaces et annuelles *ne doit pas être négligé. Il arrive que le mois de mai voie s'installer une période de sécheresse qui entraîne une interruption de la croissance des plantes vivaces. Dans ce cas, il ne faut pas hésiter à arroser. Par ailleurs, il faut arroser systématiquement les vivaces et les annuelles repiquées depuis peu.*

Le bon remède

Le scarabée du rosier

La cétoine est noire, avec de petits points, et mesure 1 cm de long. On la rencontre près des fleurs du rosier, qu'elle dévore et endommage. Ce scarabée est détruit par les insecticides de contact classiques.

Notes personnelles

....

....

« A la mi-mai fin de l'hiver • Saint-Honoré fait les pois verts »

Les hôtes du jardin : Les crapauds

Comme tous les batraciens, ils sont protégés. Le crapaud commun, qui compte parmi les meilleurs amis du jardinier, est de couleur brune, avec une peau très verruqueuse. Il mesure 10 ou 12 cm de long. C'est un grand prédateur d'insectes et de limaces. Il visite volontiers les jardins s'il n'est pas pourchassé (il est surtout nocturne). Il passe l'hiver dans les trous du sol et sort dès le début du printemps. Si vous souhaitez l'attirer, abstenez-vous d'épandre des pesticides.

L'ail a un pouvoir nécrosant *sur le bois. Pour éliminer une vieille souche de sureau ou d'acacia, et empêcher la prolifération des rejets, percez quelques trous à la perceuse et enfoncez-y des gousses d'ail pelées.*

Le bon remède

La cécidomyie

Ce petit insecte était autrefois appelé mouche de Hesse. C'est une très petite mouche qui s'attaque à tous les choux, en particulier au chou-fleur. Elle pond ses œufs dans les feuilles ; les larves, en dévorant des tissus, sont à l'origine de déformations diverses – chez le chou-fleur, plusieurs petites têtes apparaissent parfois. En prévention, si le potager a déjà été victime d'une attaque l'année précédente, il faut effectuer des pulvérisations d'insecticide à base de pyrèthre. Les filets protecteurs sont très efficaces.

DANS LA MAISON

LES PAPYRUS
Cyperus

C'est le moment de diviser ces plantes des terrains marécageux mais que l'on cultive ici comme plantes d'intérieur. Sortez la motte de son pot et découpez-la en deux ou trois blocs. Rempotez dans un mélange de terreau (deux tiers) et de bonne terre de jardin, et arrosez copieusement.

Le poireau baguette

Semez le poireau 'de Liège' en pépinière. Vous le repiquerez en place en juillet, en espaçant de 8 cm environ (une douzaine au mètre). En mars-avril, vous récolterez des poireaux tendres, gros comme le petit doigt.

« Tonnerre de Saint-Pascal • Sans grêle n'est pas un mal »

TELLES RACINES, TELLES FLEURS...

Comment connaître la couleur des fleurs des œillets quand ils ne sont pas encore fleuris ? Il suffit de regarder les racines : si elles sont rouges, les fleurs seront de la même couleur, de même si elles sont blanches ou roses.

Découvrez... LE CARDON

Très savoureux, le cardon est plus connu dans les régions du Sud que dans celles du Nord ; pourtant, on peut le cultiver presque partout. Il lui faut un sol assez frais mais bien drainé, riche en humus – enrichi d'une bonne fumure lors des labours d'automne. Il ne faut pas semer trop tôt – pas avant le 10 mai, sinon le cardon monte à graines rapidement. Semez en place, en lignes distantes de 1,5 m, en poquets espacés de 1 m, à raison de quatre graines par poquet. Après la levée, ne conservez que le pied le plus beau de chaque poquet. Arrosez régulièrement pendant tout l'été ; les coups de sécheresse rendent les pétioles durs et amers. Récoltez en automne. Le cardon occupe beaucoup de place au potager, mais vous sèmerez des radis ou des salades entre les rangs.

DANS LA MAISON

CACTÉES SEMÉES

On trouve facilement des graines de nombreuses espèces de cactées, dont le semis est facile et donne de bons résultats. Il permet de disposer de plantes, qui s'adaptent souvent mieux à leur milieu que les sujets achetés. Pratiquez-le par exemple pour les espèces des genres *Rebutia*, *Mammillaria*, *Gymnocalycium* ou *Notocactus*. Semez clair, en terrines ou en godets, sur un mélange bien drainé ou un terreau à cactées. Recouvrez les graines de sable grossier ou de gravier fin. Placez le récipient à une température de 20 °C environ, et pulvérisez souvent la surface avec une eau non calcaire. Lorsque les jeunes plantes sont suffisamment développées, repiquez-les en petits pots individuels.

Concombre choyé

Pour que cette plante exigeante démarre bien, faites quelques apports d'engrais potager bien équilibré (riche en azote et en potasse). Par la suite, n'oubliez pas les arrosages car cette plante aime la fraîcheur. En région chaude, un bon paillage est hautement conseillé.

18 MAI

Saint Éric

« Hêtre qui en mai fleurit • Annonce du geai le cri »

L'arrosage des arbres fruitiers

Continuez à arroser les arbres récemment plantés. En cas de période de sécheresse, arrosez également les sujets installés, mais avec modération pour les arbres à noyau (un excès d'humidité entraîne l'avortement des fruits).

Le bon remède

La mouche de la cerise

Cette petite chenille commet parfois de gros dégâts, notamment sur les bigarreaux. Elle est surtout à craindre dans les régions où les cerisiers sont nombreux. La larve se développe dans le fruit, qu'elle rend évidemment inconsommable. L'insecte adulte vole en général du 15 mai au 5 juin (moment de la reproduction), et c'est à cette époque qu'il faut effectuer des pulvérisations d'insecticide. Dans les vergers de cerisiers, on utilise des pièges à phéromones pour détecter le vol de l'insecte.

Les pois mangetout

C'est le moment de les semer. Meilleures variétés : 'Corne de bélier' (ramant), 'Carouby de Maussane' (demi-ramant), 'Norli' (nain). Vous récolterez les gousses à l'état jeune, juste au début de la formation des grains.

__Vérifiez les greffes__ effectuées depuis février. Si les ligatures commencent à étrangler le tronc, supprimez-les. Rabattez les jeunes pousses parties trop vigoureusement.

REPIQUEZ LES ANNUELLES !

Les saints de glace sont passés, et c'est le moment de repiquer les annuelles semées sous abri au début du printemps. Arrosez les plantes la veille et travaillez de préférence tôt le matin ou tard le soir s'il fait très beau – ou dans la journée par temps nuageux. Repiquez les plants avec la motte, après avoir enrichi la terre d'un peu de terreau ou d'un compost de jardin bien décomposé. Ensuite, arrosez généreusement.

« Mai frais et fèves fleuries • Mettent tous deux du pain dans la maie »

Les vertus de l'ortie

Si je conseille de semer de l'ortie, je risque de me fâcher avec beaucoup de jardiniers qui peinent pour extirper cette « mauvaise herbe » de leur terrain. Et pourtant… Plusieurs grainetiers proposent des graines d'ortie – je parle ici de l'ortie brûlante, la vraie, celle qui pique ! Et je connais pas mal de jardiniers bio qui la recherchent. En effet, cette plante envahissante et tenace permet de préparer le purin d'ortie : il faut 1 kg de feuilles hachées pour 10 l d'eau et on laisse macérer pendant 10 jours avant de filtrer. Le liquide obtenu a un pouvoir fongicide (mildiou) et insecticide (puceron), et on l'utilise en pulvérisation. En outre, c'est un bon activateur de compost. On peut également semer l'ortie en engrais vert. Par ailleurs, les jeunes pousses sont délicieuses en potage, ou cuites à la manière des épinards (la plante est très riche en protéines, en fer, en vitamines A et D). Et enfin, l'ortie chargée de graines constitue un excellent fourrage pour les lapins, les poulets et les canards (les fermières d'antan préparaient une pâtée nourrisssante pour les canetons, à base d'orties et de son, qui paraissait fort appétissante !). Au bout du compte, cette plante tant décriée a beaucoup d'avantages ; on dit même qu'elle a le pouvoir de calmer les douleurs rhumatismales de ceux qui ont assez de courage pour en supporter la brûlure.

Le bon remède

Le ver des framboises

Si l'an passé, beaucoup de framboises ont été petites, déformées et inconsommables, le responsable est le ver des framboises, la larve d'un petit coléoptère. C'est maintenant qu'il faut traiter, avant la floraison, car l'insecte est actif en ce moment. Effectuez deux ou trois applications d'un insecticide de contact. Ensuite, binez régulièrement en été et au début du printemps suivant, pour détruire les nymphes.

20 MAI

Saint Bernardin

« Gelée de Saint-Bernardin • Gèle la vigne avant le vin »

FAUT S'PRESSER L'CITRON ! : On ne le dit plus trop, je crois, mais il y a quelques décennies, on évoquait le fruit acide du *Citrus limon* lorsqu'il fallait réactiver des méninges engourdies. Et on dit toujours « se magner le citron », en jouant sur le double sens de « citron ». « Presser le citron », en revanche, c'est faire suer la bête, et ça qualifie souvent les exigences d'un patron jugé trop dur !

Le bon remède

Le chanvre

Autrefois, dans les potagers, les jardiniers plantaient du chanvre (celui qui sert à faire du textile, évidemment !). C'est apparemment efficace pour éloigner divers parasites, et notamment la piéride du chou. Et si vous êtes pêcheur, vous pourrez utiliser la graine, le chènevis, excellente esche et amorce pour le gardon, la vandoise, le rotengle et la grosse brème.

Le ramassage des limaces *est un moyen de lutte non négligeable. S'il a plu dans la journée, armez-vous d'une torche électrique (et protégez-vous les mains avec des gants) : une bonne récolte est assurée ! Si vous répétez l'opération régulièrement, les résultats seront très significatifs.*

L'ŒILLET D'INDE SAUVAGE

Le bon grainetier Baumaux propose une variété d'œillet d'Inde très proche de l'espèce sauvage que l'on rencontre au Mexique. C'est une plante très sympathique pour les jardins décontractés, à fleurs simples d'un beau rouge chaud, bordées de jaune et à cœur jaune. Contrairement aux variétés plus élaborées, elle ne craint pas la pluie. Elle forme une touffe de 50 cm de haut, avec un feuillage très odorant quand on le froisse.

Notes personnelles

....

....

....

....

POIVRON 'DOUX LONG DES LANDES'

Cayenne aussi, c'est chez nous, mais le piment que l'on y cultive est vraiment très piquant pour les palais de ce côté-ci de l'Atlantique. Il mérite pourtant d'être cultivé, au moins dans les régions chaudes, mais en petite quantité. Côté poivron doux, même si les hybrides récents ont leurs qualités ('Ariane', 'Golden Bell', 'Top Girl' ou 'Top Boy'), je reste fidèle au 'Corne de taureau' italien (vert ou jaune), très doux, juteux et remarquablement parfumé, et au poivron 'Doux long des Landes'. Ce dernier, assez hâtif, donne des fruits minces et droits, effilés et délicats ; sous la peau, la chair n'est pas très épaisse, mais tendre, juteuse et très savoureuse. En Gascogne, on déguste en général ce poivron vert en salade, coupé en petits dés ou en lanières, après l'avoir fait griller quelques instants sur la braise, pour l'éplucher et l'attendrir ; on ajoute un filet d'huile d'olive et une pointe d'ail. Il est également très utilisé en conserve au vinaigre. On peut le cultiver en toute région. Semez-le clair en terrine, sous la véranda ou devant une fenêtre bien ensoleillée, vers le 15 mai, dans un bon terreau ou dans de la tourbe blonde. Ensuite, endurcissez les plants en les aérant et en les sortant, chaque fois que c'est possible. Repiquez-les en mai, dans une terre enrichie d'un bon compost de jardin aux labours d'automne, en jetant deux poignées d'Or brun dans le trou de plantation. Espacez de 50 cm en tous sens. Dans les régions un peu fraîches, il est préférable de repiquer sous tunnel car la plante a besoin de beaucoup de chaleur en début de végétation. Par la suite, arrosez régulièrement et paillez. Sauf dans les régions chaudes, supprimez les boutons à partir du mois d'août pour favoriser la maturation des poivrons.

22 MAI

Saint Émile

« De mai chaude pluie • Fait belle fleur et riche épi »

Le bon remède

Le sitone du pois

C'est un petit coléoptère brun, qui dévore les bords des feuilles en laissant des échancrures caractéristiques. Il est surtout actif quand il fait chaud. On s'en débarrasse par des pulvérisations d'insecticide à base de roténone. Après la récolte, il faut arracher les plantes pour les brûler.

LUMIÈRE !

Semées sous abri, les plantes annuelles « filent » parfois en hauteur, c'est-à-dire que leurs tiges grandissent démesurément. C'est parce qu'elles manquent de lumière. Il faut les éclairer et les aérer le plus possible, en les sortant dès que le temps le permet.

Découvrez... L'ACANTHE

Brillante, ample et joliment découpée, la feuille d'acanthe a séduit les sculpteurs et les architectes de l'Antiquité qui l'ont largement utilisée comme motif décoratif. Cette plante méditerranéenne se montre assez rustique pour être cultivée dans la plupart des régions – à condition que le sol soit bien drainé. Elle est belle en massif, mais encore plus belle en isolée, sur une pelouse. Ses grandes inflorescences dressées, qui apparaissent à la fin du printemps, portent ensuite des fruits qui projettent leurs graines avec un claquement sec. Outre *Acanthus mollis*, l'espèce la plus courante, je vous conseille une acanthe pour rocailles et bordures : *Acanthus spinosus* qui se distingue par ses feuilles étroitement découpées et épineuses. Si elle préfère le soleil, l'acanthe accepte aussi un peu d'ombre ; elle supporte les sols calcaires.

Notes personnelles

....

....

....

....

....

....

Pour que les fleurs durent longtemps *en vase une excellente méthode chinoise consiste à tremper la base de la tige dans la bougie fondue. C'est particulièrement indiqué pour les arbustes (lilas, forsythia, rosier) et aussi pour les tiges charnues.*

« Haricot semé à la Saint-Didier • En rapporte un demi-setier »

DANS LA MAISON

L'ABUTILON
Abutilon megapotanicum

Ce petit arbuste dressé, à grandes et belles feuilles vert foncé et dentées, donne tout l'été de larges fleurs pendantes en coupes, rouges, orangées ou jaunes. Il est facile à cultiver en plante d'intérieur ou de terrasse (et en pleine terre sous climat doux), et peut même être obtenu sans difficulté par semis (effectué à la fin du printemps, en terrine). Arrosez régulièrement, en laissant la terre ressuyer un peu. Durant l'hiver, placez-le dans une pièce fraîche, en réduisant les arrosages.

Les fourmis *ne sont pas nuisibles aux plantes, mais peuvent être gênantes quand elles s'installent dans les pots, dans les paillis, et quand elles pénètrent dans la maison. Contre les fourmis, l'eau de Javel est très efficace : employez-la pure sur les nids, et diluée sur les lieux de passage.*

Le bon remède

Le doryphore

Ce bel insecte, jaune brillant à taches noires, continue à faire des dégâts importants dans les plantations de pommes de terre. Dès que l'on remarque que des feuilles sont dévorées, il faut effectuer le ramassage systématique, en regardant bien au-dessous des feuilles (les larves sont rougeâtres et tachetées de noir). Si l'attaque paraît grave, effectuez des applications d'insecticide à base de roténone et de pyréthrine (en alternant les deux produits) ; pulvérisez bien au-dessous des feuilles.

Des radis doux

Pour récolter en permanence des radis tendres et doux, effectuez un semis tous les trois ou quatre semaines. N'attendez pas trop pour les arracher car ils deviennent assez rapidement creux et trop forts.

24 MAI

Saint Donatien

« Boue de mai • Épi en août »

La vigne

Continuez les traitements au soufre contre l'oïdium, et à la bouillie bordelaise contre le mildiou. Vous les renouvellerez une fois en juin et une autre fois en juillet.

Le bon remède

Le thrips du pois

Ce petit insecte est très actif à cette époque, surtout quand le temps est sec. Il pique les fleurs, qui avortent, les feuilles, qui se dessèchent, et les gousses, qui se déforment; sur ces dernières, apparaissent des taches blanchâtres exsudant un liquide gluant. En prévention, ne laissez pas le sol se dessécher. En cas d'attaque, pulvérisez de l'insecticide à base de roténone, le soir.

Les fraisiers n'aiment pas le trèfle

Les fleurs sont petites et de couleur verdâtre, et les fruits sont déformés et ne mûrissent pas. Il s'agit de la maladie des pétales verts, qui est transmise par un petit insecte. En prévention, évitez de cultiver les fraisiers près d'une prairie ou d'une pelouse contenant du trèfle.

Notes personnelles

__Le marc de café__ a de nombreuses vertus. Incorporez-le au tas de compost, ou utilisez-le comme paillis pour les plantes en pots: il conserve l'humidité et dissuade de nombreux insectes. En outre, on peut le mélanger à certaines semences, notamment à celles de carotte: il favorise la germination et éloigne les parasites.

Saints Sophie et Urbain

« Comme Saint-Urbain se tient • Souvent le temps se maintient »

BALCONS, TERRASSES

DES PÉLARGONIUMS... RENVERSANTS !

Le genre *Pelargonium* regroupe des plantes très diverses, dont les plus connues sont évidemment toutes les variétés connues sous le nom de géranium – géraniums des balcons, géraniums-lierres... Mais il faut découvrir aussi les pélargoniums botaniques et les nombreuses variétés à feuillage odorant. Croyez-moi, si vous respirez une feuille de 'Attar of Roses', vous allez tomber à la renverse en découvrant un puissant parfum de rose (cette variété est d'ailleurs cultivée pour la parfumerie, et elle donne l'essence de rose). Mais les feuillages des pélargoniums offrent aussi de belles odeurs de citron ('Citriodorum', 'Lemon Crisp', 'Lemon Fancy'), de menthe ('Lucile Joy'), de pomme verte *(P. odoratissimum)*. Et comme pour les glaces, il y a aussi des panachés ('Chocolat Peppermint', menthe et chocolat, 'Robert's Lemon Rose', rose et citron). Ces plantes ne sont évidemment pas rustiques et doivent être rentrées en hiver sous une véranda. On les cultive en général en pots, sur les terrasses.

Examinez régulièrement les arbres fruitiers. Ramassez les feuilles tachées, les fruits avortés ou malades et supprimez les rameaux endommagés ou desséchés. Brûlez le tout. Et n'oubliez pas de désinfecter le sécateur, à la flamme ou à l'alcool, quand vous passez de la taille d'un arbre à celle d'un autre.

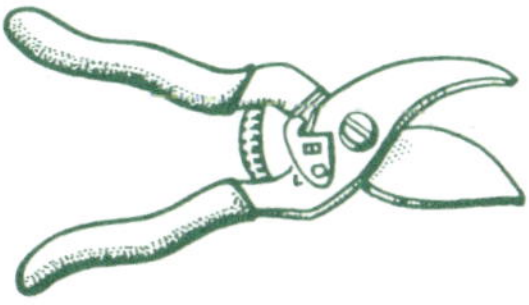

Le bon remède

Des signes de carence

Le jaunissement ou la chute prématurée des feuilles d'un arbre n'est pas obligatoirement le symptôme d'une maladie ou d'un parasite. Bien souvent, il s'agit d'une carence du sol en un élément nécessaire à la plante. Et dans beaucoup de cas, c'est tout simplement un manque d'eau. Ne négligez pas l'arrosage des jeunes fruitiers, notamment au printemps. Et paillez-les pour réduire l'évaporation.

26 MAI

Saint Bérenger

« Mariages de mai • Ne fleurissent jamais »

Les hôtes du jardin : L'orvet

Il a tout d'un serpent, et cela lui vaut de passer de bien mauvais quarts d'heure. En fait, c'est un lézard sans pattes (il a des paupières !). Il atteint 40 ou 50 cm de long, et il est de couleur gris cuivré. Il vit dans les taillis et sous les pierres, dans les lieux humides, et il sort le soir. C'est un grand prédateur de limaces et il faut donc soigneusement le protéger. Il vient d'ailleurs volontiers dans les jardins s'il n'est pas inquiété.

Le bon remède

La cochenille du houx

Elle s'implante sous les feuilles de l'arbre et cause des taches, suivies d'un jaunissement. Elle produit de petites masses blanches, en été. Il faut l'éliminer à l'aide d'un insecticide spécifique contre les cochenilles, d'autant plus qu'elle s'attaque aussi à d'autres arbres à feuilles persistantes, en particulier aux camélias.

Le savon noir protège *les plantes. C'est un vieux truc contre les pucerons (et d'autres parasites), qui demeure très efficace. Son effet n'est pas de très longue durée, mais le savon noir ou le savon de Marseille ne présente aucun danger pour les plantes du potager ni pour l'environnement. Pour l'utiliser, faites dissoudre le savon dans dix fois son volume d'eau, et pulvérisez toutes les semaines sur les plantes touchées par les pucerons, notamment les rosiers.*

« Toujours au mois de mai • Fleurit le hêtre et chante le geai »

Découvrez... **LE CRAMBE**

Les Anglais raffolent de cette plante qui se plaît sous le climat tempéré et pluvieux de leur île, et que j'ai vue souvent à l'état sauvage sur nos côtes (notamment en Bretagne). On l'appelle aussi chou marin et on consomme (cuites) les tiges de la feuille (comme pour la rhubarbe). La saveur est fine, assez proche de celle de l'asperge. En outre, c'est une plante décorative par son ample feuillage, couleur vert grisâtre et découpé, et par ses grandes inflorescences blanches. Pour cultiver cette vivace, qui produit sur de longues années, vous trouverez des graines auprès de Thompson & Morgan, le fameux grainetier britannique, et des plantes en godets chez quelques bons pépiniéristes. Avant de récolter les pétioles, il faut les faire blanchir quelques jours sous un grand pot de fleurs.

Pour conserver les aliments, *la viande en particulier, autrefois, quand il n'y avait pas de réfrigérateur, on faisait appel aux propriétés des plantes. C'est ainsi que l'on peut entourer un quartier de viande ou un poulet de feuilles fraîches de sureau ou d'ortie : celles-ci ont des propriétés antiseptiques et bactéricides, et, de plus, elles éloignent les mouches.*

Fragile aubergine

L'oïdium, le mildiou et la pourriture grise touchent cette plante assez fragile. En prévention, respectez bien les espacements (50 à 60 cm) pour que les plantes soient suffisamment aérées. Éliminez toutes les feuilles présentant des taches suspectes, effectuez des binages fréquents.
La pulvérisation d'engrais foliaire à base d'algue renforce la résistance de l'aubergine à ces maladies.

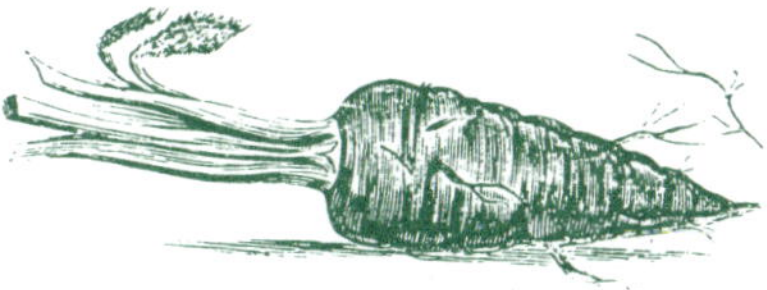

Le bon remède

La mouche de la carotte

On dissuade celle-ci en récoltant des frondes de fougère et des feuilles de tanaisie que l'on étale entre les rangs. D'autres plantes peuvent être efficaces, par exemple la lavande et les feuilles de tomate.

« Tant que mai n'est pas au 28 • L'hiver n'est pas cuit »

Des fruits rares

On plante souvent les arbres fruitiers sur les pelouses. Mais on constate parfois qu'ils s'emballent, c'est-à-dire qu'ils donnent beaucoup de feuillage, mais bien peu de fruits. Le responsable, c'est l'engrais azoté que l'on épand sur la pelouse. Vous devrez donc vous abstenir d'engraisser le gazon sur un cercle assez large autour de l'arbre. Et vous effectuerez aussi quelques apports d'engrais spécifique pour arbres fruitiers. Il est même préférable, pour les jeunes pruniers, cerisiers, pêchers ou abricotiers, de dégager l'herbe sur un cercle de 2 à 3 m de diamètre.

Le bon remède

Les limaces

Le moyen le plus écologique de dissuader les limaces et les escargots de dévorer vos laitues, c'est de répandre de la cendre de bois sur toute la planche du potager – mais uniquement de la cendre de bois. Cela s'applique aussi, évidemment, aux plantes du jardin d'agrément, en particulier aux hostas dont les mollusques sont particulièrement friands. Une autre solution plus radicale : un récipient enterré rempli de bière, dont les limaces sont folles.

Concombre hâtif

Semez les variétés de concombre hâtives, par exemple 'Long Parisien', 'Gros de Bonneuil' ou 'Raider'. Préparez les poquets (espacés de 60 à 80 cm) en enrichissant le sol de terreau; placez 4 graines par poquet. Après la levée, ne conservez que deux plants par poquet.

Surtout n'employez pas de doses d'engrais trop fortes ! *Loin d'obtenir des récoltes miracles, vous réussiriez surtout à empoisonner la terre et à la rendre stérile. Et fractionnez les apports dans les sols légers et sableux, qui se ressuient très vite. Mais n'oubliez pas que le meilleur des engrais c'est la fertilisation régulière par des apports d'humus (fumure animale, compost de jardin).*

Saint Aymar

« Essaim de mai • Vaut vache à lait »

DANS LA MAISON

UN BOUQUET PERPÉTUEL

Cueillez des myosotis quand ils vont éclore et placez-les sur une assiette remplie d'eau de pluie. Par la suite, rajoutez de l'eau de temps en temps. Des racines apparaissent sur les tiges, formant un réseau dense, et des fleurs nouvelles remplacent bientôt celles qui se fanent.

Les aiguilles de pin constituent un excellent paillage, *en conservant l'humidité du sol et en dissuadant les mauvaises herbes, mais elles acidifient la terre. Vous les utiliserez pour pailler au pied des rhododendrons, des azalées et des autres plantes de terre de bruyère, et aussi dans la fraiseraie. Elles évitent que les fraises ne soient souillées par la terre et, surtout, elles éloignent les limaces et les escargots.*

De l'espace pour l'épinard

Des taches blanchâtres se forment sur les feuilles et un feutrage grisâtre se développe au-dessous: c'est le mildiou de l'épinard. Il apparaît surtout quand le printemps est froid et humide. Il est difficile de lutter car l'épinard supporte mal les fongicides (n'utilisez pas la bouillie bordelaise!). Il faut surtout bien espacer les plantes (20 à 30 cm entre les lignes et 10 à 15 cm entre les pieds) et respecter les rotations. Certaines variétés sont résistantes, en particulier les hybrides F1 'Alpha' et 'Delta'.

Le bon remède

La cécidomyie du pois

Cet insecte est un petit moucheron qui pond ses œufs dans les fleurs et les tiges du pois. La plante végète mal, les pousses sont rabougries. Les gousses sont peu nombreuses et parfois déformées. Si les pois ont été attaqués dans votre jardin l'année dernière, traitez à l'aide d'un insecticide végétal (roténone ou pyréthrine) quand les pois sont en fleur. En fin de culture, ramassez les fanes pour les brûler (pas pour les mettre à composter!).

Saint Ferdinand

« Rossignol qui chante en mai • Annonce belles récoltées »

Les hôtes du jardin : Les taupes

Si j'avoue que j'aime bien ce drôle de petit animal, avec son long museau et sa courte fourrure, parfois gris clair et parfois presque bleue, je vais me faire beaucoup d'ennemis. À son actif, il faut noter la destruction d'un nombre considérable de vers blancs et de larves du sol. Elle se nourrit aussi de vers de terre, et il faut l'inscrire à son passif, de même que les dégâts, parfois très importants, qu'elle commet sur les pelouses. Les appareils à ultrasons sont assez efficaces à condition de faire varier leur intensité régulièrement et de les déplacer souvent ; il faut en outre savoir que leur portée est assez limitée.

DANS LA MAISON

SORTEZ LES CACTÉES

C'est le moment de les sortir. Placez-les dans un endroit abrité et en plein soleil (sauf le cactus de Noël et le cactus de Pâques, qui préfèrent la mi-ombre). Par temps sec, arrosez-les une fois par semaine, en mouillant complètement la terre du pot.

Le bon remède

L'anthracnose du cerisier

Les feuilles de votre cerisier jaunissent et tombent prématurément. En observant les feuilles au printemps, on observe des taches rougeâtres, avec des masses blanchâtres au revers. Pour venir à bout de cette maladie, effectuez maintenant des pulvérisations répétées de bouillie bordelaise (ou d'un fongicide à base de zinèbe).

Place aux melons

Mettez les melons en place au jardin. Préparez l'emplacement quelques semaines auparavant en ouvrant des trous de 30 cm de profondeur, espacés de 1 m, en les remplissant d'un compost bien décomposé. On plante deux pieds par trou. Dans les régions chaudes, on peut semer le melon à cette époque en pleine terre. Cultivez les variétés traditionnelles (Cantaloup 'Charentais', Cantaloup 'de Bellegarde'), mais aussi les variétés nouvelles très résistantes aux maladies et notamment à la fusariose ('Orus', 'Doublon', 'Jerac').

Notes personnelles

....

....

....

....

Visitation, Sainte Pétronille

« Pluie de la Sainte-Pétronille • Met le raisin en guenilles »

Le choix des pros

*Olivier Filippi, Pépinière Filippi**

Centaurea pulcherrima: De culture facile en terrain sec, cette superbe centaurée à feuillage persistant argenté et duveteux se couvre de fleurs roses en été. Elle forme une masse arrondie compacte, de 60 cm environ de hauteur sur autant de large. Essayez-la dans un sol maigre et caillouteux, en plein soleil; c'est là qu'elle donne le meilleur de son charme. Et si vous êtes en bord de mer, n'ayez aucune crainte: elle résiste bien au sel. (Disponible en conteneur de 1,3 litre.)

Coleonema pulchrum: Voilà une jolie plante sud-africaine, à allure de bruyère mais qui se plaît aussi bien en sol acide que calcaire. Le feuillage persistant en aiguilles est porté sur des rameaux souples. Les fleurs étonnent toujours: une myriade de petites étoiles rose vif en plein hiver, quand le jardin est si triste… Haute de 40 cm, elle est parfaite en bordure, bac et jardinière, à l'abri des grands froids. (Disponible en conteneur de 1,3 litre.)

Cassia artemisoides: Ce cassia, qui nous vient d'Amérique du Sud, est un arbuste élégant avec de fines feuilles persistantes. Il monte facilement à 1,5 m de hauteur. Les fleurs, d'un jaune citron très doux, apparaissent en février-mars. Pour mieux mettre en valeur son léger feuillage gris, plantez-le en contraste avec des feuillages sombres, pistachier lentisque ou myrte tarentine. Et pour favoriser sa floraison, plantez-le contre un mur exposé sud-ouest: il aime profiter des derniers rayons chauds du soleil en hiver. (Disponible en conteneur de 1,3 litre.)

* Voir le carnet d'adresses.

1er juin

Saints Justin et Révérien

« Pluies de Saint-Révérien • Font belle avoine mais maigres foins »

La taille en vert des fruitiers

C'est le moment de pincer les jeunes pousses vigoureuses, en particulier sur les poiriers mais aussi sur les pêchers, lorsqu'elles atteignent une vingtaine de centimètres de long. Ainsi, on refoule la sève vers les yeux de la base. Pincez au-dessus de la quatrième feuille les pousses vigoureuses, et au-dessus de la sixième celles qui le sont moins.

L'altise, ou puce du chou, est un petit insecte sauteur qui transforme les feuilles en dentelle. Un excellent moyen de s'en débarrasser consiste à arroser les choux avec une infusion de feuilles et de tiges d'absinthe (comptez une bonne livre pour 10 litres d'eau). Certains affirment qu'ils évitent ce parasite en alternant les rangs de tomates et de choux.

Le bon remède

Les mineuses du pommier

Ce sont des chenilles gris jaunâtre marquées de points noirs, qui dévorent l'intérieur des feuilles sans toucher aux épidermes ni aux nervures. Elles forment des sortes de grappes de cocon à cette époque ; l'insecte adulte est un papillon blanc avec des taches noires, qui vole en été. On lutte contre ce parasite (hyponomeute du pommier) en ramassant les cocons et en pulvérisant des insecticides classiques.

Découvrez...

LES GRAMINÉES

On n'a découvert que depuis peu, dans les jardins, les possibilités immenses des graminées. En voici une qu'il faut intégrer à vos massifs de vivaces : *Calamagrostis arundinacea* 'Overdam'. La touffe de feuilles étroites et souples, vert blond, mesure 60 cm, et les épis blonds, dressés, atteignent 1 m. Ne rabattez pas les touffes de graminées fanées en automne car elles sont décoratives durant l'hiver. Attendez le printemps.

« Beau mois de juin • Change l'herbe rare en bon foin »

**Les hôtes du jardin :
La coccinelle**

C'est le meilleur prédateur des pucerons, sous forme de larve ou d'insecte adulte. Malheureusement, elle est très sensible aux insecticides et souvent décimée. Divers organismes proposent des larves de coccinelles. Ce type de lutte est maintenant largement utilisé dans les serres, mais on peut aussi l'adopter en plein air.

L'eau chaude est très efficace contre les pucerons, *en particulier sur les plantes d'intérieur ou les plantes en pots de la terrasse. Projetez-la avec un pulvérisateur. Mais attention ! sa température doit être de 45 °C – pas davantage, sinon les plantes seront endommagées.*

Découvrez...

LE 'VILLE DE GENÈVE'

Une plante vivace qui fleurit de mai à octobre, c'est toujours une bonne aubaine. Les coréopsis sont membres de ce club, et particulièrement cette belle obtention de Lepage. Hauteur : 40 cm. Fleur : jaune d'or, frangée, rouge-brun à la base. Espacement : 30 cm. Sol : plutôt sec, bien drainé en hiver (même calcaire). Chaudement recommandée pour les massifs de plein soleil (y compris en bord de mer).

Le bon remède

La mouche du haricot

C'est une petite larve qui mange les graines avant qu'elles n'aient germé. Pour éviter les attaques, faites tremper les graines pendant 24 heures avant de les semer, afin que la germination soit plus rapide. Évitez les apports de fumure fraîche juste avant le semis.

Saints Kevin et Moraud

« Au soir de Saint-Moraud • Plante choux et sème haricots »

« PASSEZ-MOI LA RHUBARBE, JE VOUS PASSERAI LE SÉNÉ... » : Cela signifie à peu près : « Si vous m'arrangez l'affaire, je vous renverrai l'ascenceur ». L'origine de cette amusante expression se trouve dans une pièce de Molière.

Les vertus du plantain

C'est une mauvaise herbe, c'est entendu. Mais c'est aussi une plante médicinale utilisée depuis très longtemps. Elle est précieuse pour le jardinier parce qu'elle permet d'arrêter rapidement le saignemement en cas de coupure (ce qui ne dispense évidemment pas de désinfecter la plaie). Il faut appliquer les feuilles en compresse, après les avoir froissées ; elles sont également efficaces contre les rougeurs et les irritations causées par des allergies ou par certaines plantes toxiques ou urticantes. Autrefois, on récoltait les épis pour donner à la volaille. Personnellement, j'épargne toujours quelques pieds de plantain en désherbant.

En arrosant les haricots et les pois avec une décoction de prêle, *vous luttez contre le développement de l'anthracnose et d'autres maladies dues à des champignons parasites.*

Buttez bien la pomme de terre

Effectuez le buttage lorsque les plantes atteignent une quinzaine de centimètres de haut. N'attendez pas trop car vous risqueriez ensuite d'endommager les racines déjà bien développées.

4 JUIN

Sainte Clotilde

« Jour de Sainte-Clotilde bon • Met l'abeille au buisson »

Le haricot sans graisse

La période de floraison du haricot est la plus propice au développement d'une maladie grave, la graisse – surtout sur les variétés grimpantes, et lorsque le temps est humide et frais. Elle se traduit sur les feuilles par des taches d'aspect huileux, transparentes, bordées de jaune. Le feuillage finit par se dessécher. Il n'existe pratiquement pas de traitement contre cette maladie, due à une bactérie. Il faut arracher les pieds atteints et les détruire. En prévention, si la graisse a déjà touché vos haricots l'année précédente, effectuez des pulvérisations de bouillie bordelaise, dès le début de la croissance et jusqu'à la floraison. Certaines variétés sont résistantes.

PROTÉGEZ LE ROSIER

Le marsonia est une maladie extrêmement répandue – et semble-t-il de plus en plus. Elle se traduit par des taches noires, parfois nombreuses sur le feuillage. Supprimez au maximum les feuilles touchées et traitez avec un produit total pour rosiers. Toutefois, on peut éviter le traitement en ameublissant à la griffe au pied du rosier, en aérant la charpente si le feuillage est trop dense, en fertilisant par une bonne couche de compost de jardin au pied, et en arrosant en cas de sécheresse.

La ciboulette protège la carotte *contre la mouche. On protège également cette dernière en lui associant l'ail, l'oignon ou le poireau.*

Le bon remède

Le thrips de l'oignon

Le feuillage des oignons prend une couleur argentée et la plante dépérit. Il s'agit de l'attaque d'un petit insecte piqueur, le thrips. Il est particulièrement actif dans les périodes de sécheresse. Les insecticides d'origine végétale permettent de le contenir.

Notes personnelles

....

....

« En beau juin • Mauvaise herbe dans le foin »

Recueillez le pollen

A la fin du printemps, si vous êtes apiculteur, installez des trappes à pollen sous les ruches. Vous récolterez ainsi du pollen (excellent fortifiant et reconstituant) tous les deux ou trois jours, et vous inciterez les abeilles à en rapporter davantage – ce qui favorisera la pollinisation des arbres fruitiers.

Des fleurs entre les fruits et légumes

De nombreux jardiniers bio cultivent des fleurs annuelles au potager. C'est joli, et ça attire beaucoup d'insectes pollinisateurs et prédateurs de parasites (coccinelles, papillons…). Achetez par exemple un mélange de graines de fleurs sauvages (beaucoup de maisons grainetières en proposent), ou semez des fleurs toutes simples (nigelle, coquelicot, bleuet, silène). Personnellement, j'associe quelques pois de senteur à mes haricots grimpants.

Le bon remède

Le criocère du lis

Ce coléoptère est très séduisant par sa belle couleur rouge vif… mais sa larve est peu ragoûtante. Elle s'accroche sous les feuilles du lis, qu'elle dévore, en un amas gluant et brunâtre. Quelques larves sont capables de nettoyer rapidement un lis de son feuillage, en allant du bas vers le haut. Au premier symptôme, effectuez des applications répétées de fongicide de contact.

Multipliez les roses trémières *en prélevant les extrémités des tiges non fleuries. Repiquez-les dans un sol bien drainé, en pépinière ou en pots. Vous mettrez les jeunes plantes en place en automne ou au début du printemps, et elles fleuriront l'année suivante.*

Saints Norbert et Claude

« Temps de Saint-Claude • Baille les cerises ou les ôte »

Les taupes. *Pour éviter que ce petit animal fouisseur ne laboure les belles pelouses, on trouve des poisons ou des appâts empoisonnés. Je ne les conseille pas trop car ces produits sont très toxiques et dangereux. Je n'aime pas non plus la branche de rosier que l'on glisse dans le terrier – c'est tout de même bien cruel ! Je préfère éloigner les taupes à l'aide de chiffons imbibés de gasoil ou de boules de naphtaline – ce n'est pas extraordinairement efficace, mais c'est sans danger !*

DANS LA MAISON

LE PAPYRUS

Cyperus

Pour faire des boutures, coupez les tiges du papyrus quelques centimètres sous l'ombelle. Raccourcissez un peu les feuilles avec une paire de ciseaux. Placez à l'envers, dans l'eau maintenue à 20 °C ou dans une terre sableuse bien humide. L'enracinement est assez rapide.

Coucher les oignons ?

Faut-il ou non « coucher » au râteau le feuillage des oignons afin d'obtenir une récolte plus précoce, comme le faisaient les jardiniers d'autrefois ? En fait, cette méthode n'est efficace que si la saison est humide.

Le bon remède

Le puceron cendré

De couleur gris verdâtre, il forme des colonies importantes sur les feuilles des choux, mais aussi des radis et des crucifères d'ornement. Les feuilles prennent une coloration rougeâtre et s'enroulent sur elles-mêmes. Il faut traiter dès l'apparition, car ce parasite devient ensuite très coriace. Effectuez des pulvérisations de roténone ou de pyréthrine. Ne le négligez pas : les dégâts sont souvent importants et ce puceron transmet des maladies virales. En prévention, il faut favoriser les coccinelles.

« A la Saint-Gilbert • Phalènes en l'air »

La chute physiologique des fruits

Lorsque les arbres fruitiers sont trop chargés, il en tombe naturellent une partie – c'est ce qu'on appelle la chute physiologique. Toutefois, sur les pommiers et les poiriers en espalier, il faut parfois aider le processus. On garde uniquement la pousse la plus belle du bouquet sur les pommiers, et deux fruits par couronne sur les poiriers.

Le bon remède

La tordeuse du pois

En cette période, on peut observer un petit papillon vert dans les cultures de pois. Il pond ses œufs sur les gousses, et les larves y pénètrent afin de dévorer les graines ; la suite du cycle se passe dans le sol. En cas d'attaque, effectuez des applications répétées d'un insecticide à base de roténone ou de pyréthrine. En prévention, respectez les rotations, travaillez bien le sol et associez le pois à la tomate.

Les pois ramés

Trois ou quatre semaines après la levée, buttez les pois puis mettez en place les rames des variétés grimpantes. Traditionnellement, on place les rames en V, en les raccordant au sommet par des rames transversales. Mais comme les rames sont parfois difficiles à trouver, on utilise souvent des branches ramifiées. Il est avantageux de ramer aussi les variétés naines : la récolte est facilitée et les cosses ne sont pas souillées de terre.

Si vous cultivez des pois ou des haricots à rames, *limitez-vous à deux rangs consécutifs ; le cas échéant, ménagez une distance d'au moins deux mètres avec un autre rang de variété ramante. En effet, si les rames sont trop denses, elles donnent beaucoup d'ombre et les pieds placés au centre produisent peu.*

8 JUIN

Saint Médard

« Pluie de Saint-Médard • Ôte vin et lard »

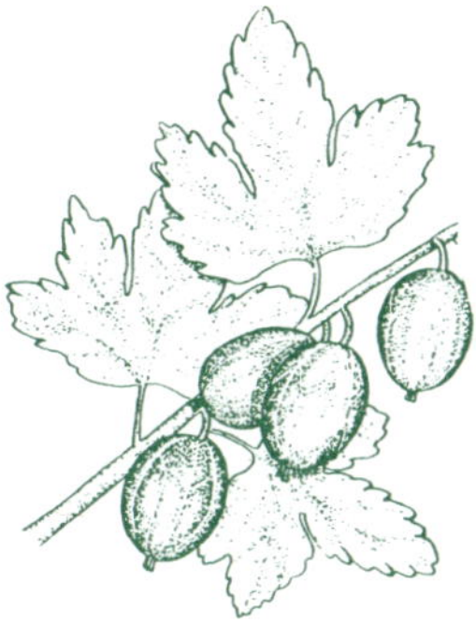

La ciboulette est une plante condimentaire qui semble réduire les attaques d'oïdium sur les rosiers et les fruitiers. Cultivez-la en touffes, au pied des arbres et arbustes.

Le groseillier à maquereau

Sur cet arbuste, faites attention à l'oïdium (blanc) qui compromet parfois complètement la récolte. C'est à cette époque que la maladie se déclare. Surveillez le feuillage et dès que vous constatez l'apparition d'efflorescences blanchâtres, effectuez des traitements répétés à l'aide d'un produit à base de soufre. En prévention, si les groseilliers ont déjà été touchés par la maladie une année précédente, effectuez une taille en fin d'automne, en rabattant les tiges atteintes et en éclaircissant bien les touffes. Ramassez les feuilles pour les brûler. Au printemps suivant, effectuez une application de fongicide au moment du débourrement des bourgeons.

Les atouts du chou 'Pict'

Le chou 'Pict' est un hybride (F1) entre le chou cabus et le chou de Milan. Il forme une pomme bien ronde, avec des feuilles lisses comme celles d'un chou cabus, mais il résiste aussi bien au gel qu'un chou de Milan. C'est maintenant qu'il faut le semer, cela afin de le récolter tout l'hiver.

Le bon remède

La lyde du poirier

Plusieurs feuilles du poirier sont réunies par des fils soyeux. Le coupable est la larve d'une sorte de petite guêpe. La lutte consiste simplement à détruire les nids.

Notes personnelles

....

....

9 JUIN

Sainte Diane

« Brouillard en juin • Grossit le raisin »

Les hôtes du jardin : Les guêpes

Les méthodes de lutte biologique utilisent de nombreuses petites guêpes qui sont des parasites de ravageurs, notamment de pucerons - elle pondent dans un puceron et leur larve s'y développe. Pour les protéger et les favoriser, abstenez-vous d'utiliser des insecticides, surtout au printemps, et cultivez des plantes à nectar.

Un épouvantail odorant dans le verger

Les oiseaux sont repoussés par certaines odeurs. Les jardiniers chinois accrochent aux branches des cerisiers un sac de jute contenant au moins un kilo de moules. Après quelques jours, l'odeur qui se dégage éloigne les merles et les étourneaux (et peut-être même les oiseaux en culottes courtes !). C'est efficace pour sauver la récolte, mais il vaut mieux que l'arbre ne soit pas trop près de la maison...

Les vertus des cerises

Ce fruit est assez pauvre en éléments nutritifs. Donc, pas de raison de s'en priver, même si l'on a quelques problèmes avec sa ligne – mais il ne faut pas oublier son pouvoir laxatif !

Le bon remède

Pour guérir le chou de la hernie

La hernie se manifeste par l'apparition de tumeurs, à la base de la tige, qui vont entraîner ensuite le flétrissement du feuillage et la pourriture. Il faut détruire par le feu les plantes touchées, et ne pas replanter de choux (ou de crucifères) au même endroit pendant plusieurs années. En prévention, aérez régulièrement le sol par des binages.

Pour obtenir de gros melons, plutôt que de tailler, on peut éclaircir les fruits quand ils sont tout juste formés. On confit alors les petits melons à la manière des cornichons... et c'est délicieux.

10 JUIN

Saint Landry

« Saint-Landry serein • Grenier plein de grain »

Soulager des piqûres d'ortie

S'il y a des orties dans votre jardin, le désherbage se traduit aussi par des cloques douloureuses sur les mains. Pour calmer instantanément la douleur, frictionnez-vous avec des feuilles d'oseille.

Tendre fenouil

Repiquez en place les plants de fenouil hâtifs semés en pépinière en avril. Espacez-les en tous sens de 40 cm. Et c'est le moment de semer en pépinière le fenouil de Florence, de pleine saison (dans le Midi, vous sèmerez jusqu'à fin juillet). Maintenez le sol frais tout l'été, et buttez les pommes pour qu'elles soient plus tendres.

Les mouches et de nombreux autres insectes n'aiment pas le bleu. Pour les dissuader d'entrer dans le cellier ou le fruitier, il suffit de peindre les murs couleur d'azur.

Le bon remède

La chlorose

C'est la maladie de carence classique dans les terrains calcaires. Elle se traduit par des décolorations du feuillage : le limbe jaunit alors que les nervures demeurent vertes. Elle touche notamment les fraisiers, les rosiers, les pommiers, les poiriers, les pêchers et les plantes de terre de bruyère. Elle n'est pas due à l'action directe du calcaire. En fait, la plante subit une carence en fer parce que ce dernier est fixé par le calcaire. Le traitement consiste donc à apporter du fer sous forme de chélate de fer ou de sulfate de fer. C'est ce que contiennent les produits antichlorose que l'on trouve en jardinerie.

Saint Barnabé

« De Barnabé la journée clairette • De Saint-Médard la pluie rachète »

Découvrez...

LA CORIANDRE-FEUILLE

Traditionnellement, on cultive la coriandre pour ses graines – délicieuses dans les farces, les marinades et les ragoûts. Cette plante a deux premières feuilles larges, et les suivantes sont très fines. Mais la coriandre fraîche que l'on trouve sur les marchés, très prisée des cuisines chinoise et africaine, est différente car elle présente davantage de feuilles larges. Il s'agit d'une variété différente que certains grainetiers (Baumaux par exemple) proposent sous le nom de coriandre-feuille.

Notes personnelles

....

Prendre la mouche

Le savon noir est efficace contre la mouche du chou et de nombreux autres parasites. Après le repiquage des choux, effectuez quelques arrosages avec une solution de savon noir.

La cueillette des fleurs. *Une fraîche jeune fille en rose clair et en chapeau de paille qui cueille des fleurs délicates et vives pour les placer dans son grand panier d'osier... c'est romantique, mais pas très rationnel. En fait, il vaut mieux plonger les fleurs dans un grand seau d'eau fraîche dès qu'on les a cueillies. Et il faut donc emporter le seau plein au jardin. Également très important : ne jamais couper les tiges à la main, mais toujours au sécateur ou au coupe-fleur (sauf les chrysanthèmes qui n'aiment pas le contact du métal).*

12 JUIN

Saint Guy

« Trop de pluie en juin • Le paysan cherchera son pain »

La vigne

Pratiquez l'incision annulaire sur la treille, lorsque les grappes sont déjà formées. A l'aide d'un greffoir, détachez une petite bague d'écorce, large de 5 mm, à 3 cm au-dessus de la grappe. De cette manière, on crée un barrage de sève ; les raisins seront plus sucrés et arriveront à maturité quinze jours plus tôt.

Des carottes tardives pour l'hiver

Semez les dernières carottes, celles que l'on récolte en automne pour la conservation hivernale. Maintenez le sol humide pour favoriser la levée, et arrosez régulièrement en été. Meilleures variétés : 'de Colmar', à longue racine cylindrique, et 'Kabro', à racine énorme ; 'Jaune du Doubs', à chair et peau jaunes (cultivée aussi en fourragère).

Le bon remède

La rouille

La rose trémière est très souvent touchée par une maladie qui produit des taches sur les feuilles. C'est la rouille. Il n'y a pas grand-chose à faire ; heureusement, le champignon parasite ne compromet pas la floraison. Ôtez les feuilles les plus atteintes pour les brûler. Pour prévenir cette maladie, changez chaque année la place des roses trémières – vous pouvez les semer maintenant, en pépinière, pour les repiquer à l'automne.

LA FRAXINELLE : *Dictamnus albus*

Cette espèce vivace est également appelée « plante aux éclairs ». Elle forme un petit buisson de tiges dressées et elle dégage une odeur caractéristique que j'apprécie beaucoup. Les fleurs blanc rosé, marquées de carmin, s'épanouissent dès maintenant et jusqu'en août. C'est une jolie plante, à cultiver en rocaille ensoleillée, sur un sol calcaire. Elle demande deux ou trois ans pour s'installer, avant de fleurir.

« Jours croissent à Saint-Antoine • Comme la barbe d'un moine »

Les hôtes du jardin : Les taupes

Si vous êtes las d'accueillir ces petits animaux, voici un moyen de les éloigner. Enfoncez dans les terriers des taupes des bouteilles d'eau minérale dont vous avez fait sauter le fond, en les tournant dans le sens du vent. Ce dernier va s'y engouffrer en les faisant sonner comme des trompettes. Les petits mammifères fouisseurs déménageront pour une villégiature moins bruyante.

Découvrez...

L'ARBRE BOUTEILLE

Le *Beaucarnea* est une plante curieuse et originale, avec sa base renflée et sa touffe de feuilles retombantes, longues et étroites. Elle est facile à cultiver, pourvu qu'elle ait beaucoup de lumière : placez-la devant une fenêtre au sud ou à l'ouest. Arrosez régulièrement en été, en laissant la terre ressuyer un peu, et diminuez franchement les apports de novembre à mars. Durant l'hiver, le *Beaucarnea* préfère une température un peu fraîche (10 à 15 °C).

L'eau pulvérisée sur les feuillages des plantes d'intérieur *ne tachera plus ceux-ci si vous y ajoutez une cuillerée de vinaigre de vin par litre. Toutefois, il est évidemment préférable d'utiliser l'eau de pluie, moins calcaire.*

Le bon remède

Le crachat de coucou

On appelle ainsi la mousse verte que l'on remarque sur diverses plantes herbacées, au potager comme dans les massifs. Elle est produite par une sorte de petite cigale, la cicadelle écumeuse. Elle entraîne le jaunissement de la plante hôte. Il faut donc ramasser cette mousse avec la tige ou la feuille qui la porte, afin de détruire le tout.

14 JUIN

Saint Élisée

« Qui en juin se porte bien • Au temps chaud ne craindra rien »

Les tomates en U

La taille est nécessaire pour la majorité des variétés (à l'exception des tomates à petits fruits et 'Roma'). Personnellement, pour la pleine terre, je préfère la taille en U. On pose deux tuteurs, au moment de la plantation ou quelques semaines plus tard. On pince la tige principale au-dessus de la deuxième feuille. Deux tiges se développent, que l'on va palisser sur chaque tuteur. Supprimez les boutons latéraux et pincez les deux tiges au-dessus du troisième ou quatrième bouquet de fleurs bien formées. La tige unique est préférable pour les variétés précoces : on laisse la tige principale se développer et on la pince au-dessus du troisième ou quatrième bouquet ; il faut aussi supprimer les pousses qui apparaissent à l'aisselle des feuilles (gourmands).

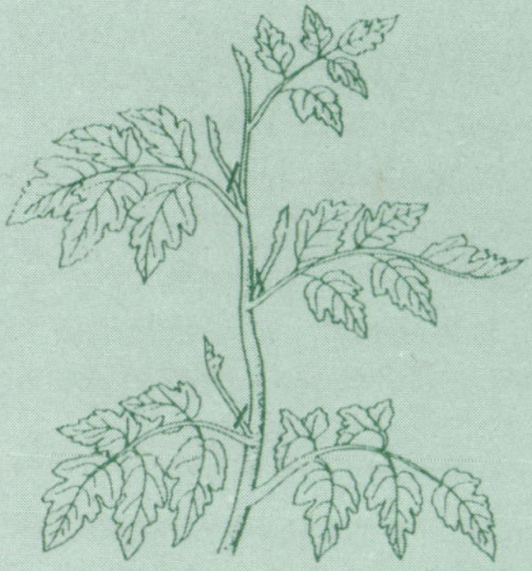

LE SANVITALIA

C'est une toute petite marguerite jaune, tapissante (15 cm), qui commence à fleurir maintenant si on l'a semée en mars-avril sous abri ou sous châssis. Elle est robuste et donne des fleurs jusqu'en octobre.

Le bon remède

La bactériose du concombre

Cette maladie se déclare quand il fait chaud et humide, ou après une averse de grêle. Elle se traduit par l'apparition de taches anguleuses et comme huileuses sur les feuilles, et de taches rondes et brunes sur les fruits – qui ne grossissent pas. Au premier symptôme, effectuez des pulvérisations, répétées tous les 10 jours, de bouillie bordelaise.

Des courgettes sur le compost : *pour faire d'une pierre deux coups camouflez le tas de compost en y plantant deux ou trois plants de courgette. Ils y poussent rapidement et donnent de beaux fruits.*

15 JUIN

Sainte Germaine

« Bon soleil de juin • Luit tous les matins »

L'ensachage des fruits

Pratiquez cette opération sur les pommiers et les poiriers en espalier, quand les fruits n'ont encore que la grosseur d'une noisette. Ils seront ainsi protégés contre la grêle, et surtout contre les piqûres d'insectes (guêpes) et les maladies (tavelure, moniliose). Utilisez des sachets spéciaux que vous trouverez en jardinerie ; placez la fermeture sur le bois et non sur la queue du fruit. On procède également à l'ensachage des grappes sur la vigne, dès la véraison, c'est-à-dire lorsque les grains commencent à se former.

N'attirez pas les acariens. *L'excès d'engrais azoté favorise parfois les attaques d'araignées jaunes et rouges. En revanche, un bon paillage, qui retient l'humidité, dissuade souvent ces parasites.*

Le bon remède

La rouille grillagée du poirier

Des taches jaunes brillantes se forment sur les feuilles avec, à la face inférieure, des protubérances d'aspect grillagé. Cette rouille n'est pas fatale à l'arbre, mais elle l'affaiblit et diminue la récolte. Pour l'éviter, ne cultivez pas de genévrier sabine à proximité du poirier (le genévrier commun n'est pas concerné). En cas d'attaque, effectuez un traitement en ce moment, à l'aide d'un fongicide antirouille (plusieurs applications).

La rhubarbe : du jardin à la table

Il n'est pas nécessaire de la changer de place ; on peut toutefois lui apporter un peu d'engrais complet pour favoriser la végétation. On effectue deux récoltes par an ; la première maintenant et la seconde en septembre-octobre. Vous aurez soin de supprimer les hampes florales dès qu'elles apparaissent : la floraison est certes décorative, mais elle épuise la plante.
N'oubliez pas qu'il ne faut consommer que le pétiole des feuilles ; le limbe est toxique – et même très toxique puisqu'il contient de l'acide oxalique.
Et la prochaine fois que vous servirez de la glace à la vanille, je vous conseille de l'accompagner d'une purée de rhubarbe chaude. Je ne vous dis que ça !

16 JUIN

Saints Jean-François et Cyr

« Pour la Saint-Cyr à Volnay • Un poulet doit cuire sur le clocher »

Les hôtes du jardin : Le perce-oreille

Cet insecte curieux, que l'on appelle aussi forficule, cause parfois des dégâts en s'attaquant aux jeunes fruits des arbres fruitiers, notamment des pêchers - on peut alors mener la lutte en utilisant des pièges (par exemple de petits pots de fleurs bourrés de mousse et accrochés à l'envers dans les arbres). Mais le perce-oreille détruit aussi des chenilles défoliatrices et des pucerons, et on ne peut donc le considérer comme vraiment nuisible.

LA SOUPE D'ORTIES

C'est délicieux et on en mange aussi bien en Scandinavie et au Canada qu'au Japon ! Et c'est très sain, riche en vitamine C, en carotène, en fer et en calcium. Il s'agit bien de l'ortie qui pique, l'ortie brûlante, et non de l'ortie blanche. Il faut récolter l'extrémité des pousses, avec les jeunes feuilles, avant que la plante n'ait fleuri. Vous ramassez trois ou quatre poignées et vous préparez une soupe en ajoutant quelques pommes de terre, après avoir fait revenir de l'ail et de l'oignon dans la cocotte (de préférence à l'huile d'olive). Quand c'est cuit, passez au mixer et servez avec des croûtons !

Traitez le soir. *Contre les parasites, utilisez de préférence des insecticides d'origine végétale, et appliquez-les le soir, au coucher du soleil. Les abeilles sont rentrées dans la ruche et vous ne risquez pas de les tuer.*

LES ROSES REMONTENT L'ÉTÉ

Pour obtenir une seconde floraison très abondante, en septembre, sur les rosiers remontants, coupez toutes les fleurs fanées, dès ce mois-ci, au-dessus d'une feuille bien formée et saine. Arrosez l'arbuste après avoir fait dissoudre deux comprimés de levure de bière dans l'arrosoir.

17 JUIN

Saint Hervé

« Un pré est bien vaurien • Quand en juin il ne donne rien »

Les vertus du pissenlit

Autrefois, dans les campagnes, on faisait chaque année, à la saison, une bonne cure de pissenlit. C'est une plante tonique qui décongestionne le foie et qui favorise la digestion.

Découvrez...

LA CAMOMILLE

Elle donne une excellente tisane calmante, et c'est sans doute l'une des plantes médicinales les plus décoratives. Mais il existe au moins trois camomilles différentes. La plus connue est la petite camomille (camomille *Recutica*) qui forme de belles touffes de 80 cm de hauteur et donne de nombreuses marguerites blanches à centre jaune très proéminent, regroupées en bouquets. La grande camomille *(Pyrethrum parthenium)* offre des fleurs un peu plus grandes ; elle est parfois utilisée en aromatique. Quant à la camomille romaine, elle ne mesure que 40 cm de haut et elle donne des fleurs assez larges, simples ou doubles. Récoltez les fleurs quand elles arrivent à épanouissement.

PLANTEZ LES ROSIERS

On peut planter maintenant ceux qui sont vendus en conteneur – on peut même le faire en plein été si l'on n'oublie pas d'arroser ensuite très souvent. Constituez une cuvette au pied, aux dimensions de la motte, mais pas plus large, sinon l'eau s'écoulerait dans la terre sans imbiber la motte.

C'est souvent le jardinier lui-même *qui assure la transmission des maladies – le plus souvent par ses outils, mais aussi par ses mains. Une bonne hygiène est indispensable. Quand vous venez de ramasser les feuilles couvertes d'oïdum d'un rosier, n'allez pas ensuite toucher le feuillage sain d'un autre. De même, passez la lame du sécateur à l'eau de Javel ou à la flamme d'un briquet, afin de détruire les spores des champignons parasites.*

18 JUIN

Saint Léonce

« Pluie à la veille de Saint-Gervais • Est pour le blé signe mauvais »

Les hôtes du jardin : Les vers de terre

Il faut protéger les lombrics parce qu'ils transforment les matières organiques en décomposition en substances assimilables par les plantes, et qu'ils rendent ainsi la terre fertile. En outre, ils aèrent et ameublissent le sol, ce qui est bon pour le développement des racines. On favorise leur prolifération par l'apport de fumures organiques et par la généralisation du paillage.

***Les fourmis** n'ont rien de nuisible, mais on peut les trouver gênantes. Pour les dissuader d'organiser leurs processions dans votre cuisine, mélangez du borax (que vous trouverez dans les drogueries) avec de la fleur de soufre. Répandez cet appât sur le chemin des insectes.*

Fine et frisée

La chicorée 'Très fine maraîchère' présente un feuillage fin, presque déchiqueté. Elle est croquante et savoureuse, avec un beau cœur bien jaune, et elle est très utilisée pour la décoration des plats. C'est une salade à semer maintenant pour récolter en septembre-octobre.
Il existe une variété améliorée, 'Goldherz', à large cœur.

LE GENÊT D'ESPAGNE

Ce très bel arbuste est en fleur durant tout l'été, et il embaume les rocailles, les endroits un peu secs du jardin. Je le conseille particulièrement pour les jardins du bord de mer. Cueillez les inflorescences pour préparer des infusions très diurétiques et purgatives. Vous pourrez même couper quelques rameaux, en hiver, pour fabriquer de petits balais.

Notes personnelles

....

....

....

....

....

....

....

....

19 JUIN

Saints Romuald et Gervais

« Saint-Gervais quand il est beau • Tire Médard et Barnabé de l'eau »

L'ASTER

Les asters sont très sensibles à l'oïdium. Surveillez-les de près et au premier signe d'efflorescence blanchâtre sur les feuilles, effectuez une pulvérisation d'un fongicide du commerce. Toutefois, si les espèces *dumosus* et *novi-belgii* sont particulièrement touchées, les différentes formes de la variété *novæ-angliæ* se montrent très résistantes : ce sont des plantes robustes et vigoureuses qui préfèrent un sol un peu frais.

Les haricots

Ils sont souvent détruits par la mouche des semis qui s'attaque aux plantes à peine levées. Pour l'éviter, cultivez-les à côté des tomates.

Le bon remède

Le charançon du chou-fleur

Cet insecte n'est pas présent partout mais il commet des dégâts importants dans certaines régions, notamment dans le Midi. Assez gros et de couleur grise, il est actif à partir de ce mois-ci, et jusqu'à la fin de l'été. Il s'attaque à la tige du chou et à ses racines. Pour le prévenir, il faut bien travailler le sol et l'ameublir, et effectuer des binages entre les rangs en cours de culture. Respectez les rotations. Des arrosages répétés avec une infusion de tanaisie sont efficaces.
On peut également utiliser un insecticide naturel au pyrèthre.

Le « mulching », *comme le paillage traditionnel, consiste à couvrir le sol d'une couche végétale qui va lentement se décomposer. L'écorce de pin, que l'on trouve en grands sacs dans toutes les jardineries, permet de conserver l'humidité du sol et évite la croissance des mauvaises herbes. En outre, elle met bien en valeur les feuillages et les fleurs. Cette couche doit avoir une épaisseur minimale de 5 cm.*

20 JUIN

Saint Silvère

« Pluie de Saint-Silvère • Du vigneron remplit le verre »

Découvrez… LES CISTES

Si vous ne connaissez pas les cistes, allez faire un tour dans la garrigue méditerranéenne, en Corse par exemple, en mai ou en juin. Je vous garantis que vous en reviendrez éblouis. Les espèces sont nombreuses, et beaucoup sont exceptionnelles. Les fleurs ressemblent aux églantines, et les Anglais les appellent « roses de rocaille ». Ces arbustes suscitent des passions, et je connais des collectionneurs de qualité qui en ont recueillis plusieurs dizaines. L'ennui, c'est que beaucoup sont peu ou moyennement rustiques. Cependant, même dans les zones assez fraîches, on peut cultiver *Cistus laurifolius* (1,5 m), à feuilles coriaces et persistantes et à jolies fleurs blanches à centre jaune.

Paillez la pomme de terre

Cette plante n'aime pas l'humidité, mais ne supporte pas non plus les fortes sécheresses. Si nécessaire, vous arroserez en rigole, afin de ne pas mouiller le feuillage car cela favorise les maladies. En région chaude, un bon paillage est particulièrement indiqué.

Si vous ne souhaitez pas pulvériser d'insecticide *à l'intérieur, utilisez de l'eau additionnée d'un peu de savon de Marseille – c'est efficace, bien que pour un temps limité. Pulvérisez sur le feuillage, mais pas sur les plantes dont les feuilles sont pileuses car elles ne supportent pas d'être mouillées.*

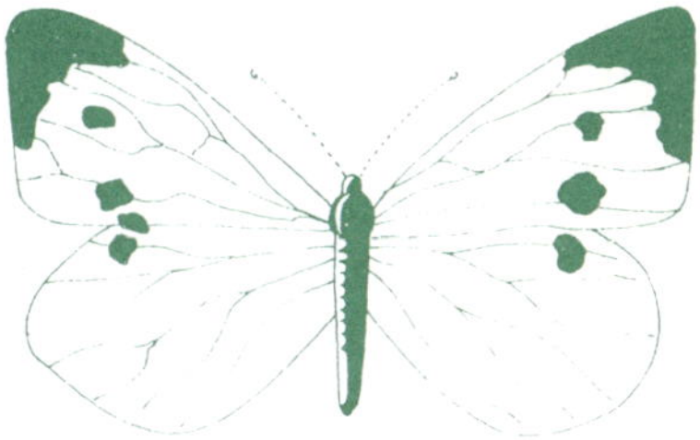

Le bon remède

La piéride du chou

C'est ce papillon blanc si commun dans les jardins et les campagnes ; sa chenille est jaune-vert, à marques noires. Il y a plusieurs générations par an et les choux sont touchés, quelle que soit la date des semis. Pour ma part, afin de dissuader ce parasite, je repique mes choux près des rangs de tomate et de céleri.

« D'été bien chaud vient un automne • Où souvent il tonne »

« **LE V'LÀ QUI RAMÈNE SA FRAISE !** » : C'est facile à comprendre, la fraise, c'est la fiole, la tronche, la théière, la cafetière, la tirelire, la binette ou la trogne ! Mais on dit aussi, plus joliment, « aller aux fraises » quand on entraîne dans les bois une fraîche ingénue dans le but inavoué de l'étendre sur les fraisiers sauvages. On disait aussi, dans la même acception, « aller cueillir la fraise », mais le fruit vermeil désigne peut-être alors autre chose… un fruit beaucoup plus intime.

Découvrez… LA COURONNE IMPÉRIALE

C'est une plante superbe, très décorative. Elle a en outre l'avantage d'éloigner les rongeurs, notamment les campagnols. Vous pouvez donc la planter au potager, notamment près des fraisiers, souvent attaqués par ce rat des champs.

Le bon remède

Les pucerons du concombre

Les pucerons noirs sont assez fréquents sur les concombres et sur les courges. Ils affaiblissent la plante et risquent de lui inoculer une maladie grave, la mosaïque. Luttez par des applications d'insecticide à base de roténone. Il existe aussi un puceron des racines qui s'attaque au collet de la plante.

Préparez de l'engrais liquide. *Dans une grande poubelle de 100 litres remplie d'eau, faites macérer pendant trois semaines 10 kg de poulette (déjections de la basse-cour) et 1 kg de sulfate de fer concassé. Utilisez cet engrais liquide au pied des plantes potagères exigeantes, en particulier des tomates. Apportez-le au pied, à petites doses souvent répétées et sans arroser le feuillage.*

« Qui maudit l'été • Maudit son père »

Les petits fruits

Les étourneaux, les merles et beaucoup d'autres amateurs ailés dégustent groseilles, framboises, cassis et mûres avant que vous n'ayez le temps d'y goûter. Les Anglais cultivent les petits fruits sous des « cages » grillagées. La protection est évidemment assurée, mais ce n'est guère décoratif. La meilleure solution, c'est le filet que l'on trouve en jardinerie. Il faut l'arrimer sur des supports et bien le fixer. C'est efficace, discret, et sans danger pour les oiseaux.

Des pièges à chenilles. Accrochez de petits morceaux d'étoffe de laine aux branches des arbres fruitiers. Les petites chenilles vont s'y rassembler pour s'abriter au chaud, et vous n'aurez plus qu'à les ramasser pour les détruire.

LE MYOSOTIS

Il est en passe de terminer sa floraison, et il est très souvent touché par l'oïdium. Il devient inesthétique. Arrachez-le pour le remplacer par des annuelles. Gardez tout de même quelques pieds, les plus sains, pour qu'ils se ressèment ou pour récupérer les graines. Mais s'il s'agit de variétés roses ou blanches, sachez que vous risquez fort d'obtenir des fleurs bleues classiques l'année suivante (retour au type).

Les vertus de la coriandre

Cette délicieuse aromatique a aussi un réel pouvoir dissuasif contre divers parasites des légumes. J'en sème entre les rangs de carottes pour les protéger contre le ver.

Sainte Audrey

« Avant Saint-Jean pluie bénie • Le jour après pluie maudite »

Des fruits sains

Continuez les traitements sur les arbres fruitiers, en particulier sur les pommiers contre la carpocapse. Toutefois, ils sont loin d'être toujours indispensables et il vaut mieux faire preuve de modération dans ce domaine. Dites-vous que les pommes que vous achetez sur le marché ont subi de très nombreux traitements (souvent plus de vingt), et que l'avantage de votre verger, c'est précisément de vous donner des fruits bien sains, même s'ils sont un peu tachés.

La rhubarbe *est l'une des plantes les plus efficaces contre les pucerons. Faites macérer les feuilles (sans les tiges) dans l'eau pendant une dizaine d'heures, puis filtrez avant de pulvériser sur les plantes. Il est préférable de ne pas conserver cette décoction.*

Notes personnelles

DANS LA MAISON

LES ÉPIPHYTES

Ces plantes qui poussent sur les arbres exigent des conditions de culture bien particulières, mais on peut en acclimater certaines à l'intérieur. Ce sont surtout des broméliacées, et parmi elles les tillandsias. On les fixe souvent sur un beau morceau de bois flotté ou d'écorce, que l'on suspend. Le seul entretien consiste en des bassinages réguliers d'eau non calcaire ; au printemps et en été, effectuez aussi quelques vaporisations d'engrais foliaire. La barbe grise est une plante très pittoresque, qui forme des masses pendantes d'un feuillage grisâtre très fin, ressemblant à un lichen ; en Amérique, on la voit même pousser sur des fils électriques. Elle est facile à cultiver en suspension, sans aucun substrat, pourvu que l'atmosphère soit suffisamment humide.

24 JUIN

Saint Jean-Baptiste

« Vent de Saint-Jean • Affame pauvres gens »

Découvrez… L'ARMOISE

Le genre *Artemisia* compte beaucoup d'espèces intéressantes, en particulier l'estragon, le génépi noir et l'absinthe. J'aime bien l'armoise commune, que l'on rencontre fréquemment dans nos campagnes (on l'appelle aussi herbe de la Saint-Jean). Elle forme de belles touffes vigoureuses (jusqu'à 1,2 m), à feuillage vert foncé et fleurs grisâtres. Elle meuble excellemment un coin un peu sauvage, sec ou humide, en plein soleil. En outre, on l'utilise pour préparer des infusions digestives et vermifuges.

LES BISANNUELLES

En pépinière ou dans un massif ensoleillé, faites un premier semis de bisannuelles. Vous les éclaircirez quelques semaines plus tard, et vous les mettrez en place en automne. Semez notamment la digitale, la campanule pyramidale, la giroflée ravenelle, la pâquerette, la rose trémière, la monnaie-du-pape.

La sciure de bois *apporte de la cellulose, indispensable à l'équilibre biologique, et elle améliore le pouvoir de rétention d'eau du sol. Utilisez-la sur le tas de compost (15 à 20 % maximum), ou en amendement pour les terres lourdes et argileuses ou sableuses (comptez environ 100 litres à l'are). Elle sert aussi à pailler au pied des fraisiers.*

Le bon remède

Le vent

Les papillons parasites, et notamment la teigne du poireau, résistent mal dans les endroits ventés. Les plantes y sont donc souvent, paradoxalement, plus à l'abri.

« Les pluies que Saint-Jean n'aura • C'est Saint-Pierre qui les donnera »

LA CAPUCINE

Les pucerons sont parfois si nombreux sur les capucines que la floraison en est compromise – on sème d'ailleurs parfois ces plantes pour fixer les parasites. Toutefois, le feuillage supporte assez mal les insecticides de contact. La meilleure solution consiste donc à utiliser un peu d'insecticide systémique, que l'on saupoudre au pied de la plante (mais plus question d'utiliser les feuilles ou les fleurs pour les salades !).

Le bon remède

Les galles du chou

Des chapelets de galles apparaissent parfois à la base de la tige du chou : quand on les coupe, on découvre une petite larve rougeâtre, celle du charançon du chou. Ces galles sont assez différentes de celles provoquées par la hernie. Les dégâts ne sont pas très graves et il suffit d'enlever les galles avec l'ongle. En prévention, respectez bien les espacements conseillés et effectuez des arrosages avec des décoctions de plantes insecticides (ortie, tanaisie, absinthe) efficaces contre de nombreux parasites.

Récoltez et consommez

Une fois cueillis, de nombreux fruits et de légumes perdent rapidement une partie importante de leurs qualités nutritives et de leurs propriétés, et c'est particulièrement vrai des tomates. L'idéal, c'est de les cueillir et de les couper quelques minutes avant de les consommer.

***Les fraises** de certaines espèces perdent leur parfum si on les lave. Mais comment faire lorsqu'elles sont souillées de sable ou de terre ? Placez-les dans une mousseline mouillée et secouez assez longtemps. Les fruits ressortent nets car la mousseline a complètement absorbé le sable et la terre.*

Notes personnelles

....

....

....

....

....

....

....

....

Saint Anthelme

« Brouillards en juin • Font grossir le raisin »

PASSÉES LES BULBEUSES

Lorsque le feuillage des tulipes et des autres bulbeuses de printemps est complètement jauni, vous pouvez déterrer les bulbes. Laissez-les sur place un ou deux jours. Ensuite, coupez le feuillage à 2 cm, débarrassez les bulbes de leur terre et roulez-les dans de la fleur de soufre. Placez-les dans un bas que vous suspendrez dans un local obscur et bien aéré, jusqu'au début de l'automne. Il seront ainsi protégés contre les rongeurs et ne risqueront pas de pourrir.

Rabattez assez sévèrement les plantes vivaces *qui ont fleuri au printemps, notamment les géraniums vivaces, les pavots, les lupins, et aussi les tapissantes tels les aubriètes, les campanules, les arabis. On obtient ainsi des touffes ou des tapis plus denses et plus vigoureux, et parfois aussi une remontée de la floraison en automne.*

Le bon remède

Le puceron du rosier

Il est capable de causer des dégâts aux jeunes pousses. Toutefois, si le rosier est sain et vigoureux, le mal n'est jamais grand et, souvent, il n'est même pas nécessaire de traiter. Il faut donc bien soigner les rosiers et leur apporter des fertilisants, en particulier une bonne couche de compost décomposé en automne. Mais évitez les excès d'engrais azotés.

27 JUIN

Saint Fernand

« Temps humide en juin • Rend le grenier chagrin »

DANS LA MAISON

Que faire des plantes d'intérieur pendant les vacances ? Si vous ne partez pas très longtemps, regroupez-les toutes dans une pièce fraîche et peu ensoleillée, et effectuez un arrosage très copieux avant de partir. Fermez la porte pour maintenir une atmosphère humide. Pour éviter l'évaporation dans les petits pots, placez-les dans des sacs plastique, en plantant une ou deux baguettes afin que les feuilles ne touchent pas la paroi du sac. En cas d'absence prolongée, il existe de nombreux systèmes. Le plus rudimentaire consiste à remplir d'eau une bouteille de matière plastique, à fermer le goulot avec un chiffon et à l'enfoncer dans les grands pots – c'est très efficace, et ça ne coûte pas cher. Mais bien entendu, les systèmes d'arrosage du commerce donnent également de bons résultats : par goutte à goutte, ou par mèches dont une extrémité trempe dans une bassine.

Le bon remède

Des carottes fourchues

C'est un défaut assez courant. Il est souvent dû à une terre caillouteuse dans laquelle les racines pénètrent mal, ou encore à du fumier mal décomposé et incorporé trop tard avant le semis. Mais des arrosages trop timorés, qui n'humidifient qu'une couche de terre superficielle, donnent parfois le même résultat.

Contre les limaces, *mon grand-père lâchait de temps en temps les poules et même les canards dans le potager. L'entreprise est risquée, et il faut bien sûr protéger les semis, mais gallinacées et palmipèdes font, croyez-moi, passer un mauvais quart d'heure aux limaces et aux escargots. Et en outre, c'est pour eux une nourriture excellente.*

LE MACLEYA

Cette vivace à grand développement est fort belle en fond de massif, pour garnir un mur, parmi les arbustes, ou même en touffe isolée sur une pelouse. Les tiges dressées atteignent 2,5 m ! Elles portent de larges feuilles, vert bleuté à revers argenté, et donnent des inflorescences beige rosé, en été. C'est une espèce rhizomateuse qui peut être envahissante.

« Pluie de veille de Saint-Pierre • Réduit la vigne au tiers »

L'épinard d'été

L'épinard est réputé ne pas supporter les grosses chaleurs, qui déclenchent la montée à graines, et les semis d'été sont en général déconseillés. Toutefois, certaines variétés ('Delta', 'Lagos') se montrent remarquablement tolérantes à la chaleur. On peut donc les semer à cette époque, mais en situation un peu fraîche. Il faut ensuite arroser de manière très régulière.

Découvrez...

LE HARICOT KILOMÈTRE

Cette plante, appelée aussi dolique asperge, se cultive exactement comme le haricot à rames. Elle donne des gousses interminables, atteignant un mètre, que l'on consomme comme des mangetouts. Cette espèce est assez cultivée en Espagne et il vaut mieux la réserver aux régions méridionales car elle demande beaucoup de chaleur.

Avant de partir en vacances, *prenez votre sécateur et faites une bonne toilette au jardin. Coupez les feuilles jaunies, et coupez aussi les fleurs, même lorsqu'elles sont encore belles, et même les roses – c'est l'occasion d'offrir des bouquets. Coupez aussi l'oseille, le persil, le cerfeuil et l'estragon. Effectuez un arrosage généreux et paillez au pied des arbustes et des grandes vivaces. A votre retour, le jardin aura fait peau neuve, et les fleurs s'épanouiront pour vous accueillir.*

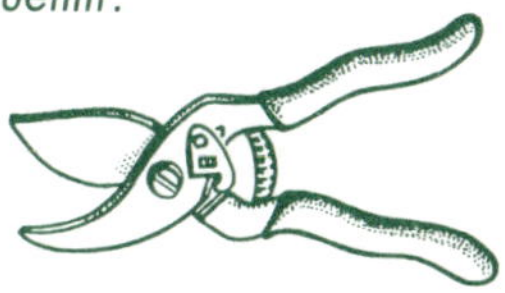

Le bon remède

L'anthracnose du haricot et du pois

Des taches noirâtres apparaissent sur les feuilles ; si les gousses sont formées, on observe des taches rosâtres ou grisâtres, avec des déformations. Ce champignon parasite se développe à diverses étapes de la croissance du haricot (et plus rarement du pois). Pas d'autres solutions que de brûler les plantes atteintes et de traiter préventivement les autres à la bouillie bordelaise. Par précaution, n'utilisez que des semences saines, achetées. Respectez les rotations et les espacements.

« De Saint-Paul la claire journée • Annonce une belle année »

Le cèphe du poirier

Lorsque des jeunes pousses herbacées du poirier se flétrissent, il est possible qu'il s'agisse d'une attaque de cet insecte piqueur appelé cèphe. Il faut simplement couper les tiges concernées, 15 cm au-dessous de la partie touchée, puis les brûler.

Mariez-les...

L'an passé, vos poireaux ont été touchés par la teigne ? Cette année, cultivez-les à côté des carottes ou des céleris : ils auront de grandes chances de résister à l'invasion.

Contre les chenilles défolieuses *et beaucoup d'autres parasites, préparez un insecticide efficace : 50 g de savon noir, 20 cl de pétrole, 1 l d'eau. Faites d'abord fondre le savon dans l'eau, ajoutez le pétrole peu à peu et agitez. Pulvérisez cette solution sur les feuillages des plantes atteintes.*

LES ROSIERS NON REMONTANTS

Quand ils ont fini de fleurir, supprimez les fleurs fanées et rabattez-les, plus ou moins sévèrement selon leur vigueur (les plus faibles seront taillés très courts). Mais ne touchez pas à ceux qui donnent de beaux fruits en automne (par exemple *Rosa rubiginosa* ou *Rosa nutkana*, deux espèces botaniques de grande valeur ornementale).

« Quand Saint-Pierre ne lave pas le chemin • Saint-Martial le fait le lendemain »

Le choix des pros

André Gayraud, Pépinières et paysages Rhône-Alpes

***Callicarpa japonica* 'Leucocarpa' :** Arbuste de 1,50 m, aussi large que haut, bien touffu, de port évasé. Sans exigences particulières. Très beau décor d'automne et de début d'hiver lorsqu'il se couvre de petites baies blanches tout le long des branches. Motte 80/100 et 100/150.

***Viburnum midum* :** Très beau feuillage inattendu dans la grande famille des viburnums. Semi-persistantes, les longues feuilles (15 cm x 7 cm) sont d'un beau vert sombre luisant se teintant de rouge en automne. Son port est dressé jusqu'à 2,50 m. La floraison blanche de juin est suivie d'une fructification bleu nuit qui ne manque pas d'intérêt. Pour tous sols, mais éviter l'insolation. Motte 80/100.

***Stewartia serrata* :** Pour la beauté de son feuillage ce petit arbre de 8 à 10 m préfère les situations mi-ombragées en sol frais et riche. Épanouissement en juin de corolles blanches de 5 cm. Les couleurs d'automne, dans des tons de rouge, sont remarquables. Motte 80/100 et 150/200.

***Carperrus bebulus* 'Pendula' :** On l'oublie trop souvent dans la gamme des arbres pleureurs. Cette charmille très rustique et insensible a très belle allure avec ses longues branches retombantes. Toutes situations, tous terrains, même calcaires. Racines nues 150/200 et 200/250.

***Phillyrea angustifolia* :** Bien qu'indigène des régions méditerranéennes, cet arbuste persistant, de taille moyenne, est bien rustique dans les zones plus continentales. Très buissonnant, à petites feuilles vert franc, il forme un beau volume compact. Sa discrète floraison blanche de juin est délicieusement parfumée. De plus, il supporte très bien la taille. Pour tous terrains, même secs. Motte 40/60.

* Voir le carnet d'adresses.

1er juillet

Saint Thierry

« Arrache l'ail à la Saint-Thierry • Et sème le radis »

« **N'AVOIR NI SEL NI SAUGE...** » : L'expression n'est plus usitée et elle qualifiait tout simplement un mets insuffisamment épicé ; elle a été utilisée au figuré. Elle date du XVIe siècle et elle prouve que la sauge officinale était largement mise à contribution pour les assaisonnements.

LES VIVACES

Récoltez dès qu'elles sont mûres les graines des vivaces qui ont fleuri au printemps (ancolie, achillée, lin vivace, pavot) et semez-les sans tarder en terrine ou en pépinière. Vous repiquerez les jeunes plantes en automne, et elles fleuriront dès l'année suivante. Toutefois, il n'est pas certain que vous obtiendrez des fleurs semblables à celles des plantes mères (à cause de l'hybridation spontanée).

Pour éloigner les mouches, *faites des bouquets de fleurs séchées de paulownia, et placez-les un peu partout dans la maison, notamment près des ouvertures.*

Sauge

Les haricots verts tardifs

C'est encore le moment de les semer, mais il faudra les arroser de manière très régulière pendant tout l'été, surtout dans les régions méridionales. Vous commencerez à les récolter environ soixante-dix jours plus tard, et vous pourrez les congeler (meilleures variétés : 'Obélisque', 'Fin de Bagnols', 'Marbel', 'Royalnel', 'Jami'). Il est même possible de semer encore des haricots blancs à consommer frais ('Coco blanc Sophie', 'Soissons blanc').

« En juillet ciel rouge du matin • Est un pluvieux voisin »

LA TOMATE

Cette plante est relativement solide et saine si elle est cultivée dans des conditions qui lui conviennent : sol léger, profond et ameubli, et plein soleil. Il faut pourtant la surveiller.

Le mildiou. C'est la maladie la plus fréquente ; elle se déclare quand il fait chaud et humide, notamment après un orage, en fin de saison. Elle se traduit par des taches grisâtres sur les feuilles, et par un feutrage vert à leur revers. Lorsque les fruits sont attaqués, ils sont bosselés et portent des taches jaunâtres qui virent au noir. En prévention : respectez les espacements (70 cm entre les lignes et 50 cm sur le rang) ; renforcez les défenses de la plante en incorporant des feuilles d'ortie lors de la plantation et en l'arrosant avec du purin d'ortie. A l'apparition du premier symptôme : effectuez une pulvérisation de bouillie bordelaise sur tous les pieds de tomates du jardin. Arrachez les sujets fortement touchés pour les brûler.

Le dessèchement. Il peut s'agir d'un dessèchement progressif (verticillium) ou brusque (flétrissement bactérien). Dans les deux cas, la plante est condamnée : il faut l'arracher et la brûler. Traitez les autres à la bouillie bordelaise. A l'avenir, respectez une rotation de trois ou quatre ans et préférez les variétés résistantes au verticillium (par exemple 'Meran', 'Dona', 'Luxor', 'Trésor').

L'enroulement des feuilles. Éliminez les feuilles qui s'enroulent sur elles-mêmes. Cette maladie est peu dangereuse ; elle peut être due aux pucerons ou encore à un excès d'engrais.

Le pied noir. On l'appelle aussi « chancre de la tomate ». Des taches grisâtres apparaissent à la base de la plante ; elles virent ensuite au noir et la plante meurt. Éliminez les plantes touchées. A l'avenir, respectez les rotations et effectuez un traitement préventif à l'aide d'un fongicide à base de manèbe.

3 JUILLET

Saints Thomas et Anatole

« D'Anatole la journée ensoleillée • Remplit le grenier »

LE GUNNERA

C'est la plante qu'il faut cultiver absolument au bord d'un ruisseau, d'un bassin, ou même tout simplement dans un coin frais du jardin (à condition qu'on ait de l'espace). Elle est exceptionnelle par ses très grandes feuilles, atteignant 2 m, à fort pétiole. En été, elle donne des inflorescences qui ressemblent à celles de la rhubarbe. Elle est assez rustique, mais il est prudent de lui apporter une protection (paillage) durant l'hiver. Plantez-la en terre riche et profondément ameublie.

***Les limaces** n'apprécient guère le bégonia annuel. Pour protéger des plantes très attaquées, par exemple les hostas ou les clématites, entourez-les d'une bordure dense de bégonias.*

Les fraisiers des quatre saisons

C'est le bon moment pour les semer. Faites tremper les graines 24 heures dans l'eau, et semez-les en pépinière mi-ombragée sur une terre fine et bien ameublie, ou en caissette. Recouvrez-les d'une très légère couche de terreau tamisé. Maintenez humide. Après la levée, repiquez les plants en pépinière et à mi-ombre, quand ils ont trois feuilles. En région fraîche, protégez-les sous châssis durant l'hiver. Mettez-les en place fin mars en les espaçant de 30 cm. Meilleures variétés : 'Alpine blanche', 'Alpine rouge', 'Sweetheart'.

Notes personnelles

....

....

....

....

....

« A la Sainte-Berthe cueille l'amande verte • Si elle n'est pleine que de lait laisse mûrir le blé »

L'ŒILLET

Dans les touffes d'œillets, des tiges ont parfois tendance à se dessécher dans leur partie terminale. Elles sont attaquées par la mouche de l'œillet : coupez-les à la base et détruisez-les.

Quand il fait chaud, *les plantes perdent beaucoup d'eau par les feuilles. Pour rafraîchir le feuillage, effectuez des pulvérisations fréquentes. Mais utilisez de préférence une eau non calcaire pour ce bassinage : vous éviterez ainsi les traces blanchâtres sur les feuilles.*

Notes personnelles

....

....

....

....

....

....

....

....

....

Découvrez... L'HYSOPE

D'origine méditerranéenne, l'hysope fait partie des bonnes plantes, cultivées depuis longtemps dans les jardins. Ses jeunes feuilles sont utilisées pour agrémenter les salades et les sauces, mais leur saveur forte ne plaît pas à tout le monde. L'infusion des feuilles et des sommités fleuries est excellente pour les gargarismes. C'est en outre une espèce visitée par les abeilles et très aromatique. Il faut la rabattre, après la floraison, pour qu'elle demeure compacte. Cultivez-la en bordure ou en rocaille.

Le melon plus gros, plus vite

Enterrez les nœuds des tiges de melon qui se trouvent avant les fruits dans une grosse poignée de terreau. Elles s'enracineront et les melons grossiront mieux et plus vite. Maintenez humide en arrosant.

Saint Antoine

« Pluie du 5 juillet • Fait souvent déborder l'étier »

Les étais des fruitiers

Les branches de certains arbres sont chargées de fruits qui grossissent à vue d'œil, et il est prudent de les étayer (les branches des pruniers sont particulièrement fragiles). Les étais sont de solides perches taillées en V à leur extrémité. Pour les branches basses, on peut également utiliser une corde que l'on attache sur une grosse branche située plus haut.

DANS LA MAISON

LES GLAÏEULS

Pour que ceux-ci tiennent longtemps en vase, cueillez-les lorsque l'épi n'a qu'une fleur d'épanouie. Et laissez au moins quatre feuilles sur la tige afin que le bulbe se reconstitue et fleurisse l'année suivante.

Les choux de Milan

Pour les récolter durant l'hiver, c'est le dernier moment pour semer les variétés tardives, en particulier : 'd'hiver de Pontoise', à grosse pomme compacte, un peu rosée pendant les froids ; 'Roi le l'hiver', à pomme ronde et feuillage finement cloqué ; 'Vert foncé de Bruxelles' (Late Putjes), à pomme ronde et feuillage très cloqué ; ou 'Violet de Vérone' (San Michele), à très grosse pomme compacte, rose violacé.

Soyez matinal, *en particulier l'été. Un vrai jardinier se lève tôt pour profiter de la « fraîche ». C'est aussi le meilleur moment pour récolter certains légumes à conserver, en particulier les cornichons. Évitez de les cueillir au moment le plus chaud de la journée.*

« Qui dort en juillet après le soleil levé • Laisse vides bourse et grenier »

Les poiriers

Si vous n'avez pas taillé les poiriers en espalier en hiver, vous pouvez pratiquer la taille Lorette. Elle consiste à raccourcir assez sévèrement les rameaux à bois, au-dessus de la rosette de la base ou de la deuxième feuille. Elle sera complétée en septembre ou en hiver par une taille de révision (qui concernera les rameaux oubliés), et par une taille des prolongements (raccourcissement des rameaux) en avril.

FEUILLES DES ROSIERS ENROULÉES

Si des feuilles de votre rosier s'enroulent sur elles-mêmes, ramassez-les pour les brûler. Ensuite, effectuez un traitement avec un produit total pour rosier – appliquez-le plutôt le soir, c'est moins dangereux pour les abeilles.

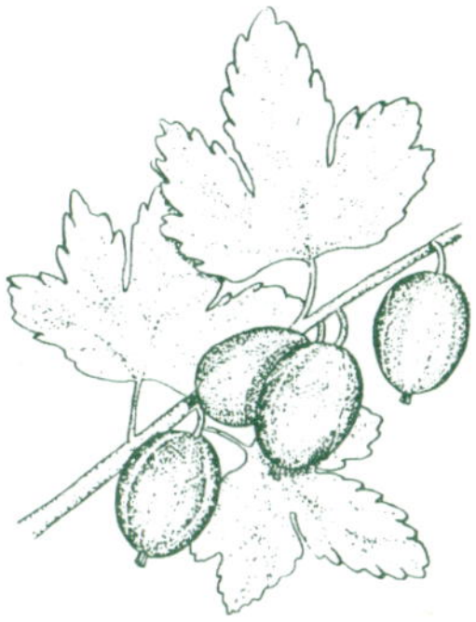

Surveillez les arbres fruitiers *que vous avez plantés l'hiver dernier. Ils sont encore fragiles, peu enracinés et à la merci d'un coup de sécheresse. Arrosez-les régulièrement et intervenez rapidement si vous constatez une attaque d'insectes ou une maladie.*

Le bon remède

Un groseillier défolié

Les branches du groseillier sont complètement dépouillées de leurs feuilles : examinez-les bien, vous y trouverez sans doute de petites larves vert clair tachées de points noirs. Il s'agit de la tenthrède du groseillier. Effectuez des traitements répétés à l'aide d'un insecticide d'origine végétale.

7 JUILLET

Saint Raoul

« A la Saint-Raoul soleil qui brille avec ardeur • Du moissonneur augmente la sueur »

Les hôtes du jardin : Les araignées

On les pourchasse souvent, à coups de balai et de tête de loup, mais que leur reproche-t-on ? Elles sont toutes insectivores, détruisent beaucoup de nuisibles (l'épeire diadème se distingue tout particulièrement) et ne font aucun mal aux plantes. Certaines piquent, ou plutôt mordent, mais elles ne sont guère dangereuses – même la fameuse tarentule d'Europe que l'on trouve dans le Midi. Il faut les considérer comme utiles, et les protéger dans les jardins – qu'elles décorent d'ailleurs de belles toiles soyeuses où s'accrochent les gouttes de rosée. Le faucheux, avec ses très longues pattes, dévore même de petites limaces.

Le bon remède

L'orcheste du hêtre

Les feuilles de vos hêtres brunissent, comme si elles avaient été touchées par une forte gelée. Le responsable est un petit charançon dont la larve mine les feuilles. Il hiverne sur l'écorce et on s'en débarrasse facilement par des traitements d'hiver.

Notes personnelles

Découvrez... LE BÂTON DE JACOB

Polemonium caeruleum de son nom scientifique — on l'appelle aussi, d'ailleurs, « valériane grecque ». Voici 'Brise d'Anjou', très belle variété nouvelle à feuillage vert remarquablement panaché de jaune ; elle forme une touffe de 50 cm de hauteur et de 30 ou 40 cm de large, et donne des fleurs bleu violacé, sur des hampes dressées, d'avril à juillet. C'est une plante pour massif un peu ombragé et pour sol ordinaire.

Pour protéger les plantes sensibles *des attaques de limaces et d'escargots, étalez sur le sol autour des cultures des aiguilles de pin ou des frondes de fougère mâle.*

8 JUILLET

Saint Thibaut

« Si à la Saint-Thibaut le raisin est noué • Tu peux préparer de grands cuviers »

Les vertus des feuilles de radis

Les lapins aiment les feuilles de radis... et je trouve qu'ils n'ont pas tort ! Il y a quelques années, j'ai vu un de mes amis, jardinier bio s'il en est, croquer ses radis frais avec les feuilles. J'ai essayé... et j'ai trouvé ça excellent ; il paraît en outre qu'elles sont très digestives. On choisit de beaux radis jeunes et croquants, et on élimine les feuilles extérieures (en lavant bien !). Par ailleurs, les feuilles de radis apportent un petit goût délicieux aux potages de saison.

LA VIOLETTE CORNUE

C'est le moment de semer les nombreuses variétés de *Viola cornuta*, qui ont l'aspect de pensées en miniature, et qui fleurissent généreusement sur une longue période, à partir du mois de mars. Semez en pépinière abritée, pas trop chaude. Parmi les plus belles : 'Cornetto' à petites fleurs blanches en papillon, 'Johny Jump Up' à petites fleurs violettes à cœur jaune, 'Cuty' à petites fleurs blanc et pourpre.

Le thuya à l'aide du chou

La piéride et la noctuelle du chou n'aiment pas le thuya. Vous planterez donc quelques rameaux de thuya, récupérés sur la tonte de la haie, entre les rangs de choux au potager. Et les papillons s'enfuiront à tire-d'aile.

Les pucerons. *Sur les rosiers et les autres arbustes d'ornement, on se débarrasse des pucerons avec la lance d'arrosage. Réglez-la sur une pression forte, sans toutefois abîmer le feuillage.*

Le bon remède

Les pucerons des salades

Surveillez bien les laitues et les chicorées afin d'intervenir rapidement en cas d'attaque de pucerons. Si vous attendez, les pucerons pénètrent dans la pomme et se mettent ainsi hors d'atteinte.

Sainte Amandine

« Au 9 juillet on entend • Du coucou le dernier chant »

Découvrez... LE PET-SAÏ

Le chou de Chine est maintenant bien connu ; ce n'est que justice car il est facile à cultiver, sa croissance est rapide et sa saveur est agréable et fine – nettement plus douce que celle du chou pommé. En outre, les feuilles jeunes sont délicieuses en salade. C'est le moment de le semer, en pleine terre, en lignes distantes de 40 cm. Après la levée, éclaircissez à 30 cm. Pour obtenir des plantes tendres et savoureuses, maintenez le sol frais en permanence. Évitez les semis de printemps car les plantes obtenues montent trop vite à graines. Les meilleures variétés : 'Granaat', à pomme allongée ; 'Chorus', à pomme ovoïde ; 'Tokyo King', à pomme haute et serrée.

LES TOUFFES DE VIVACES DENSES

En pinçant à cette époque les tiges des solidagos (verges d'or), des rudbéckias, des phlox et des asters, on obtient des touffes plus basses et plus compactes, et une floraison plus dense – mais un peu plus tardive.

Le bon remède

Le puceron vert du pois

C'est le plus gros des pucerons (il peut atteindre 5 mm) et il est parfois très actif, vous vous en rendrez compte aux dégâts qu'il fait sur les cultures de pois. En été, il devient gris. Luttez avec un insecticide d'origine végétale (roténone).

Le chou-rave

Il est encore temps de semer le chou-rave ; choisissez une variété hâtive, par exemple 'Blanc hâtif de Vienne' ou 'Dynamo', qui donnent des pommes blanches. Je trouve que ce légume n'est pas assez cultivé dans les jardins. Ses boules moelleuses sont pourtant délicieuses et très fines quand elles sont cuites à l'étouffée ou en ragoût ; elles sont également excellentes crues et râpées, en vinaigrette. Semez en pépinière et mettez en place six semaines plus tard en espaçant de 30 à 40 cm en tous sens. Mais n'enterrez pas trop les plants, car la pomme se forme hors du sol. Récoltez les choux-raves quand ils ont la grosseur d'un œuf. N'attendez pas trop car ils deviennent ensuite durs et filandreux.

Saint Ulrich

« Pluie au 10 juillet arrivant • Sept semaines va tombant »

Greffe sur pêchers

La greffe en écusson se pratique notamment sur les pêchers. On prélève un bourgeon dormant sur la variété sélectionnée, et on l'introduit sous l'écorce du porte-greffe (pêcher franc ou prunier Saint-Julien). L'œil ne se réveillera que l'année suivante.

AIDEZ LA BIGNONE À FLEURIR

Votre bignone ne fleurit pas ! Si elle est plantée depuis peu de temps, ne vous inquiétez pas ! Cette belle grimpante demande du temps pour s'installer, parfois même trois ou quatre ans. Pour combattre un peu sa nonchalance, effectuez quelques apports d'un engrais riche en potasse.

Attention, les tuteurs plantés dans les massifs *pour supporter les lis ou les delphiniums sont dangereux : ils peuvent entraîner des blessures graves : on peut buter contre un obstacle et tomber dessus. Pour éviter tout risque d'accident, enfoncez un bouchon sur leur extrémité – certaines jardineries proposent même des petits accessoires de matière plastique. Et, bien sûr, ne taillez jamais vos tuteurs en pointe.*

Le bon remède

Les nématodes

Les œillets d'Inde, les roses d'Inde et les tagètes sont faciles à cultiver et donnent de belles fleurs qui durent longtemps. En outre, il semble qu'ils éloignent les nématodes, ces vers microscopiques qui sévissent dans les terrains humides et mal travaillés.

11 JUILLET

Saint Benoît

« A la Saint-Benoît rosée • Annonce vin de qualité »

DANS LA MAISON

SOINS AUX BÉGONIAS

Certaines variétés se montrent assez sensibles à l'oïdium. En prévention, évitez-leur les coups de sécheresse et placez-les en situation aérée et suffisamment éclairée. En cas d'attaque, isolez la plante touchée, supprimez les feuilles atteintes et effectuez des applications répétées (tous les dix jours) d'un fongicide pour plantes d'intérieur.

DES ANNUELLES VIGOUREUSES

Une pulvérisation d'engrais foliaire donne un regain de vigueur aux fleurs annuelles. En même temps, rabattez un peu les plantes qui ont donné leur première vague de floraison, en supprimant les fleurs fanées. Elles vont repartir de plus belle.

Le bon remède

La mouche du chou

Les feuilles de chou prennent une teinte gris plombé ; la plante dépérit et finit par mourir. Le responsable est la mouche du chou, dont la larve s'attaque au collet des plantes. Il faut arracher et brûler les pieds touchés ; ensuite, ne cultivez ni chou, ni radis, ni navet au même endroit pendant trois ou quatre ans.

Déchaussez l'ail

Si l'été est pluvieux et humide, déchaussez les têtes d'ail pour qu'elles ne soient pas touchées par la pourriture.

La terre des plantes en pots *de la terrasse se dessèche très rapidement quand il fait chaud. Pour mieux conserver l'humidité, recouvrez-la d'une bonne couche de tourbe.*

12 JUILLET

Saint Olivier

« Si au sillon revient l'alouette • C'est que moisson est faite »

Les vertus de la laitue montée

Ses feuilles sont sans doute assez amères, mais les herboristes les recommandent car elles ont davantage de vertus thérapeutiques que celles de la laitue en pomme. Cependant, attention tout de même car il paraît aussi que cette plante modère les ardeurs sexuelles.

Les pommes de terre

Les variétés hâtives ('Belle de Fontenay', 'Early Rose', 'Sirtéma', 'Rosabelle') arrivent à maturité. Récoltez-les au fur et à mesure des besoins, dès que les feuilles commencent à jaunir, à la houe ou à la fourche crochue. Brûlez les fanes car elles sont souvent porteuses de parasites.

Arrosez les plants de tomate. *Cette plante est très exigeante en eau ; le sol ne doit jamais se dessécher complètement. Arrosez sans mouiller les feuilles, et paillez en région chaude. On peut aussi arroser « au pot » – en enterrant jusqu'au bord un pot de fleur de 14 ou de 16, à proximité du pied. Versez de l'eau jusqu'à ce qu'elle reste dans le pot. Ensuite, elle humectera doucement la terre en profondeur. On peut même administrer de l'engrais par ce moyen.*

Le bon remède

Des carottes éclatées

Ce défaut est dû, le plus souvent, à la succession de périodes de sécheresse et de pluie. Pour l'éviter, arrosez régulièrement de manière à entretenir une légère humidité du sol.

Notes personnelles

Saints Henri et Joël

« A la Saint-Henri pluie et vent • Font mal au froment »

L'effeuillage des pêchers

Sur les pêchers, quand les fruits commencent leur maturation, supprimez les feuilles qui leur masquent le soleil. Mais ne poussez pas trop loin cet effeuillage car il pourrait être préjudiciable à la bonne santé de l'arbre.

L'HORTENSIA

Un parasite s'attaque à cet arbuste : la cochenille pulvinaire, petite et de couleur grise. Elle s'installe sous les feuilles dès le printemps, mais on ne s'aperçoit en général de sa présence que maintenant, parce qu'elle produit de petites masses blanchâtres. Traitez à l'aide d'un insecticide pour cochenille. A l'automne, vous ramasserez les feuilles pour les brûler.

Le perce-oreille, *appelé aussi « forficule », se montre très friand des œillets. On peut donc le piéger en attachant des petits bouquets de ces fleurs sur les arbres fruitiers. Je me souviens que mon grand-père accrochait aussi des déchets de veau, de porc ou de mouton fraîchement tués, dans un sabot. Le matin, ils étaient couverts d'insectes, et il suffisait de les jeter.*

Le bon remède

La mosaïque de la laitue

De nombreux pucerons attaquent la laitue ; ils l'affaiblissent et lui transmettent souvent cette maladie grave qui se traduit par l'apparition de décolorations sur les feuilles. Il faut donc lutter contre les pucerons dès qu'ils se manifestent, à l'aide d'insecticide à base de roténone, ou encore d'une infusion de rhubarbe.

« Pluie de juillet • Prédit eau en février »

Les hôtes du jardin : Les punaises

Certaines punaises (capsides) sont de précieux auxiliaires dans la lutte contre les acariens, les pucerons, les psylles et les chenilles. Ce sont des insectes bruns à pattes jaunes, mesurant 3 ou 4 mm.

LES BEIGNETS DE FLEURS DE SUREAU

C'est délicieux, et c'est très facile à faire. Il suffit de préparer une bonne pâte à beignets. Récoltez de belles inflorescences de sureau noir, en plein épanouissement, et trempez-les dans la pâte avant de les jeter dans le bain de friture. Quand les beignets sont dorés, laissez-les égoutter et servez-les, pour être vraiment raffiné, avec de la confiture de baies de sureau.

La météo. *De nombreuses plantes réagissent à la lumière et à l'humidité de l'air, et jouent ainsi le rôle de mini-station météo. Lorsque le liseron ferme ses corolles, ouvrez votre parapluie – de même lorsque le chardon tire ses volets, en l'occurrence ses écailles, ou que le trèfle redresse sa tige. Les vieux jardiniers, pour prévoir la pluie, savaient aussi observer l'hirondelle en vol rasant, les abeilles qui rentrent toutes dans leur ruche, les pies qui jacassent et les mouches qui s'agitent… sans parler des chats à leur toilette qui, on le sait, se passent la patte derrière l'oreille !*

LE SUREAU

Faites sécher au soleil des feuilles de sureau pour y conserver du raisin à l'automne.

Le bon remède

La cicadelle du rosier

Quelques feuilles du rosier prennent une couleur blanc nacré : elles ont été piquées par un petit insecte (une cicadelle). Celui-ci n'est guère dangereux et on se contentera de ramasser les feuilles touchées.

« Limaçon aventureux • Annonce temps pluvieux »

ROSIERS : LE RETOUR

Après la première vague de fleurs, les rosiers marquent souvent un temps d'arrêt. Pour qu'ils repartent vigoureusement, supprimez les fleurs fanées et effectuez un apport d'engrais au pied – sans oublier d'arroser si le temps est sec.

Le bon remède

L'anthracnose du pois

Cette maladie cryptogamique est reconnaissable aux taches jaunâtres, entourées d'une auréole brune, sur les feuilles, les tiges et les gousses. En cas d'attaque, supprimez les parties touchées et traitez à la bouillie bordelaise. En prévention, n'utilisez que de la semence saine (achetez-la chez le grainetier plutôt que de la produire vous-même) et respectez des rotations assez longues.

Une scarole nouvelle

Parmi les variétés nouvelles de chicorées scaroles, découvrez 'Éminence'. A feuilles larges, elle forme de grosses pommes serrées, à cœur jaune très développé. En outre, elle ne monte pas facilement à graines et résiste remarquablement à la pourriture (botrytis et sclérotinia) qui touche souvent cette potagère. Elle convient aussi bien pour la pleine terre que pour la culture sous tunnels.

Un nettoyant naturel. *L'infusion d'épluchures de pommes de terre se révèle très efficace pour le nettoyage des tapis. Bien entendu, il faut soigneusement laver les tubercules avant de les éplucher. Frottez avec l'infusion encore chaude et laissez agir deux ou trois heures avant de rincer à l'eau claire.*

Notes personnelles

....

....

....

....

« Notre-Dame arrivée • Mieux vaut chèvre que vache à lait »

Le parfum du thym

On multiplie facilement le thym par semis, effectué en pépinière. Cependant, il semble que les pieds obtenus ne soient pas tous aussi odorants. C'est pourquoi je trouve qu'il est préférable de repérer, dans le jardin, les touffes de thym les plus parfumées, et d'en prélever des boutures, à cette époque.
On coupe de jeunes rameaux ne portant pas de fleur, on les débarrasse de leurs feuilles dans la partie inférieure et on les repique en caissette ou en pépinière.
On peut aussi procéder par division des touffes, au printemps ou en automne.

DES ROSES GÉANTES

Pour obtenir des roses très volumineuses, pour vos bouquets ou l'ornement du jardin, ne conservez que le bourgeon terminal de chaque tige, en pinçant les bourgeons latéraux. Lorsqu'ils sont prêts à s'ouvrir, liez-les avec un élastique ou un morceau de raphia. Arrosez l'arbuste avec une solution d'ammoniaque (2 grammes par litre) qui va faire gonfler les bourgeons. Après une dizaine de jours, ôtez les élastiques.

Les fourmis. *Il existe de nombreuses recettes pour les éliminer ou les chasser. Par exemple, on peut verser sur la fourmilière une décoction de feuilles de noyer bouillante, ou encore, placer sur leur chemin des rondelles de citron moisies, des feuilles de tomate fraîche, du cerfeuil, de la craie en poudre…*

Le bon remède

La mouche de la carotte

Pour éviter ce parasite, faites tremper des pelures d'ail et d'oignon, ou de la tanaisie, dans l'eau d'arrosage des carottes.

17 JUILLET

Sainte Charlotte

« En canicule pas d'excès • Et en tous temps point de procès »

TAILLEZ LES HÉLIANTHÈMES

Dès qu'ils ont fini de fleurir, rabattez-les assez sévèrement, à l'aide de la cisaille : les touffes seront plus compactes et plus vigoureuses, résisteront mieux au froid et fleuriront plus abondamment l'année suivante.

Le bon remède

La tordeuse de l'œillet

C'est une chenille verte à tête brune, que l'on rencontre surtout dans le sud de la France. Elle tisse des fils soyeux sur les pousses terminales de l'œillet, et aussi sur celles de divers arbustes d'ornement, qui se retournent en crosse. L'adulte est un petit papillon vert orangé. Coupez les pousses touchées et traitez à l'aide d'un insecticide de contact.

DANS LA MAISON

L'EAU DES CACTÉES

Les cactées meurent rarement sous l'effet d'une sécheresse prolongée, mais fréquemment par excès d'arrosage. On peut d'ailleurs en dire autant de toutes les plantes grasses. Pour vos arrosages, utilisez de préférence une eau non calcaire. En période de croissance, c'est-à-dire entre avril et octobre, arrosez les cactées en mouillant entièrement la terre du pot – on peut même faire tremper celui-ci dans une bassine. Ensuite, attendez que la terre se soit complètement asséchée avant d'effectuer un nouvel apport. Diminuez graduellement les arrosages à partir de septembre, cessez-les complètement de novembre à mars, et reprenez-les graduellement.

Notes personnelles

Étalez une balle d'orge autour des plantes *qui attirent les limaces et les escargots, si vous arrivez à vous en procurer ; elle les protégera efficacement.*

Saint Frédéric

« De Saint-Frédéric la verdure • Annonce beau temps qui dure »

Découvrez... LA SAUGE OFFICINALE

Un philosophe de la Grèce antique, Théophraste, conseille cette plante à la fois aux personnes qui manquent d'appétit sexuel et à celles qui sont nettement au-dessus de la moyenne sur ce plan ! Est-ce efficace, je n'en sais rien. Toujours est-il que Louis XIV, qui ne cédait sa place à personne, en consommait, dit-on, quotidiennement. La sauge est assez rustique pour être cultivée en toute région – de préférence en situation abritée dans les zones froides. Je trouve qu'elle doit avoir sa place dans tous les jardins – au potager ou au jardin d'agrément. Elle éloigne les insectes (en particulier la fameuse piéride du chou), et elle fait de très bonnes infusions digestives et efficaces contre le rhume et la grippe. Les feuilles fraîches, finement hachées, agrémentent les volailles, les ragoûts, la charcuterie ou les pommes de terre à l'eau. On peut même en glisser quelques-unes dans les confitures.

Les pois aiment le frais

N'oubliez pas d'arroser régulièrement les pois car ils supportent très mal la sécheresse. Binez pour aérer le sol et mettez en place un paillage (paille, feuilles ou tonte de pelouse) pour diminuer l'évaporation.

Si votre jardin est particulièrement envahi par les limaces, *arrosez le matin de bonne heure, et non pas le soir. Les mollusques seront ainsi gênés, dans un environnement sec, pour mener leur activité nocturne.*

Le bon remède

Le ver blanc

Luttez contre ce parasite très virulent en enterrant des feuilles de chou ou de navet, en particulier autour des fraisiers. C'est le moment ou jamais de détruire les larves car l'année prochaine sera une année à hannetons dans différentes régions, notamment dans la région parisienne.

« Jamais juillet n'est passé • Sans que le grain soit ramassé »

Le bon remède

La grise du concombre

Les feuilles des concombres ou des courges se couvrent d'une sorte de toile argentée, et se dessèchent : c'est une attaque d'un petit acarien, qui s'installe au-dessous des feuilles. Effectuez des pulvérisations d'une macération de tabac, ou utilisez un insecticide. En prévention, maintenez une bonne humidité du sol qui dissuadera le parasite.

La fin des haricots

Binez assez fréquemment entre les rangs de haricots : une bonne aération favorise la croissance des racines. Et buttez légèrement les pieds. Après la récolte, bêchez en enterrant les tiges et le feuillage séchés des haricots : c'est un excellent engrais vert, pourvoyeur d'azote (que l'on peut utiliser aussi pour le compost).

Contre le mildiou, *sur les pommes de terre et les tomates, effectuez des pulvérisations régulières d'infusion de pelures d'oignon et d'ail.*

Découvrez... EUPHORBIA X MARTINII

Les euphorbes ont beaucoup de charme – des tons originaux, verdâtres, jaunâtres... des inflorescences étranges... un port élégant. Et elles sont décoratives très longtemps. Celle-ci ressemble à *Euphorbia characias*, pour la bonne raison qu'il s'agit d'un hybride de cette dernière et de *E. amygdaloides*. Elle mesure 50 cm de haut et 30 ou 40 cm de large, elle est persistante, avec des tiges rouges et des inflorescences vert jaune marquées de brun. Un rappel : la sève des euphorbes est toxique, dangereuse pour les yeux.

LA BUGLOSSE SEMÉE AU SOLEIL

Cette plante se cultive ausi bien en annuelle qu'en bisannuelle. Je préfère la semer maintenant, car j'obtiens une floraison printanière en avril-mai. Il faut semer au soleil, en pépinière, et mettre en place en automne. La variété que je préfère : *Anchusa capensis* 'Ange Bleu' qui donne de nombreuses fleurs bleu outremer à œil blanc.

Saintes Marina et Marguerite

« Du tonnerre de Sainte-Marguerite • Le fermier se console vite »

Le framboisier

C'est le moment de tailler les framboisiers non remontants ('Malling Promise' par exemple), sur lesquels la récolte est terminée. Il faut supprimer toutes les cannes ayant fructifié pour ne conserver qu'une dizaine de rameaux vigoureux, qui donneront des framboises l'année suivante.

Le bon remède

Le black-rot

Cette maladie de la vigne concerne surtout les régions viticoles. Elle entraîne l'apparition sur les feuilles de petites taches rondes et sèches, avec une auréole rouge. C'est surtout une maladie d'été, quand la saison est humide. Les fongicides anti-mildiou traitent aussi le black-rot.

La pastèque, bonheur de l'été

Dans les régions chaudes, si l'on a suffisamment de place, il faut cultiver la pastèque car c'est un trésor de fraîcheur pour l'été. On procède comme pour le melon, mais on ne taille pas – c'est donc très facile. Il existe plusieurs variétés : 'Sugar Baby' donne des fruits assez petits, de 20 cm de diamètre (3 kg environ), à chair très rouge, sucrée et savoureuse, et à graines noires ; les fruits de 'Valentina' sont beaucoup plus gros (5 kg), d'un vert très foncé, avec une chair rouge soutenu et peu de graines ; 'Crimson Sweet' produit des fruits énormes (8 kg et plus), à épiderme marbré de blanc et à chair rouge et sucrée.

Arracher une vieille souche *n'est pas tâche facile ! Toutefois, vous la détruirez rapidement en y perçant à la perceuse, avec une grosse mèche, quelques trous que vous remplirez de chlorate de soude (vendu en droguerie). Mouillez, et bouchez les trous avec de l'argile. Après quelques mois, faites un feu de brindilles sur la souche : elle se consumera entièrement.*

Fête nationale belge, Saint Victor

« Pluie de Saint-Victor • Ne remplit pas le coffre d'or »

Les hôtes du jardin : Le carabe

Ce beau coléoptère, à la carapace noir nuancé de violet, est nocturne et s'abrite sous les pierres et dans les tas de bois durant le jour. C'est un prédateur de limaces et de chenilles – sa larve également. Pour le protéger, il faut ménager des endroits pouvant lui servir d'abri et s'abstenir de poser des pièges à limaces (soucoupes de bière).

Doryphores

La pomme de terre

Effectuez des pulvérisations d'engrais foliaire naturel sur les pommes de terre, pour renforcer leur résistance aux maladies et au doryphore.

Une haleine fraîche. *Le grand Casanova interdisait expressément l'ail aux (nombreuses) jeunes femmes de sa connaissance. Et pourtant, en Italie, la consommation de ce précieux condiment est presque un devoir national. Si vous ne pouvez vous en passer, croquez un ou deux grains de café après le repas, c'est assez efficace. Pour purifier l'haleine, d'autres conseillent aussi le persil, la betterave rouge cuite sous la cendre ou encore les fèves crues.*

Le bon remède

La cochenille des conifères

Elle est très reconnaissable : c'est un petit disque blanchâtre qui se colle sur les aiguilles ou les feuilles des conifères, en particulier des cyprès et des thuyas. Elle est responsable de jaunissements. La lutte est difficile car c'est un parasite coriace. Appliquez des insectides spécifiques aux cochenilles, à plusieurs reprises.

« Quand à la Madeleine souffle le vent • La bécasse emporte les figues avec les dents »

« IL TRAVAILLE DU CIBOULOT ! » : Battre la campagne, s'en aller du cigare, pédaler dans la choucroute ou perdre les pédales… ça n'a apparemment rien à voir avec la ciboule ou la ciboulette. Et pourtant, « ciboulot » vient bien de « ciboule ». Tout simplement parce que pour l'imagination populaire, le bulbe renflé de cette condimentaire a la forme de la tête.

Les hôtes du jardin : Les abeilles

On ne se lasse pas d'observer les abeilles, leurs allées et venues, leur organisation, leur travail. Et j'ai maintes fois constaté que ces insectes extraordinaires savent prévoir le temps. Quand la pluie arrive – et même s'il n'y a aucun nuage dans le ciel –, elles ne sortent pas de la ruche. Si elles sont dehors et qu'elles rentrent précipitamment, c'est signe d'orage. Et si elles sortent en masse très tôt le matin, même lorsque le ciel est couvert, vous pouvez parier sur le beau temps. Enfin, si en automne elles calfeutrent l'entrée de la ruche en ne laissant qu'un tout petit trou, calfeutrez, vous aussi, votre logis car l'hiver sera rude.

SEDUM REFLEXUM

Ce petit sédum vivace ressemble aux autres espèces du genre, en particulier au poivre de muraille *(Sedum acre)*, avec ses tiges rampantes, ses feuilles cylindriques et ses fleurs jaunes. Il est décoratif en rocaille ou sur muret fleuri. Mais il est en outre comestible : ses feuilles sont délicieuses en salade et dans les potages.

Le bon remède

La mouche du navet

Elle sévit surtout en juillet-août. Pour l'éviter, étalez des feuilles de tomate entre les rangs, ou arrosez avec une décoction de ces feuilles.

« Après la Madeleine • La nuit en fait autant que le jour »

PENSEZ AUX BISANNUELLES

Si vous ne l'avez pas fait en juin, pensez à semer les bisannuelles que vous mettrez en place, dans les massifs, en automne ou au printemps. Les graines de pensée germent mieux dans un sol un peu calcaire.

Le bon remède

Un passage à tabac

La nicotine n'est pas seulement dangereuse pour les poumons, elle l'est aussi pour les pucerons et pour de nombreux insectes parasites. Les jardiniers d'autrefois faisaient macérer les mégots de leurs cigarettes. Faites macérer un paquet de tabac pendant une dizaine de jours dans une dizaine de litres d'eau. Filtrez et utilisez en pulvérisation sur les rosiers ou les capucines. Pour les plantes du potager, il faut attendre au moins dix jours entre l'application et la récolte des légumes – il s'agit en effet d'un produit dangereux. Pour qu'il soit plus efficace, ajoutez un peu de savon de Marseille en paillettes et un demi-verre d'alcool à brûler (toujours pour 10 litres).

DES CORNICHONS CONFITS

Dès que vous les avez cueillis, brossez bien les cornichons. Placez-les ensuite dans du gros sel pendant une journée, afin de les faire dégorger. Essuyez-les, mettez-les en bocaux et recouvrez-les de vinaigre. Pour ma part, j'ajoute une branche d'estragon, deux clous de girofle, un peu de poivre en grains, une feuille de laurier et deux gousses d'ail. Et je laisse aussi quelques cornichons devenir grands pour les consommer comme les concombres ('Amélioré de Bourbonne' a une saveur particulièrement fine).

Pour bien conserver les bulbes. *Effectuez quelques applications d'une décoction de prêle : c'est excellent contre les champignons parasites, en particulier contre la pourriture qui touche les bulbes en conservation.*

24 JUILLET

Sainte Christine

« A la Sainte-Christine • Le moissonneur plie l'échine »

Le pêcher en espalier

Pour favoriser le grossissement des pêches, effectuez des bassinages réguliers d'eau pure sur tout le feuillage, le soir quand le soleil est couché.

***Les acariens** attaquent diverses plantes potagères, notamment la tomate et l'aubergine, mais aussi les épinards. Une bonne prévention consiste à effectuer des applications de purin d'ortie en fertilisant foliaire.*

MANGEONS LA CAPUCINE

Les feuilles de capucine sont comestibles ; elles ont une saveur fine, un peu épicée. Elles apportent un goût agréable et original aux salades d'été – que vous décorerez en les parsemant de quelques fleurs jaunes ou orangées. Certains recueillent aussi les fruits charnus pour les confire au vinaigre afin de les utiliser comme des câpres. Toutes les variétés ornementales conviennent pour cet emploi. Mais ne récoltez que sur des plantes qui n'ont pas été traitées récemment à l'insecticide antipuceron.

DANS LA MAISON

DES FLEURS FRAÎCHES

Vos fleurs de saison dureront plus longtemps dans les vases si vous prenez la précaution de couper les tiges dans l'eau. Vous évitez ainsi la formation d'une petite bulle d'air à la base de la tige, qui empêche l'eau de remonter vers la fleur.

Le bon remède

La mouche des figues

Ce parasite est assez commun dans le Midi. Les fruits piqués, dans lesquels la larve creuse des galeries, pourrissent et tombent précocement. Il faut donc les ramasser systématiquement pour les détruire, avant que l'insecte n'éclose.

Saint Jacques

« Jour de Saint-Jacques serein • Annonce hiver dur et chagrin »

Les pommes de terre

Les variétés 'Bintje', 'Belle de Fontenay' et 'Institut de Beauvais' sont sensibles au mildiou. En revanche, 'Wilpo" et 'Voran' y résistent bien.

Le bon remède

Les cochenilles farineuses sur les cactées

C'est un parasite fréquent et tenace sur les cactées et les autres plantes grasses. Pour l'éliminer, utilisez un coton-tige trempé dans de l'alcool à brûler. Évitez les insecticides en bombe car les cactées ne les supportent pas toujours. Préférez un peu d'insecticide systémique en poudre.

DANS LA MAISON

LES CACTUS AUX PETITS SOINS

Il existe des engrais spéciaux pour les cactus et les autres plantes grasses. Cependant, la poudre d'os calciné est excellente pour ces plantes ; on peut aussi mélanger à la terre une cuillerée à café de coquille d'œuf broyée.

La tomate a des vertus insecticides (elle éloigne, par exemple, la puce du chou). On peut utiliser les tiges feuillues pour en faire des bouquets que l'on place près des fenêtres : ils éloigneront les moustiques, les mouches et les guêpes.

Notes personnelles

Saints Anne et Joachim

« Petite pluie de Sainte-Anne • Vaut manne »

Découvrez…
LE POURPIER DORÉ

On peut encore semer cette excellente salade au goût à la fois sucré et acidulé, que l'on utilise aussi en condimentaire dans les sauces et les potages. Sa culture est facile : semez en lignes espacées de 25 cm, de préférence en sol léger mais un peu frais. On peut récolter au bout de huit à dix semaines. Personnellement, je fais plusieurs semis, le premier vers le 15 mai, et je récolte de juillet jusqu'aux gelées.

Dans les régions chaudes, *et en particulier dans le Midi, le mildiou est assez fréquent sur le rosier. Il se traduit par l'apparition de taches jaunes, avec une auréole foncée. Un duvet blanchâtre se développe à la face inférieure. Supprimez les feuilles touchées et traitez à la bouillie bordelaise ou avec un fongicide pour rosier.*

Une terre légère pour les carottes

Il arrive que les racines restent petites et difformes, avec beaucoup de racines secondaires. Ce défaut de croissance est dû aux nématodes – qui sévissent particulièrement en terre humide et compacte. Le remède, c'est donc un bon drainage et l'apport d'amendements pour alléger le sol.

Le bon remède

La graisse de l'artichaut

Cette maladie se traduit sur les écailles de la tête par des taches translucides, qui virent au brun noirâtre. Supprimez les têtes touchées au premier symptôme. En prévention, renouvelez la plante tous les trois ou quatre ans, en pratiquant une rotation, et effectuez une fertilisation foliaire à l'aide d'un produit naturel (à base d'algue, par exemple).

Notes personnelles

....

....

27 JUILLET

Sainte Nathalie

« Sainte Nathalie venant • Souvent redresse le temps »

Découvrez…

LE PET D'ÂNE

Voilà une bonne plante, bien de chez nous, qui mériterait d'être plus largement cultivée. C'est une bisannuelle à grand développement (2 m, ou même 2,5 m), formant une belle et large touffe, à feuillage épineux, très découpé, gris argenté. Au bout des tiges dressées s'épanouissent des inflorescences (capitules) pourprées, en juin-juillet. Espèce très sympathique, qui donne de la hauteur à un massif. Autrefois, on consommait les boutons floraux avant leur épanouissement, et les tiges (comme des cardons). Elle se ressème spontanément et généreusement (elle est même parfois envahissante).

Le bon remède

L'enroulement de la pomme de terre

Les feuilles deviennent cassantes et s'enroulent vers le haut. Parfois, on observe aussi des décolorations des feuilles (mosaïque). Ce sont des symptômes de maladies virales graves. Il faut arracher et détruire les plantes atteintes. En prévention, luttez contre les pucerons qui sont les vecteurs de ces maladies.

Les framboisiers remontants

Ils ont donné une première récolte sur la partie inférieure des cannes de l'année précédente ; supprimez celles-ci en les coupant à la base, mais ne touchez pas aux pousses nouvelles qui vont donner une récolte en septembre.

Faites macérer 1 kg de feuilles fraîches hachées de sureau (noir ou à grappes) dans une dizaine de litres d'eau pendant quelques jours. Filtrez et utilisez le produit obtenu en pulvérisation contre les chenilles, les pucerons et d'autres parasites des plantes.

Notes personnelles

« Pluie de Saint-Samson • Le vin sera bon »

Découvrez... LE BÉGONIA RUSTIQUE

Oui, ça existe ! Il s'appelle *Begonia grandis* (ou *B. evansiana*) et il résiste parfaitement à l'hiver. C'est une plante à cultiver absolument pour ses superbes feuilles d'un vert assez clair, soyeux, à revers et nervures rougeâtres. Il forme de belles touffes de 50 cm de hauteur, et donne en été de nombreuses fleurs roses (comme celles des bégonias à massif). Il faut l'installer en sol frais, à mi-ombre – mais quand ses feuilles sont éclairées, le soir, par un rayon de soleil, elles sont absolument superbes. Autre qualité : il est très facile à multiplier. Il donne des bulbilles, sur les tiges, qu'il suffit de ramasser en septembre-octobre, et de semer comme des graines.

CRASSULA OBLIQUA, LE CHARME D'UNE GRASSE

Cette belle plante grasse, facile à cultiver, vient d'Afrique australe, où elle constitue un fort buisson de 3 m de haut et de large. Ses grosses tiges dressées, divisées, ligneuses et segmentées portent des feuilles bien charnues et arrondies, vert jade et brillantes. Arrosez régulièrement en été, en apportant un peu d'engrais liquide. Après une bonne dizaine d'années de culture, on peut avoir la bonne surprise de voir apparaître, au printemps, de superbes fleurs rouges ou roses. Une certaine fraîcheur hivernale (12 °C) est préférable.

***Les limaces** ont besoin d'abri pendant la journée. Elles le trouvent notamment sous les mottes de terre et dans les déchets végétaux. C'est pourquoi il faut tenir propre le sol des massifs, en émiettant et en ratissant.*

Le bon remède

La chenille défolieuse du bouleau

Il s'agit en fait d'une larve de tenthrède : elle est verdâtre et mesure 4 cm de long. Elle s'accroche sur le bord des feuilles, et se replie sur elle-même en formant un U. Les dégâts sont parfois importants et il faut alors utiliser un insecticide de contact.

29 JUILLET

Sainte Marthe

« De juillet chaud vient un automne • Où souvent il tonne »

Les vertus de l'ail

Certains affirment qu'on se protège contre les vers intestinaux en portant au cou en médaillon une gousse d'ail épluchée. Cela semble un remède de sorcier, mais il paraît que l'essence traverse la peau. C'est en tout cas un parfum original !

LA SCABIEUSE 'PING PONG'

Cette variété très élégante arrive maintenant en floraison. Même si on la cultive surtout pour la fleur séchée, elle est superbe en masif. Elle donne des fleurs blanches à cœur vert, très délicates et finement striées, formant des boules compactes. Elle mesure 60 cm, et se sème en place, en plein soleil, en avril-mai.

Le bon remède

Le puceron du haricot

C'est un puceron noir, le même que celui de la fève, et il cause des dégâts parfois très importants. Il est surtout actif sur les cultures de pleine saison. Pour l'éviter, ne cultivez pas le haricot à côté des fusains, des viornes, des dahlias, des concombres ou des betteraves. Traitez par des pulvérisations de roténone (insecticide d'origine végétale).

Découvrez...

LE PAVOT BLANC DE CALIFORNIE

On dit que cette belle américaine est difficile à réussir. Mais non... du moins si on l'installe en plein soleil, en situation abritée, et surtout dans un sol très bien drainé, car elle aime les cailloux (il lui faut de la sécheresse en hiver). En tout cas, elle est belle, et même très belle. De juin à septembre, elle déploie de larges fleurs en forme de pavot, blanc argenté, avec un gros bouquet d'étamines jaunes au cœur - et qui plus est suavement parfumées. Le feuillage est découpé, gris bleuté. Hauteur et étalement : 1,5 m.

Déménagez le cerfeuil

Il est souvent touché par le mildiou qui entraîne des taches jaunâtres sur les feuilles. Pour éviter cette maladie, changez souvent la plante de place, évitez les semis trop denses et récoltez régulièrement, pour que les feuilles se renouvellent.

« Juillet sans orage • Est famine au village »

Découvrez…

LA VERVEINE OFFICINALE

Autrefois, cette plante était considérée comme magique ; on l'appelait herbe aux enchantements, herbe sacrée, herbe de sang… Les Romains pensaient qu'elle avait le pouvoir de raviver les amours défunts. Quoi qu'il en soit, la verveine est une bonne plante vivace, formant une touffe dressée de 50 cm et donnant des fleurs rose lilas en été. On en prépare une très bonne infusion, digestive et calmante. Excellente avant d'aller au lit, pour faire de beaux rêves !

Sucrez le melon

Pour qu'il soit plus sucré, arrosez chaque pied, deux ou trois fois dans la saison, d'un bon arrosoir d'eau additionnée d'une cuillerée à café de sulfate de magnésium.

DANS LA MAISON

LE LAURIER VAINQUEUR

Lorsqu'il n'y avait pas de réfrigérateurs, les bouchers utilisaient l'huile de laurier pour éloigner les mouches. Ce produit, à l'odeur très forte et très agréable, est vendu chez les herboristes. Utilisez-le dans la cuisine ou sur la terrasse, pour cuisiner et pour déjeuner tranquillement, sans être dérangé par des insectes bourdonnants.

Le bon remède

La septoriose du céleri

Cette maladie entraîne le dessèchement et le noircissement d'une partie ou de la totalité du feuillage du céleri (branche ou rave) ; les premiers symptômes sont des taches nombreuses sur les feuilles. Elle se déclare surtout lorsque le temps est humide. En cas d'attaque, détruisez les plantes très atteintes et effectuez quelques applications de bouillie bordelaise. En prévention, utilisez des semences achetées (et non récoltées) et observez une bonne rotation. Évitez les arrosages avec une eau très froide.

« Ce n'est que juillet passé • Qu'on en connaît la qualité »

Le choix des pros

*Jean-Marie Rey, Jardinerey pépinières Jean Rey**

***Nerium oleander* 'Soleil Levant'** : Arbuste classique qui conserve tout son attrait ornemental. Bonne résistance, même en condition sèche et en sol pauvre et calcaire. Feuillage persistant. Croissance rapide. Grande floribondité de juin à septembre. Ce laurier-rose est le compagnon indispensable de l'été provençal. 'Soleil Levant' est rose saumoné foncé avec un cœur jaune. Utilisation en pot, en haie, en isolé. Plein soleil. En C3L 60/80.

Jasminum azoricum **:** En pleine terre en zone de l'oranger ou en véranda ailleurs, ce jasmin vous réjouira par ses longues branches à feuillage persistant vert brillant, et ses fleurs blanches du printemps à l'automne. A palisser de préférence en situation ensoleillée et en sol riche. Ne pas hésiter à contenir son exubérance en taillant et en courbant les branches : la mise à fleur sera plus rapide. En pot de 14.

***Solanum rantonnetii* 'Outremer' :** Cet arbuste est exceptionnel par sa floribondité du printemps à l'automne ; en plein soleil, c'est une boule de petites fleurs arrondies bleu violet. Tailler sévèrement au printemps, donner régulièrement de l'engrais plante fleurie. Pour la zone de l'oranger, sinon en véranda ou à utiliser comme un géranium pendant la belle saison. En pot de 14 ou C3L.

***Feijoa sellowiana* (ou *Acca sellowiana*) :** Arbuste touffu persistant, aux feuilles gris-vert dessus et argenté dessous. Il se taille très bien en topiaire. Fleurs roses au printemps avec de grandes étamines rouges. Les pétales sucrés se mangent comme une petite gourmandise rafraîchissante. En climat favorable, fruits allongés verts d'un goût particulier (goyavier du Brésil). Prendre une variété autofertile ou associer deux variétés pour une bonne mise à fruit. Résiste jusqu'en région parisienne en sol drainant. Soleil. Bonne résistance à la sécheresse. Utilisation en massif, en haie, en bac, en véranda. En C3L 60/80.

* Voir le carnet d'adresses.

1er août

Fête nationale suisse, Saint Alphonse

« Pluie des premiers jours d'août•Beaucoup de regain nous coûte »

L'arrosage des fruitiers

Dans les périodes de sécheresse, on arrose les massifs et la pelouse, mais l'on a souvent tendance à négliger les fruitiers, sous prétexte que ce sont des arbres et qu'ils sont enracinés profondément. Cependant, ils ont eux aussi besoin de beaucoup d'eau – de préférence en un seul apport hebdomadaire.

Découvrez... LE FENOUIL COMMUN

Ses graines sont très parfumées, un peu anisées, et elles agrémentent les sauces et les ragoûts. Les feuilles, très fines, sont décoratives et délicieuses dans un plat de poisson ou de pommes de terre. En outre, le fenouil commun (qui ne donne pas de bulbe) est une grande plante, assez décorative, qui trouve fort bien sa place dans un massif de plantes vivaces. Il existe des variétés ornementales, de couleur vert bronze, que l'on peut aussi utiliser en condiment.

DANS LA MAISON

LES BOUQUETS

Pour que vos fleurs fraîches durent plus longtemps, immergez dans l'eau quelques feuilles de menthe. Elles ont en effet un pouvoir bactéricide et elles ralentissent les processus de putréfaction.

Le bon remède

Le bupreste du thuya

Dans le Sud-Ouest, on constate un brunissement et un dessèchement du feuillage chez le thuya et le genévrier; l'écorce se fendille et se détache en lambeaux. Le responsable est un petit coléoptère vert brillant, de 1 cm de long. Pour le détruire, effectuez des applications répétées d'un insecticide de contact polyvalent.

Saints Julien et Étienne Ier

« Si l'on veut que le raisin vienne • Faut du chaud pour la Saint-Étienne »

LE ROSIER

Vous partez en vacances pour un mois ? Supprimez tous les boutons floraux de vos rosiers – même si cela vous paraît barbare ! De nouveau boutons vont se développer, et les roses s'épanouiront pour saluer votre retour.

Le bon remède

La mosaïque du concombre

Cette maladie est assez fréquente. Le premier symptôme est une décoloration des feuilles qui prennent bientôt un aspect marbré, jaune clair et jaune foncé. Toute la plante est rabougrie, et les feuilles restent très petites. Cette virose est grave et il faut détruire les plantes atteintes. Ensuite, ne cultivez pas de cucurbitacées au même endroit pendant plusieurs années. En prévention, désherbez régulièrement, évitez de cultiver les concombres près des tomates ou des massifs de fleurs, et luttez contre les pucerons (vecteurs du virus).

Le chou-fleur d'automne

Il est encore temps de semer du chou-fleur pour la récolte d'automne, à condition de choisir une variété à croissance rapide, par exemple 'Snow Crown'. Les choux ne deviennent pas très gros et un espacement de 40 à 50 cm suffit. Arrosez régulièrement pendant les fortes chaleurs.

Notes personnelles

....

....

3 AOÛT

Sainte Lydie

« En août jour sans vent • Pour le vin est excellent »

DANS LA MAISON

Les plantes de terre de bruyère (camélia, azalée, hortensia) en pots sont installées dans la terre. Celle-ci forme en séchant un bloc qui se laisse difficilement pénétrer par l'eau d'arrosage. Pour éviter le dessèchement des racines, faites tremper les pots pendant au moins un quart d'heure, une fois par semaine – et de préférence dans l'eau de pluie. Ensuite laissez égoutter.

BOUTURER LES GÉRANIUMS

Le bouturage de ces plantes est facile ! Prélevez des boutures de 10 cm. Enlevez les feuilles et les petites écailles dans la partie inférieure. Repiquez les boutures en godets, dans un mélange de sable et de tourbe. Placez-les ensuite à l'ombre, dans un coin abrité, ou même sous un châssis. Pour favoriser la reprise, on peut aussi placer chaque godet dans un sac en matière plastique transparente – c'est ce qu'on appelle le bouturage à l'étouffée.

L'oignon se sème aussi

Effectuez un premier semis d'oignon de printemps. Meilleures variétés : 'Rouge long de Florence' ou 'Rouge pâle de Niort' pour le Midi ; 'Blanc de Paris' ou 'Blanc de Vaugirard' dans les autres régions. Vous les repiquerez en automne en les espaçant de 10 cm.

L'engrais vert. *Dans le verger, c'est le bon moment pour semer des engrais verts au pied des arbres fruitiers, en particulier de la moutarde, de la vesce et du trèfle incarnat. En octobre, vous les enfouirez lors de l'ameublissement du sol.*

Le bon remède

La cochenille de l'oranger

Elle est fréquente sur la Côte d'Azur. Blanche et farineuse, elle se développe rapidement et est responsable de l'apparition d'une substance noirâtre qui couvre le feuillage. On l'élimine par des insecticides anticochenilles.

4 AOÛT

Saint Jean Marie Baptiste Vianney

« Au 4 août forte chaleur • En hiver forte rigueur »

Les hôtes du jardin : Les fourmis

Elles ont mauvaise réputation parce qu'elles sont gênantes dans les habitations. Cependant, savez-vous que les fourmis des bois sont protégées dans de nombreux pays ? Elles sont carnassières et consomment un nombre phénoménal d'insectes nuisibles. En se promenant en forêt, il faut donc s'abstenir de détruire les fourmilières.

Le bon remède

La galéruque du nénuphar

Les feuilles du nénuphar sont largement dévorées, et seules restent les nervures. La fautive est la larve d'un coléoptère, la galéruque, de couleur jaunâtre. Cueillez les feuilles touchées, sur lesquelles les insectes se nymphosent, pour les brûler. L'année suivante, effectuez des applications d'insecticide en mai-juin, époque de la ponte.

Pour que les coquelicots et les pavots *se conservent longtemps en bouquet, brûlez le bas de la tige, dès que vous l'avez coupée, à la flamme d'une bougie ou d'un briquet ; ainsi, la sève demeure à l'intérieur de la tige et la fleur résiste mieux. La méthode doit être appliquée à toutes les tiges contenant une sève laiteuse (poinsettia, gerbéra, euphorbe).*

Notes personnelles

« Hiver mouillé et neigeux • Si Saint-Abel est nuageux »

« ÇA NE MANQUE PAS DE PIMENT ! »
Le sens est clair, et l'expression est assez récente puisqu'on ne la trouve que vers la fin du XIXe siècle. Le terme de « piment » ne désigne le fruit piquant et la plante qui le produit que depuis le XVIIe siècle. Au Moyen Age, le pimentier était un fabricant ou un marchand de parfums.

Découvrez…

LA VERVEINE ODORANTE

A ne pas confondre avec la verveine officinale ! En fait, elle est très différente : c'est un arbuste aux belles feuilles brillantes, vert clair, effilées et pointues, très agréablement parfumées lorsqu'on les froisse. Dans les régions chaudes, cette plante atteint jusqu'à 2 m et donne une jolie floraison blanche en été. Malheureusement, elle n'est pas rustique ; il faut la rentrer en serre durant l'hiver, et l'arroser avec parcimonie.
Utilisez les feuilles et les fleurs pour préparer des tisanes vraiment délicieuses – et qui plus est digestives.

La mâche n'aime pas la bêche

Effectuez un premier semis de mâche à grosse graine, précoce et à croissance rapide ; vous la récolterez dès octobre. Ne bêchez pas ; griffez simplement le sol, puis ratissez – la mâche préfère les sols un peu fermes. Maintenez légèrement humide. Dans les régions chaudes, semez de préférence à mi-ombre.

Le bon remède

Une carence en potasse

Les feuilles et les tiges de la pomme de terre ont tendance à s'enrouler sur elles-mêmes, et l'on observe un rougissement du bord des feuilles. Il s'agit d'une carence en potasse. Pulvérisez des engrais foliaires et apportez des fertilisants naturels sur le sol.

« Vent fort de ce jour • Du grain fera monter le cours »

LA MÂCHE DE CAMBRAI

Oublions un peu les bêtises, grosses ou petites… car il y a bien d'autres richesses à l'ombre du beffroi de la capitale du Cambrésis… La mâche, qu'on appelle 'Verte de Cambrai', est l'une des plus précieuses – tendre et savoureuse, rafraîchissante et très productive. Et bien qu'il ne fasse pas particulièrement froid sur les bords de l'Escaut, c'est aussi l'une des variétés les plus résistantes au gel – davantage que la mâche 'à grosse graine' (plutôt recommandée pour les semis précoces), que celle 'd'Étampes' et bien sûr que celle 'd'Italie' que l'on cultive surtout dans le Midi. Elle présente de grandes feuilles rondes, vert foncé et dressées, et elle est moins sensible à la pourriture que les autres variétés. Vous la sèmerez en août pour la récolter en automne et en hiver, et encore en septembre pour la déguster à la fin de l'hiver et jusqu'en avril ou même mai. Semez-la en lignes (le désherbage est plus difficile quand on sème à la volée) espacées de 20 cm, et éclaircissez sur le rang, après la levée, si le semis est trop dru. Arrosez un peu, si le temps est sec, durant les premières semaines. Récoltez en coupant les rosettes au ras du sol, jusqu'à la montée à graines, et consommez cette doucette (qu'on appelle aussi « boursette », ou « coquille ») très fraîche, avec un tout petit peu d'huile, de vinaigre, de sel et de poivre – et avec de la betterave rouge si vous aimez les traditions ! Pour récolter même quand il gèle et qu'il y a de la neige, protégez les rangs avec une couche de paille. Quelques grainetiers (par exemple Baumaux) proposent une amélioration de la variété, 'Verte de Cambrai' race Cavallo, qui paraît se distinguer par une croissance plus rapide et un rendement un peu meilleur.

7 AOÛT

Saint Gaétan

« Nuits d'août • Trompent sages et fous »

DANS LA MAISON

LE CACTUS

Vous avez trop arrosé un cactus cierge et vous constatez qu'il pourrit du pied. Pour le sauver, coupez la partie abîmée à l'aide d'un couteau bien propre. Effectuez une coupe conique de la base, sur trois ou quatre centimètres, afin que les racines se forment sur la partie centrale, et non sur le pourtour. Appliquez un peu de poudre de charbon de bois sur la plaie. Attendez trois jours ou davantage, pour que la plaie cicatrise (à l'ombre). Ensuite, fixez la bouture sur un mélange très sableux, en arrosant modérément.

Ne mouillez pas les haricots

Mieux vaut éviter de mouiller le feuillage et les fleurs des haricots. Pour les arroser, le meilleur moyen consiste à irriguer, c'est-à-dire à noyer les rangs, à l'aide du tuyau d'arrosage, une ou deux fois par semaine, selon le temps.

DE GROSSES FLEURS DE DAHLIAS

Pour obtenir de très grosses fleurs, fort belles dans les bouquets, supprimez les boutons latéraux pour ne laisser subsister que le seul bouton terminal. Effectuez des apports réguliers d'engrais riche en phosphore et en potasse.

Le bon remède

La mouche de la carotte

C'est à cette époque que cet insecte vient pondre sur le sol, près des carottes ; les larves creusent des galeries dans les racines, qui deviennent inconsommables. On observe une coloration rougeâtre du feuillage. En prévention, respectez une bonne rotation et cultivez la carotte après le poireau ou l'oignon. Évitez les fumures fraîches et mal décomposées. Un filet antiparasite, tendu à partir du 15 juillet, est très efficace. On peut également effectuer des pulvérisations d'insecticide d'origine végétale (roténone ou pyréthrine).

8 AOÛT

Saint Dominique

« Grande chaleur à la Saint-Dominique • Prédit en hiver froid qui pique »

Certains matériaux utilisés en mulch, *en particulier l'écorce, constituent un abri pour les limaces. Il ne faut donc pas les utiliser autour des plantes sensibles, en particulier des hostas.*

LES ROSIERS GRIMPANTS

S'ils sont vigoureux, ils faut les palisser au fur et à mesure de leur développement. Attachez les rameaux en les arquant, ou à l'horizontale, mais jamais à la verticale : ils ne donneraient pas ou peu de fleurs.

Le bon remède

L'acariose bronée de la tomate

Des taches jaunes apparaissent sur les feuilles ; elles prennent ensuite une teinte bronzée, puis les feuilles se dessèchent. Les fruits restent rabougris et verts. Il s'agit de l'attaque d'un acarien. En prévention, arrosez régulièrement pour maintenir la terre humide. En cas d'attaque, ramassez et brûlez les feuilles atteintes et effectuez des applications d'insecticide à base de pyrèthre et de roténone, en alternant ces produits.

Découvrez…

LA MOUTARDE BLANCHE

Est-il absurde de cultiver de la moutarde au potager ? Je ne le trouve pas car les jeunes feuilles de moutarde blanche donnent un goût agréable à la salade, et les graines parfument les sauces. En outre, cette plante constitue un excellent engrais vert, à enfouir sur place ou à jeter sur le tas de compost. Elle est facile à cultiver et pousse rapidement. On peut la semer assez tard, c'est-à-dire maintenant, pour occuper le terrain après une récolte. Vous la retournerez avant la floraison.

Le chou d'été

C'est le moment de récolter les choux d'été. Il faut découvrir une variété originale, traditionnelle en Allemagne, appelée 'Beurre Mont d'Or'. Elle donne une pomme allongée, vert blond, très savoureuse.

Notes personnelles

....

....

....

Saint Amour

« En août brouillard du matin • Met le soleil en chemin »

DE BONNES PENSÉES

Je sais qu'on sème de moins en moins les pensées, et qu'on se contente de les acheter en caissette, dans les jardineries, de l'automne au printemps. Cependant, le semis donne la possibilité, d'une part, de disposer de nombreuses plantes pour un coût réduit et, d'autre part, de choisir entre un très nombre de variétés (alors que le choix est assez limité en jardinerie). Je signale notamment la belle série des pensée 'Fama' (obtenues en Allemagne par Benary), à fleurs géantes et à port très compact. Semez maintenant, en pépinière ombragée, et repiquez une première fois dans un coin abrité. Mettez en place en automne, en espaçant de 20 à 25 cm, dans une terre légère et fertile, mais sans excès de terreau.

Le bon remède

La pourriture noire du navet

Cette maladie se déclare dans les terres calcaires, et elle touche les variétés blanches. Elle se manifeste par une coloration bleu-noir de la chair, avec des fentes de l'épiderme. En cas d'attaque, amendez la terre du jardin avec une bonne quantité de fumure végétale, et attendez trois ou quatre ans avant de cultiver le navet au même endroit.

Malgré la chaleur on peut semer diverses potagères, *en particulier le radis et le navet. Mais il faut choisir un endroit mi-ombragé. Pour assurer une levée rapide et maintenir le sol frais, étendez sur le semis des toiles de jute que vous arroserez régulièrement.*

Les baricots

Si votre plantation a été attaquée par l'anthracnose, ne cueillez pas les gousses quand il pleut ou si le temps est humide, car cela favoriserait l'extension de la maladie.

10 AOÛT

Saint Laurent

« Pluie qui arrive à la Saint-Laurent • Vient toujours à temps »

Le pommier

Le liège est une maladie physiologique assez fréquente chez le pommier, mais on la rencontre aussi chez beaucoup d'autres fruitiers. Elle se traduit par des amas liégeux et amers dans la chair des fruits. Elle est souvent due à un manque d'eau, à un excès d'azote ou à une taille trop sévère.

La fraisière

C'est le bon moment pour créer une nouvelle fraisière. En bêchant, apportez au sol, pour 10 m^2, une brouette de compost enrichi de sang séché et de corne torréfiée. Ainsi, cette fumure aura le temps de bien se décomposer et de s'incorporer à la terre. Au moment de la plantation, les fraisiers disposeront des éléments nutritifs dont ils sont gourmands, et notamment de potasse (K). On peut mettre les fraisiers en place en automne (meilleure époque) ou au début du printemps.

Le bon remède

Le ver blanc

La larve du hanneton cause de gros dégâts, notamment dans la fraisière. Pour éliminer ce parasite, au moment de la préparation, incorporez des feuilles hachées de chou, de chou-fleur, de navet ou de colza.

LE ROSIER

Si des pousses de vos rosiers se flétrissent un peu et ne donnent plus de fleurs, coupez-les assez bas et brûlez-les. Elles sont en effet attaquées par une tenthrède dont la larve perce des galeries dans les tissus.

__Les aoûtats.__ On les appelle aussi « vendangerons », ou encore « rougets ». Si ces larves d'acarien causent des démangeaisons très vives et intolérables, c'est parce qu'elles creusent de minuscules galeries dans la peau (sans qu'elles soient particulièrement dangereuses). Pour s'en débarrasser, il faut épandre régulièrement du soufre sublimé sur les pelouses et les prairies. Et dans les cas graves, n'hésitez pas à mettre du soufre dans vos chaussures et même dans vos chaussettes.

« De Sainte-Claire la belle journée • De fruits remplit le panier »

Comment connaître la hauteur d'un arbre ?

Par beau temps, plantez dans le sol un bâton de hauteur connue – 2 m par exemple. Mesurez ensuite l'ombre de l'arbre et celle du bâton. Il reste ensuite à faire une règle de trois : la hauteur du bâton multipliée par la longueur de l'ombre de l'arbre, le tout étant divisé par la longueur de l'ombre du bâton.

PRÉCIEUX SOUCI

Cette fleur est très sensible à l'hygrométrie : si elle est fermée le matin, il risque de pleuvoir, mais si elle est ouverte, vous pouvez ranger le parapluie. En outre, on utilise les tiges broyées en compresses, pour traiter les durillons et les verrues.

Le potiron

Arrosez régulièrement au goulot, sans mouiller le feuillage, les potirons, les giraumons et les courges. Pincez les tiges à deux ou trois feuilles après le dernier fruit conservé.

Le bon remède

La gale de l'if

A l'extrémité des pousses de l'if, on constate parfois l'apparition d'une sorte de petit artichaut, constitué de feuilles modifiées. Cette déformation est due à un insecte (cécidomyie). Il faut couper les gales et les brûler.

Découvrez... L'HÉLIANTHÈME

Laissez-moi vous dire un mot de ces très petits arbrisseaux à feuillage persistant. Ils sont exemplaires par leur capacité à prospérer et à fleurir dans les terrains secs et sous les fortes insolations, même dans les jardins surchauffés du Midi. De mai à août, les petites fleurs sont très denses. Cultivez largement ces plantes dans les rocailles et sur les murets, en petits groupes, et constituez des tapis sur les talus. La famille des hybrides est maintenant très vaste, et les coloris sont nombreux et superbes, avec des jaunes, des rouges, des orangés, des roses et des blancs. Un exemple ? 'Raspberry Ripple', à fleur blanc pur panaché de rose framboise et à centre jaune.

Sainte Clarisse

« Août en sécheresse • N'apporte pas richesse »

Les vertus du thym

Pour ne pas faire de cauchemar, placez quelques brins de thym sous votre oreiller – c'est du moins ce que conseille Culpeper, herboriste du XVIIe siècle. Ce qui est certain, c'est que l'infusion de thym est antiseptique et très efficace contre la toux, et que le miel de thym possède les mêmes propriétés. En outre, les jardiniers bio utilisent la décoction de thym comme fongicide (mildiou, oïdium) et insecticide (pucerons, coléoptères).

La tomate : effeuillez-la, sans exagérer !

L'effeuillage favorise la maturation des fruits. Cependant, je constate que beaucoup de jardiniers le poussent trop loin ; or, si la plante n'a pas assez de feuilles, elle s'affaiblit et ne produit plus. Contentez-vous d'éliminer les feuilles qui gênent le plus les tomates en voie de maturation.

Le bon remède

Le ver fil de fer

Si votre sol est infesté de ces larves jaunes, à pattes brunes (de 2,5 cm de long), récoltez les pommes de terre dès qu'elles arrivent à maturité. Vous éviterez ainsi de voir les tubercules attaqués.

LA CYNOGLOSSE

Très bonne bisannuelle, résistante au froid, peu exigeante sur la nature du sol et facile à cultiver. Semez en été, en pépinière, pour repiquer en place en automne ou en mars. C'est une plante dressée donnant, à partir de mai-juin, de nombreuses petites fleurs en épis dressés. La plus belle variété, c'est sans doute 'Firmament', dont les fleurs sont d'un bleu aussi intense que celui de certaines jacinthes. On peut aussi la cultiver en annuelle et la semer en avril.

13 AOÛT

Saint Hippolyte

« Au 13 août le temps que tu auras • Quarante jours le garderas »

Les batavias

Avec leurs feuilles cloquées, découpées et croquantes, elles forment souvent de grosses pommes ; elles se montrent plus résistantes à la montée à graines, sous la chaleur de l'été, que les laitues pommées. Les variétés traditionnelles que je préfère : batavia 'de Pierre-Bénite', à grosse pomme vert pâle et feuilles un peu déchiquetées ; 'Chou de Naples', à grosse pomme également, vert clair, très résistante à la chaleur ; 'Beaujolaise', à grosse pomme vert foncé et feuilles gaufrées, de très bonne tenue en été. Parmi les nouveautés, j'ai remarqué une variété américaine, 'Timo', qui forme une belle pomme d'un vert soutenu ; elle est particulièrement résistante aux maladies, notamment au mildiou, et tient bien la chaleur.

Le bon remède

Le mildiou de la pomme de terre

C'est une maladie très fréquente, qui se déclare surtout après un orage ou quand il fait chaud et humide. Les premiers symptômes sont des taches jaunes sur les feuilles ; elles virent ensuite au brun et un duvet grisâtre se développe sous la feuille. Toute la plante finit par se dessécher et les tubercules sont également touchés : ils pourrissent et ne peuvent être conservés. En prévention, respectez une rotation de quatre ou cinq ans, et ne cultivez pas près des tomates ; évitez les excès d'engrais azoté. Si la maladie se déclare, effectuez des pulvérisations de bouillie bordelaise au premier symptôme. Si l'attaque est grave et que les tubercules sont suffisamment développés, fauchez les fanes et brûlez-les, puis procédez à la récolte (il faut éviter que les spores des champignons ne tombent sur le sol).

Supprimez systématiquement les fleurs fanées sur les annuelles comme sur les vivaces. Elles épuisent la plante qui est obligée de consacrer son énergie à la production des graines. Rabattez même à la cisaille les espèces à petites fleurs.

Notes personnelles

....

....

....

....

....

14 AOÛT

Saints Evrard et Eusèbe

« Temps clair à la Saint-Eusèbe • Fait grossir la gerbe »

DANS LA MAISON

FLEURS SÉCHÉES

Pour que les fleurs cueillies fraîches (roses, pivoines, narcisses, anémones, hellébores) sèchent en conservant leurs couleurs, la dessiccation doit être rapide. Une des meilleures méthodes consiste à placer les fleurs dans une boîte à chaussures en les noyant complètement dans un dessiccatif tel que le gel de silice (que l'on trouve en droguerie). Le traitement dure de deux à cinq jours, selon le type de fleur. Ensuite, on peut réutiliser le gel après l'avoir fait sécher au four.

Les navets tardifs

Semez les variétés résistant au froid : 'Jaune boule d'or', 'de Nancy', 'de Péronne' ('de Montesson'), 'des Vertus Marteau', 'Weseler', 'Petrowsky', 'Noir long de Calluire'.

Le bon remède

La cochenille du rosier

Elle est facile à reconnaître : c'est un petit disque blanc nacré, avec une tache foncée au centre. Elle est coriace et l'on s'en défait par des applications répétées d'un insecticide de contact spécifique, ou d'un produit systémique.

Il est difficile de se débarrasser des ronces car elles sont profondément enracinées. Pourtant, en les coupant systématiquement et régulièrement, on les fait disparaître en deux ou trois ans.

Notes personnelles

....

....

....

15 AOÛT

Assomption

« Au 15 août pluie • La noisette s'enfuie »

LE RHODODENDRON

Il arrive que les feuilles du rhododendron tombent prématurément. A l'examen, on remarque qu'elles sont criblées de petits trous : c'est l'œuvre d'une petite punaise, appelée tigre. Effectuez des applications d'insecticide de contact, en ce moment, et à nouveau à la fin du printemps prochain, en juin.

Les oignons de couleur

Ils arrivent à maturité et c'est le moment de la récolte. Arrachez-les quand le temps est beau et sec, et laissez-les ressuyer sur place pendant un jour ou deux. Ensuite, placez-les dans des cageots que vous superposerez dans un local sain, sec et obscur. Ils se conserveront plusieurs mois.

Le bon remède

La chrysomèle de l'oseille

Ce beau coléoptère vert métallique perce de larges trous dans les feuilles ; ensuite, la larve, brune, s'installe sur la plante (surtout sous les feuilles). Procédez au ramassage systématique, binez souvent le sol autour de la plante et espacez suffisamment les pieds.

Dans les villes, *les arbres souffrent souvent de sécheresse parce le sol est largement asphalté, et l'eau de pluie est canalisée vers les égouts au lieu d'être stockée dans le sol, en profondeur, à la portée des racines des grands sujets. Il peut donc être nécessaire de les arroser, sous forme d'apports généreux mais espacés – en particulier à partir du 15 août.*

Saint Armel

« Après le 15 août la fraîcheur • Sous la pierre demeure »

LA MARJOLAINE

C'est une jolie plante médicinale et condimentaire très parfumée, mais je vous la conseille aussi pour les bouquets secs car ses tiges conservent leur couleur verte en séchant.

Le bon remède

La piéride du chou

Les feuilles de chou sont dévorées, et il n'en reste plus que les nervures ! Le coupable, c'est la piéride dont la chenille, assez longue, est jaune verdâtre. Dès le premier symptôme, effectuez des pulvérisations d'insecticide à base de roténone ou de pyrèthre. Si l'attaque n'est pas très importante, on peut se contenter de ramasser les chenilles. En prévention, il faut rechercher les œufs, qui forment de petits tas sur les feuilles.

La courgette : nostalgique du soleil

Cette plante aime le soleil, et elle est souvent un peu en manque au nord de la Loire. Pour obtenir malgré tout une récolte de fruits assez gros, prenez la précaution de tailler en ne conservant qu'un nombre limité de courgettes.
Et buttez les pieds sur 10 cm : l'enracinement est meilleur et les fruits grossissent mieux.

__Chasser les mouches.__ Il arrive que ces insectes très gênants infestent littéralement certains hangars ou abris de jardin, pour des raisons parfois mystérieuses. Afin de les éloigner, badigeonnez les murs (et même le sol) avec le mélange suivant : 10 l d'eau, 2 l de pétrole, 1 l de lait.

__Notes personnelles__

« Sème sans crainte • Quand arrive Saint-Hyacinthe »

La vigne

Les feuilles de votre treille sont dévorées, mais les nervures sont intactes ! Le coupable, c'est la puce de vigne, ou altise. On détruit assez facilement ce parasite à l'aide des insecticides de contact classiques.

Une vigne conduite en cordon

Ameublissez régulièrement le sol au pied des arbres fruitiers pendant tout l'été. Vous facilitez ainsi la pénétration des eaux de pluie et d'arrosage. Les racines, mieux aérées, se développent plus vigoureusement.

Le bon remède

L'eau de suie

Si vous avez une cheminée à bois, recueillez la suie lors du ramonage. Mettez-en à macérer 10 kg dans un sac de jute que vous immergerez dans une grande poubelle en plastique. Pressez le sac de temps en temps. Après trois semaines, utilisez l'eau pour arroser les carottes (ça dissuade les mouches), les fruitiers, les rosiers…

18 AOÛT

Sainte Hélène

« Pour Sainte-Hélène • La noix est pleine »

Les hôtes du jardin : La courtilière

Nos grands-pères luttaient contre ce gros grillon marron qui creuse des galeries dans le sol et qui s'attaque aux racines charnues. Aujourd'hui, la courtilière est rare dans la plupart des régions françaises. D'ailleurs, elle dévore aussi de nombreux insectes nuisibles, et sa destruction ne s'impose donc pas, sauf dans les zones où elle prolifère à l'excès.

ROSES ET ROSIERS

Continuez à supprimer régulièrement les roses fanées. Coupez au-dessous d'une feuille bien formée. Si vous cueillez des roses, faites-le le matin, dès que la rosée s'est évaporée. Ne craignez pas de dégarnir vos massifs : les roses repoussent très vite.

Le bon remède

Le thrips du troène

Les feuilles sont ponctuées de nombreuses petites taches grises ou brunes : il s'agit d'une attaque de thrips. On en vient facilement à bout par des pulvérisations répétées d'insecticide de contact. Utilisez des produits non dangereux pour les abeilles, par exemple à base de phosalone ; en effet, ces dernières sont attirées par les fleurs du troène.

Découvrez… LA MENTHE

Quelques feuilles de menthe sur un poisson ou une viande grillée, ou sur une salade de concombre… C'est toute la fraîcheur de la nature dans l'assiette ! Donc, cultivez la menthe – elle a aussi le grand avantage de dissuader pas mal d'insectes parasites. Mais il faudrait plus parler des menthes, car il y en a beaucoup : menthe pouliot, menthe verte, menthe crépue, menthe poivrée, menthe bergamote. En outre, en infusion, la menthe est un excellent désinfectant intestinal. Son défaut : elle est envahissante, bien qu'il ne soit pas très difficile de la contenir en arrachant les rejets. Mais on peut aussi la cultiver en pot. Si vous aimez le thé à la menthe, cultivez les variétés de la menthe crépue : 'Naine d'Alger' et 'Naine du Maroc'.

Saint Jean Eudes

« Quand août est bon • Abondance à la maison »

ON EST DANS LES CHOUX !
« Le sens est clair : on est fichu, on est hors course. Mais l'origine n'est pas certaine. Il s'agit sans doute d'une allusion à la dernière extrémité : on est bon pour aller servir d'engrais aux choux ! »

L'arcure des fruitiers

Pratiquez cette méthode de culture sur les fruitiers cultivés en espalier qui manquent de vigueur. Elle consiste à arquer un rameau en le palissant, de manière que la sève favorise les boutons à fruit pour l'année suivante.

Arcure Lepage

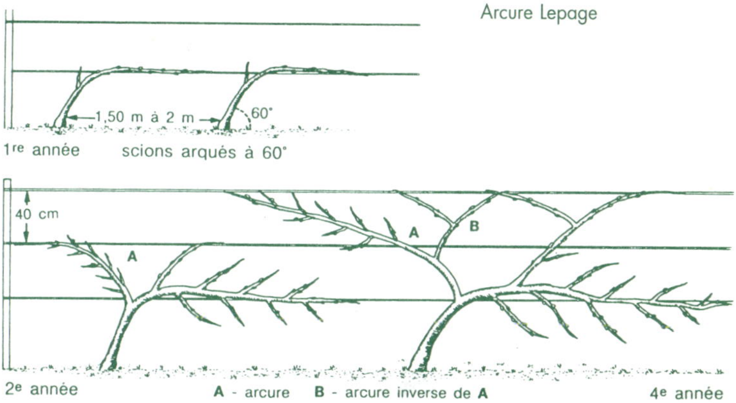

L'oignon a un bon pouvoir insecticide.
Contre les vers du bois, frottez énergiquement les meubles attaqués avec un demi-oignon. Effectuez le traitement tous les jours pendant deux semaines.

La pomme des choux-fleurs

Lorsqu'ils arrivent à maturité, rabattez les feuilles pour couvrir la pomme afin qu'elle conserve sa belle couleur blanche.

« A la Saint-Bernard • Du blé chacun sa part »

ROUGETTE DE MONTPELLIER

La laitue sauvage est une plante indigène, et c'est une mauvaise herbe assez courante, avec des feuilles piquantes et des fleurs jaunes. Il n'est donc pas étonnant de trouver de nombreuses variétés traditionnelles locales : 'Verte de Provence', 'Craquerelle du Midi', 'Blonde de Versailles', 'Gloire de Nantes', 'Blonde de Paris', 'Têtue de Nîmes', 'Beaujolaise', batavia 'de Pierre-Bénite', 'Rouge grenobloise'... La 'Rougette de Montpellier' est une salade d'hiver pour les régions du Midi (elle n'est pas très résistante au froid, même si elle supporte des gels légers). Elle donne une petite pomme verte, teintée de rouge. Ses feuilles lisses, épaisses, sont rafraîchissantes et savoureuses. Semez-la de la mi-août à la fin septembre et repiquez-la en place avant l'hiver, en situation bien abritée. Repiquez assez serré, à 15 cm par exemple, parce que certains pieds ne passent pas l'hiver. Au printemps, quand les salades sont reparties, la première récolte est en même temps un éclaircissage. Et je vous propose de préparer cette laitue comme le grand Brillat-Savarin : d'abord l'huile et le sel. Mélangez bien pour imprégner toutes les feuilles ; versez le vinaigre seulement ensuite. De cette manière, le dosage est parfait : le vinaigre en excès tombe au fond du saladier. Et bien sûr, vous n'oublierez pas la pointe d'ail !

Saint Christophe

« Tonnerre d'août • Promet grappes et bon moût »

DANS LA MAISON

FEUILLAGES SÉCHÉS

En vase, les feuillages (chêne, hêtre, laurier, eucalyptus) sont très décoratifs, qu'ils soient seuls ou accompagnés de fleurs sèches ou de saison. Pour les conserver longtemps, la meilleure méthode c'est le trempage dans la glycérine (que vous trouverez chez les droguistes et les pharmaciens). Nettoyez bien les tiges de vos feuillages, en éliminant les feuilles basses, en les recoupant en biais et en les refendant. Préparez un bain de 60 % d'eau très chaude et de 40 % de glycérine. Faites tremper les tiges dans un vase contenant une hauteur de 10 à 15 cm de ce mélange ; placez dans un lieu obscur et assez frais. Peu à peu la glycérine monte dans les tissus et les sature. Les feuilles deviennent souples et grasses et virent peu à peu au brun. Ensuite retirez les feuillages et suspendez-les quelques jours la tête en bas avant de les utiliser dans les bouquets secs.

Le persil à l'abri

Faites un semis dans un coin bien protégé du jardin. Vous disposerez ainsi de persil durant l'hiver (à condition qu'il ne fasse pas trop froid) et au printemps. On peut même protéger la touffe par un petit châssis.

Le bon remède

L'otiorrhynque

Curieux nom pour un insecte lui-même fort curieux, un charançon noir à pattes rouges. On le voit rarement (c'est un nocturne), mais ses dégâts sont facilement identifiables. Il découpe des encoches bien nettes sur les feuilles des arbustes d'ornement, en particulier sur les rosiers, les troènes et les lilas. Pour vous en débarrasser, étalez un film de matière plastique sous l'arbuste, et secouez le tronc et les branches. Les charançons tombent et vous n'avez plus qu'à les ramasser pour les détruire.

Saints Fabrice et Symphorien

« Belettes blanches à la Saint-Symphorien • Montrent à l'hiver le chemin »

Découvrez... LA MOLÈNE

Les plantes que l'on désigne sous ce nom (du genre *Verbascum*) sont très diverses, et précieuses au jardin. Pour ma part, j'aime les espèces sauvages et je laisse se ressemer, comme il l'entend, le grand bouillon blanc (*Verbascum thapsus*), avec ses larges feuilles duveteuses, en rosette, et ses très longs épis piqués de jaune clair. Dans un tout autre style, je vous recommande *Verbascum* 'Royal Highland', hybride très florifère, à feuilles vert foncé en large rosette, et à fleurs d'une rare élégance : vieux rose à centre pourpré. Utilisez cette variété en petit groupe, en plein soleil et en sol bien drainé.

Le bon remède

La mineuse de la tomate

On constate parfois qu'une partie des feuilles de la tomate jaunissent ; à l'examen, on remarque des traînées près des nervures. Le coupable est la larve d'une petite mouche. On se contente de ramasser les feuilles touchées pour les brûler.

LA MENTHE DE CORSE

Cette menthe basse *(Mentha requienii)* et à petites feuilles (5 mm), forme un joli tapis vert, très aromatique lorsqu'on le foule. C'est un bon couvre-sol pour les rocailles et les massifs ; elle supporte un sol relativement sec, mais elle est plus belle à mi-ombre. Et on peut aussi l'utiliser, comme les autres espèces de menthe, pour parfumer les plats.

L'estragon

Il ne donne pas de graines et on le multiplie uniquement par division ou par bouturage. Il lui faut un sol léger et bien drainé, pas trop frais. Mais savez-vous qu'il existe un autre estragon, dit « de Russie », qui lui peut se semer et qui résiste aux plus grands froids (à retenir pour les jardins d'altitude). Cependant, il est nettement moins parfumé.

Notes personnelles

....

....

23 AOÛT

Sainte Rose de Lima

« Qui se marie en août • Souvent n'amasse rien du tout »

LE ROSIER

S'il paraît fatigué, faites un apport d'engrais liquide riche en magnésie pour lui redonner de la vigueur.

Placez des branches de genêt entre les rangs de choux d'automne et d'hiver. Elles dégagent une odeur forte qui éloigne les chenilles.

Le bon remède

La teigne du poireau

Ce parasite (qui touche aussi l'oignon et la ciboulette) est un papillon brun à taches blanches. La chenille est verdâtre, avec une tête beige, et c'est elle qui s'attaque aux feuilles du poireau; on observe des jaunissements en haut du feuillage, puis c'est le fût de la plante qui est touché. En cas d'attaque, il faut supprimer la partie supérieure des feuilles et effectuer des pulvérisations répétées à l'aide d'un insecticide végétal (roténone ou pyrèthrine). En prévention, les pulvérisations de purin de prêle sont très efficaces – de même que le filet de protection.

Notes personnelles

« Qui voit cigognes à la Saint-Barthélemy • C'est un doux hiver qui nous est promis »

Le greffage des fruitiers

C'est la bonne époque pour pratiquer la greffe par approche de la vigne et du pêcher, la greffe en écusson du poirier et du pommier, ou la greffe en fente du cerisier et du prunier. Pour obtenir de bons résultats, respectez une parfaite hygiène, notamment en désinfectant le greffoir.

Greffe en fente

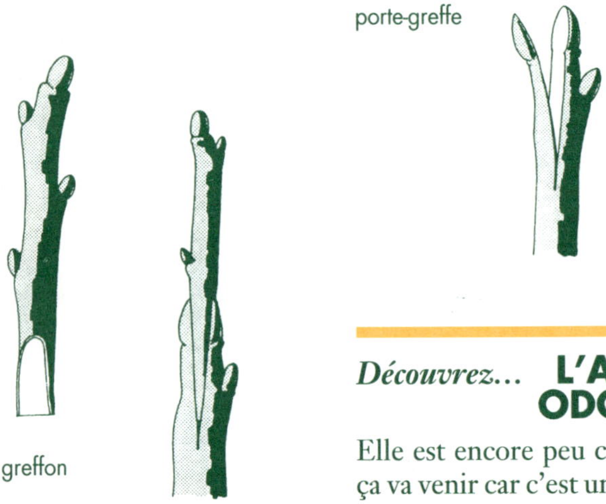

Le bon remède

La pochette du prunier

Les prunes avortent et forment une sorte de pochette creuse, sans noyau. Pour éviter que cette maladie cryptogamique ne gagne tout l'arbre, coupez les rameaux qui portent les fruits contaminés et appliquez du goudron de Norvège sur les plaies.

Découvrez... L'ANCOLIE ODORANTE

Elle est encore peu connue, mais ça va venir car c'est une plante délicieusement romantique. Elles est originaire de l'Himalaya, elle répond au nom scientifique de *Aquilegia fragrans*, et elle mesure 70 à 90 cm. Elle a le feuillage classique de l'ancolie, mais elle donne des fleurs de 5 cm de large, à corolle blanc crème et à sépales délicatement teintés de violet, qui exhalent un parfum suave. Même le feuillage est aromatique, quand on le froisse.

« A la Saint-Louis foin non rentré • Est foin moitié gâté »

Le bon remède

La teigne de la pomme de terre

C'est un petit papillon gris, qui donne une chenille blanche de 1 cm de long. La teigne sévit surtout dans le Sud-Ouest. Elle creuse des galeries dans les tubercules et dans les tiges. La meilleure protection des cultures, c'est le filet antiparasite. On peut également effectuer des pulvérisations d'insecticide d'origine végétale au moment du vol de l'insecte.

Les appâts antilimaces sont très efficaces, mais dangereux pour les chats et les chiens. Certains produits comportent un répulsif, mais faut-il vraiment s'y fier ? Pour éviter que les chiens ne s'empoisonnent, les fabricants conseillent de ne pas disposer les appâts en tas, mais de les disperser. Personnellement, comme je tiens à mon chien, je préfère ne pas prendre de risque et mener une lutte manuelle ou utiliser la cendre de bois.

Notes personnelles

....

....

....

DÉSHERBEZ AU PIED DES ROSIERS

Je n'aime pas beaucoup les désherbants. Personnellement, je m'en passe totalement, et sans gros effort. Mais je sais qu'ils peuvent être utiles, en particulier au pied des rosiers. Mais attention, respectez les doses conseillées par le fabricant – ou sous-dosez même un petit peu. Et n'utilisez pas le produit sur les rosiers âgés de moins de deux ans.

Conserver les graines

Il arrive souvent que l'on en n'utilise que la moitié d'un paquet. Il faut alors bien le refermer (avec de l'adhésif) et le conserver dans une boîte étanche, dans l'abri de jardin. La durée germinative des graines varie beaucoup d'une espèce à l'autre : aubergine, 6 ou 7 ans ; betterave, 6 ans ; bette (poirée), chou, navet, cresson alénois, 5 ans ; radis (rose ou noir), carotte et céleri, 4 ou 5 ans ; melon, chicorée, scarole, laitue, 5 ou 6 ans ; oignon, pissenlit, poireau, cerfeuil, persil, 2 ans ; fenouil, tomate, tétragone, 4 ans ; haricot, épinard, 3 ans ; courge et potiron, 6 ans ; concombre, 8 ans.

26 AOÛT

Saints Natacha et Privat

« A la Saint-Privat labours d'été • Donnent au cheval du jarret »

Soleil : Lever 7 h 01 • Coucher 20 h 43

Les vertus des aubergines

Attendez qu'elles soient bien mûres pour les cueillir et les consommer. Elles ont certes alors davantage de graines, mais elles sont meilleures et plus saines. En effet, les jeunes aubergines contiennent de la solanine, un toxique (léger) qui disparaît à la maturité du fruit.

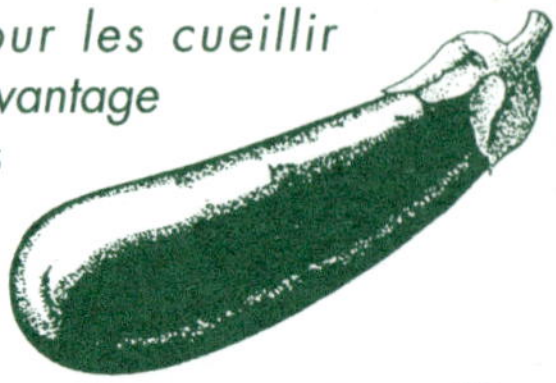

MALVASTRUM LATERITIUM

Ses fleurs blanches à centre jaune et orangé ressemblent beaucoup à des églantines. Si vous cherchez un bon couvre-sol de plein soleil, n'allez pas plus loin : beau feuillage découpé, persistant et vigoureusement tapissant, vert foncé, et floraison assez généreuse assurée de mai à juillet. Vraiment beaucoup de charme. Hauteur : 10 cm. Sol ordinaire, même calcaire. Évitez les situations froides.

Après une période de fortes précipitations, *les légumes-racines ont tendance à se crevasser – notamment les pommes de terre et les carottes. Un mulch, étalé sur le sol, retient une partie de l'eau et évite les déséquilibres.*

Plombez les radis

Ils sont parfois déformés, de manière plus ou moins prononcée... Ce défaut a souvent pour origine des semis trop profonds. On sème le radis sur une terre bien fine, on recouvre de 1 cm de terreau, pas davantage, et on plombe, c'est-à-dire que l'on tasse avec la main une planchette.

27 AOÛT

Sainte Monique

« S'il pleut à la Sainte-Monique • Point besoin de tonneau ni de pipe »

Soleil : Lever 7 h 02 • Coucher 20 h 41

Les kiwis

Vous avez planté des actinidias et vous n'obtenez pas de fruits. Êtes-vous sûr que vous avez associé un pied mâle aux pieds femelles (dans les vergers, on compte un mâle pour six femelles). D'autre part, il faut savoir que cette plante met du temps à s'installer : bien souvent, elle ne donne pas de kiwis avant six ou sept ans.

Découvrez... LE MACLEAYA

Cette plante est maintenant assez connue, mais je souhaite qu'elle le soit davantage. Ses tiges fortes et gracieuses atteignent facilement 2 m ou 2,5 m de haut ; ses grandes feuilles, joliment lobées, sont d'un beau vert bleuté soyeux, à revers argenté. En été, elle donne de longs épis beiges, un peu rosés, des plus gracieux. Plantez-la au soleil ou à mi-ombre, en arrière-plan de massif, en situation abritée du vent, et en sol ordinaire, plutôt frais.

DES ANNUELLES EN AVANCE

Beaucoup d'espèces annuelles fleurissent plus tôt, dans le Midi, quand on les cultive en bisannuelles. On peut donc semer dès maintenant lin, coréopsis, centaurée, muflier, silène, pois de senteur.

La chicorée d'hiver

Semez en place, en lignes espacées de 20 cm, les premières chicorées d'hiver, en particulier 'de Trévise' et 'de Vérone'. Elles passeront l'hiver au potager, et vous les récolterez au tout début du printemps.

Notes personnelles

....

....

Saint Augustin

« Fine pluie de Saint-Augustin • C'est comme s'il pleuvait du vin »

Soleil : Lever 7 h 04 • Coucher 20 h 39

DANS LA MAISON

BOUQUETS PERPÉTUELS

Le séchage au four permet de conserver les couleurs et les formes de nombreuses fleurs, même délicates, pour les bouquets perpétuels. On peut utiliser un four traditionnel ou un four à micro-ondes, en le réglant sur une chaleur très basse. Vous procéderez à des essais afin de calculer le meilleur temps de séchage : il varie beaucoup en fonction du type de fleur. Et n'oubliez pas qu'un bouquet, même perpétuel, n'a qu'un temps ! Vous le renouvellerez chaque année.

Découvrez...

LES CLÉMATITES À PETITES FLEURS

Je ne nie pas que les clématites à grandes fleurs soient somptueuses et spectaculaires, mais moi, que voulez-vous, je préfère les espèces à petites fleurs. Je vous recommande hautement Clematis flammula, une espèce vigoureuse dont les tiges (4 à 5 m de hauteur), à partir d'août, se couvrent d'une profusion de petites fleurs blanches délicieusement odorantes; le feuillage est fin et léger. Sa variété, 'Rubra Marginata', également parfumée, offre des fleurs blanches bordées de rouge, ce qui donne un aspect rosé.

Les limaces *des jardins se dévorent entre elles, mais elles sont repoussées par leurs congénères en voie de décomposition. On peut donc laisser pourrir des limaces dans de l'eau, puis les disperser entre les salades. Ce n'est pas très ragoûtant, mais c'est assez efficace.*

Le petit pois, dernière limite !

Il est encore temps de faire un semis de petit pois dans le Midi, parce que l'arrière-saison y est longue. Espacez les rangs de 40 cm, pour éviter la pourriture liée aux pluies d'automne. Choisissez 'Petit Provençal', une variété naine hâtive à grain rond, supportant bien la chaleur.

« Autant en août de jours sombres • Autant en janvier de pluie tu dénombres »

Soleil : Lever 7 h 05 • Coucher 20 h 37

Les fruits en sachets

Ôtez les sachets qui enveloppent les fruits afin de permettre à ces derniers de bien se colorer – mais vous prenez du même coup le risque de les voir subir des piqûres de guêpes.

Découvrez...

LE LIN DE NOUVELLE-ZÉLANDE

Très belle espèce, ayant un peu l'aspect d'une plante grasse, formant une grosse touffe de plus de 1 m de haut, avec de longues feuilles linéaires dressées - de divers coloris, selon les variétés. Elle donne en été une floraison rougeâtre, portée par une hampe dressée. Cultivez-la en isolée, et protégez-la en hiver dans les zones fraîches. Idéale pour les jardins de bord de mer.

Nettoyez soigneusement le local où vous conserverez les pommes de terre pour l'hiver. Désinfectez les étagères, s'il y en a, et aussi les murs. Blanchissez la pièce et traitez-la à l'aide d'un fongicide.

Le bon remède

La mineuse du houx

Une grande partie des feuilles d'un houx est parfois parasitée par une larve mineuse, qui laisse des traînées jaunes et roses. Ramassez toutes les feuilles touchées pour les brûler. Dans les cas graves, effectuez des traitements insecticides au mois de mai suivant (époque du vol de la mouche).

« Qui à la Saint-Fiacre (patron des jardiniers) laboure • Sera bien payé de retour »

ENFIN LES BISANNUELLES !

J'attends souvent cette époque pour semer les bisannuelles. Il y a davantage de place dans le jardin qu'en juin ou juillet, notamment au potager. En outre, les plantes sont plus petites quand arrivent les froids, et elles résistent mieux si l'hiver est rigoureux. Si le temps est très chaud, étalez de la toile de jute sur la pépinière, ou ombrez avec une claie.

Ombrage avec une claie

Le bon remède

Les pucerons des racines

Ils attaquent notamment les salades, mais aussi les haricots et les carottes. La plante touchée se flétrit et jaunit. On ne s'aperçoit de la présence du parasite qu'à l'arrachage : ce sont en général des pucerons blanchâtres et farineux. Il faut traiter les autres plantes en les arrosant au pied avec un insecticide à base de pyrèthre en solution. Une décoction de tanaisie est également efficace.

Pincez le chou de Bruxelles

En pinçant le bourgeon terminal des choux de Bruxelles, on limite le nombre des pommes, mais celles-ci deviennent nettement plus grosses. Du même coup, on évite un développement excessif du feuillage, préjudiciable à la récolte. Toutefois, cette pratique rend la plante plus sensible au froid ; il ne faut donc pas l'utiliser pour les variétés tardives.

Le choix des pros

*Louise-Marie et Jean-Claude Schryve, Schryve Jardin**

Alstroemeria **:** Pour un massif ou une bordure écrasée de soleil en été. *Alstroemeria auriantaca* 'Orange King' se pare d'un joli coloris orangé. Plantez-le au printemps, dans une poche de terreau mêlé à du sable de rivière, en exposition ensoleillée. Bichonnez-le cette première année de plantation, et dès le second été le résultat sera exceptionnel : vous aurez des fleurs à profusion. De nouveaux alstroemerias hybrides arrivent maintenant sur le marché avec un choix de coloris nouveaux.

Crocus tomasianus **:** Il fera merveille au printemps dans un pré ou un gazon fleuri. Même sous les arbres pas de souci, il reste en place et se propage rapidement. Il a un très joli coloris bleu intense, une floraison hâtive et accepte tous les sols. Il se plante en automne.

Les colchiques : Ils fleurissent en septembre et octobre ; une féerie au jardin pour votre retour de vacances. Ils se plantent en août et fleurissent dès le mois suivant en devenant chaque année plus prolifiques. Pour exemple, le colchique *Cilicicum*, très florifère après quelques saisons de plantation, forme des touffes qui peuvent produire plus de cent fleurs ! Ils tolèrent toutes les expositions et mesurent en moyenne 15 cm de hauteur.

Oxalis triangularis **:** Pour toute la belle saison, à l'ombre ou même en pot dans la maison, adoptez *Oxalis triangularis*. Le plus joli de tous les trèfles à quatre feuilles, pourpre, presque noir à l'ombre. Sa floraison continuelle blanc rosé, sa culture facile, son prix modique font de cette plante un couvre-sol extraordinaire qui a ravi tous nos visiteurs. Plantation printanière. Hauteur : 15 cm.

Le Jardin de Mélusine : Dédié aux bulbes d'été, c'est un cocon de plantes rares où s'épanouissent toutes sortes de bulbes méconnus. Vous y puiserez une foule d'idées d'associations et d'utilisations. Ce jardin unique en France est ouvert de mi-juin à fin septembre le week-end.

* Voir le carnet d'adresses.

1er septembre

Saint Gilles

« Saint-Gilles mouillé • Donne maigre glandée »

Découvrez... **IMPERATA CYLINDRICA 'RED BARON'**

Vous allez dire que je me repète, mais j'aime les graminées. Ce sont des plantes d'allure sauvage, gracieuses, qui bruissent et ondulent au vent, qui animent le jardin. En voici une étonnante par ses tiges franchement rouges (rouge et vert au printemps), qui reste décorative jusqu'en novembre ou décembre. Elle est superbe en grosse touffe, avec d'autres vivaces. On la trouve notamment chez Lepage, Specker, au Jardin du Mont des Oiseaux et à L'Arche de Noé.

ROSIERS : FIN DE SAISON

Dans le sud de la France, les rosiers repartent avec les premières pluies d'automne. Pour obtenir une belle floraison de fin de saison, effectuez un apport d'engrais complet, et étalez une couche de compost de jardin bien décomposé au pied de l'arbuste.

La pollution *pèse sur les plantes dans les jardins de ville, même si ce n'est pas toujours apparent. La poussière qui se dépose sur les feuilles réduit la photosynthèse, et donc la croissance, les gaz d'échappement ont une action négative sur les échanges, et le nuage de pollution diminue la lumière que reçoit le feuillage. Il en résulte une vigueur moindre et une sensibilité plus grande aux maladies et aux parasites.*

DANS LA MAISON

UN REMÈDE POUR TIGES FRAGILES

Un bon moyen pour que les fleurs à tige fragile (dahlia, arum) tiennent longtemps en vase : trempez les tiges dans le sel sec avant de composer le bouquet.

Notes personnelles

....

....

....

2 SEPTEMBRE

Sainte Ingrid

« Au mois de septembre • Le fainéant peut aller se pendre »

« ABOULE L'OSEILLE ! »
Il y a longtemps qu'en argot « oseille » signifie « argent ». Mais l'origine de cette assimilation est obscure – ce n'est pas parce que les feuilles ressemblent à des billets, puisqu'elle était déjà en honneur avant le papier-monnaie ! Autrefois, on disait aussi : « Tu veux me la faire à l'oseille ! », c'est-à-dire « Tu essaies de m'emberlificoter, de m'embrouiller. »

Les vertus de la lavande

Dans les grandes armoires de nos grands-mères, la lavande ne servait pas simplement à parfumer le linge, mais aussi à éloigner les mites. En effet, cette plante a une action insecticide. Faites macérer une dizaine de jours une brassée de lavande fraîche dans l'eau ; filtrez et pulvérisez sur le feuillage, contre les pucerons, les cochenilles et les chenilles. Et on dit aussi que quelques pieds de lavande sous les fenêtres dissuadent les moustiques de pénétrer dans la maison.

Semis de cerfeuil

Effectuez votre dernier semis de cerfeuil, en situation bien ensoleillée. Vous le récolterez vers le 15 octobre et vous pourrez en conserver pour l'hiver (en le congelant). Choisissez la variété qui résiste le mieux au froid, le cerfeuil 'Hiver de Bruxelles'.

LA NIGELLE DE DAMAS

Tout le monde aime cette belle annuelle, avec ses fleurs bleues originales, et ses fruits sphériques, décoratifs dans les bouquets secs. Pour changer un peu, cultivez la variété rose, 'Mulberry Rose' : ses fleurs sont d'abord blanc rosé, puis deviennent rose carmin vif. On peut la semer maintenant, en place, pour la cultiver en bisannuelle, ou attendre le mois d'avril.

Saint Grégoire

« Pluie de Saint-Grégoire • Autant d'eau que de vin à boire »

Du potiron pour longtemps !

Si vos aimez les récoltes miraculeuses, cultivez la variété 'Atlantic Giant'. D'origine canadienne, elle détient le record du monde de poids avec un fruit de 224 kg ! De quoi faire une soupe au potiron quotidienne durant tout l'hiver… On ne laisse qu'un seul fruit par pied et on supprime les pousses qui apparaissent à l'aisselle des feuilles.

Le bon remède

La rouille du poireau

Les feuilles se ponctuent de taches orangées, paraissent crevassées et se décolorent. La rouille du poireau est une maladie assez commune dans certaines zones. Il est difficile de s'en débarrasser. La meilleure prévention est une rotation des cultures aux cycles assez longs.

LA CLÉMATITE COUVRE-SOL

Pour habiller le sol sous des arbustes, ou en jardin sauvage un peu ombragé, pensez à une clématite rampante (30 cm de hauteur), très couvrante (2 m et plus), au feuillage dense, vert foncé, et à jolies petites fleurs bleutées en été. Elle s'appelle *Clematis* x *jouiniana* 'Praecox' et elle vient fort bien en sol ordinaire.

Un bon piège pour les limaces : *quelques rondelles de carotte sous une feuille de chou. Au matin, ces mollusques festoient sous le piège, et on les ramasse pour les détruire par le feu.*

4 SEPTEMBRE

Sainte Rosalie

« S'il tonne en septembre • Noël sera sous la cendre »

DANS LA MAISON

LA SOLITUDE DU PHILODENDRON

Les grands philodendrons ont tendance à se dégarnir du pied... et se sentent parfois un peu seuls dans leur pot. Pour leur tenir compagnie, plantez des petites fougères qui se trouvent bien dans le mélange terreux du philodendron. Bassinez-les souvent pour qu'elles soient saines et vigoureuses.

SEVREZ LE ROSIER

Cessez les apports d'engrais aux rosiers qui ont fleuri, pour éviter que le feuillage ne se développe à l'excès. Continuez à supprimer les roses fanées.

Le bon remède

La mosaïque du dahlia

Les feuilles du dahlia sont déformées, d'un vert trop clair, et les nervures jaunissent ; le développement de la plante reste très faible. Il s'agit d'une maladie grave, causée par un virus, et il faut détruire les tubercules atteints.

Le ramonage des cheminées, *une fois par an, est obligatoire. Mais en attendant l'homme de l'art, entassez des épluchures de pommes de terre bien sèches sur un feu de brindilles. C'est sans danger et – très curieusement – cela nettoie le conduit de la cheminée.*

L'épinard d'automne

Semez 'Géant d'hiver', l'épinard le plus rustique. Vous ferez une ou deux récoltes avant les froids, et une troisième coupe au printemps.

Notes personnelles

« Étoiles filantes en septembre • Remplissent les tonneaux en novembre »

La vigne

Les vignerons redoutent l'orage de grêle parce qu'il cause des dégâts aux grappes, mais aussi parce qu'il entraîne le développement de l'oïdium (ou meunier) et surtout du mildiou. Le lendemain de l'orage, quand les feuillages sont secs, effectuez sur les plantes sensibles une pulvérisation préventive à l'aide d'un fongicide anti-oïdium.

La mâche d'hiver

Semez la mâche pour la récolte d'hiver, en situation bien ensoleillée. Beaucoup de jardiniers sèment cette plante à la volée, mais alors les désherbages sont plus difficiles ; plus ordonné, le semis en lignes est tout de même préférable.

Notes personnelles

Les plantes d'intérieur *que vous achetez dans les maisons sérieuses sont en général en bon état ; néanmoins, il vaut mieux être prudent. Procédez à un examen détaillé, en particulier pour détecter les parasites : regardez notamment sous les feuilles, à l'extrémité des pousses et sur les boutons floraux. Dites-vous que lorsque le parasite est introduit chez vous, il n'est pas toujours facile de s'en débarrasser. Méfiez-vous notamment des cochenilles farineuses sur les plantes grasses – elles sont extrêmement tenaces.*

Fatsia

« A la Saint-Bertrand • La sève descend »

Le cresson alénois

Il germe en un ou deux jours et on le récolte après quatre semaines de culture – mais il monte rapidement à graines. Il est encore temps de le semer, pour les salades d'automne. Personnellement, je fais un semis tous les quatre à six semaines, à partir d'avril et jusqu'en septembre. C'est le type même de salade à semer en intercalaire, entre les rangées de tomates, de haricots ou de carottes (il pousse même à mi-ombre). Certains, dont je ne suis pas, trouvent son goût trop piquant pour le consommer en salade, et préfèrent l'utiliser en condimentaire.

SALVIA FARINACEA 'STRATA'

Cette variété nouvelle de la sauge *S. farinacea* est vraiment exceptionnelle. C'est une plante compacte, avec le petit feuillage vert grisâtre de l'espèce, qui donne des inflorescences à calice blanc laineux et argenté, d'où sortent de très nombreuses petites fleurs d'un bleu clair très lumineux. Une des vedettes de 1996 pour les jardinières et les bordures. Cette plante est diffusée par le célèbre grainetier anglais Thompson & Morgan.

Le bon remède

Contre la rouille

Nettoyez les outils après chaque usage, afin d'éviter la rouille qui les rend moins efficaces (et parfois même dangereux pour le jardinier). Du même coup, vous éviterez de leur faire jouer le rôle de vecteur dans la transmission des maladies et des parasites. C'est particulièrement important pour le sécateur : je conseille même de passer la lame à la flamme d'un briquet ou à l'alcool avant de commencer une taille.

Notes personnelles

« A la Sainte-Reine sème le blé • Car ce jour vaut du fumier »

LES POMMES

Pour éviter que les morceaux de pomme ne prennent une couleur brune peu appétissante, jetez-les dans de l'eau bien citronnée dès que vous les avez découpés.

***Le tas de compost** peut être une véritable aubaine pour les limaces qui y trouvent de la nourriture, un abri et un lieu pour pondre. Le bac à compost, construit en parpaings ou en briques, évite que trop de limaces n'y pénètrent. Et une constitution correcte du tas de compost, qui permet une montée de la température, freine aussi la prolifération des mollusques.*

L'IPOMOPSIS : FACILE !

Vive les plantes annuelles faciles à cultiver ! Celle-ci vient des États-Unis et elle résiste au froid. On la sème tout simplement en avril, en place, ou encore maintenant – en bisannuelle. Son feuillage est léger, et elle donne de longs épis de petites fleurs rouge écarlate, de juillet à octobre. Elle atteint 1 m de haut et elle est très belle en massif.

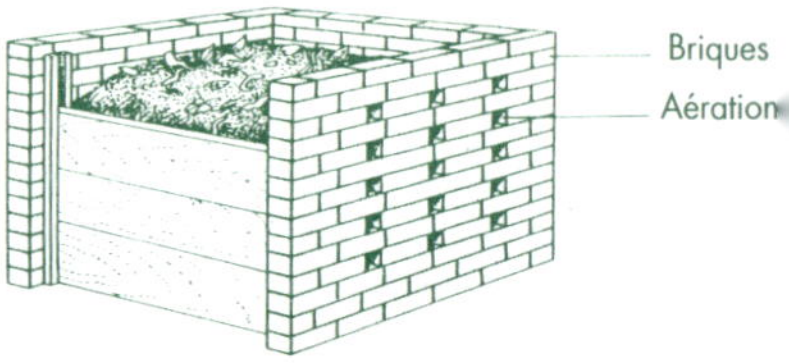

Notes personnelles

....

....

....

....

....

....

« Temps de la Nativité • Tout le mois peut durer »

Les vertus de l'eau d'arquebusade

Risque-t-on encore d'attraper une arquebusade (c'est-à-dire une blessure produite par un trait d'arquebuse) dans la jungle des villes ? Peut-être, après tout... En tout cas, « l'eau d'arquebusade », ou « eau d'arquebuse », était autrefois préparée avec de nombreuses plantes, notamment l'aigremoine (sommités fleuries), l'armoise, l'hysope, la marjolaine, le fenouil, le thym, la sarriette, que l'on faisait macérer dans de l'alcool avec de l'eau. L'aigremoine (Agrimonia eupatoria), si elle n'est pas très décorative, est une plante astringente qu'il faut recommander pour soigner les plaies de toutes sortes. On peut donc en semer quelques graines dans un coin du jardin.

Si les grandes villes sont touchées par la pollution, *elles créent en même temps des conditions climatiques particulières. C'est ainsi que dans un jardin parisien bien abrité, entouré de bâtiments qui emmagasinent la chaleur, ou de parois en verre qui réfléchissent la lumière, les conditions de culture sont presque comparables à celles des bords de la Méditerranée – avec toutefois des risques plus grands lorsque l'année est exceptionnellement froide. On peut donc en profiter pour cultiver des espèces frileuses.*

DANS LA MAISON

LES GRANDES PLANTES

Il est très difficile de rempoter les philodendrons, ficus ou autres plantes très encombrantes qui sont installées dans des grands bacs. Mais on peut surfacer en enlevant une couche de terre de quelques centimètres pour la remplacer par un bon terreau.

« Qui roitelet et rouge-gorge tuera • A la fin de l'année s'en repentira »

Découvrez…

LES FOUGÈRES COMESTIBLES

Une « tête de violon », au Canada, c'est une crosse de fougère royale *(Osmunda)* ou de fougère d'Allemagne *(Matteucia)*, que l'on déguste un peu comme les épinards. Je n'y ai pas goûté, mais c'est Yves Dupont, le champion toutes catégories de la fougère, qui l'affirme. Et à propos, si vous passez par Orléans, allez donc voir sa pépinière, au 10 de la rue de Bellevue : vous découvrirez pas moins de 120 variétés de ces plantes extraordinaires et gracieuses, qui viennent du fond des âges.

Les oignons au sec

Ramassez les oignons en prenant des précautions : les blessures des bulbes entraînent la pourriture (botrytis) au cours de la conservation. En outre, il faut que les oignons soient parfaitement secs ; laissez-les sur place ou, s'il pleut, placez-les dans un hangar.

Une encre sympathique. *Vous avez des choses à cacher ? Le jus d'oignon est une excellente encre incolore. Pour lire vos secrets, il suffit de chauffer le papier à la flamme d'une chandelle.*

Le bon remède

Contre les rongeurs

Le vomiquier est un arbre de l'Inde, dont l'écorce, extrêmement amère et toxique, est appelée « noix vomique ». Vous trouverez cette noix vomique (sous forme de poudre) chez le pharmacien ou en droguerie. Utilisez-la pour préparer des appâts destinés à la l'éloignement ou à la destruction des rongeurs, des loirs et des lérots.

Notes personnelles

« Si tous les coqs chantaient en même temps • Le jour ne se lèverait pas pour autant »

Pommes et poires

Ne vous pressez pas de ramasser les variétés tardives de pommes et de poires. Les fruits se conservent mieux sur les branches que sur les tablettes du fruitier. La dernière limite, c'est évidemment la première gelée, et il faut rester attentif pour ne pas se laisser surprendre. Cueillez les pommes et les poires le matin, avant qu'elles ne soient réchauffées par le soleil.

Pommes de terre : la récolte

C'est le moment de récolter les variétés tardives destinées à la conservation. Attendez que les fanes soient bien sèches, pour que les tubercules aient le temps de grossir. Il est souvent bénéfique de faucher les fanes quinze jours ou trois semaines avant la récolte : on évite ainsi la transmission de maladies aux tubercules, notamment du mildiou. Effectuez la récolte par beau temps et laissez les tubercules ressuyer sur place durant une journée. Ensuite, mettez-les en cagette pour les stocker dans un local obscur, frais et sec. Après quelques jours, vous les roulerez dans un produit antigerme afin qu'elles se conservent mieux.

Découvrez... **LE GINGKO**

On l'appelle aussi « arbre aux quarante écus », et c'est un phénomène pour la résistance à la pollution. A Hiroshima, c'est la seule espèce végétale que l'on ait vue repousser après l'explosion atomique. Il doit sa force à son ancienneté : on le considère comme un fossile vivant parce qu'il est présent sur Terre depuis 200 millions d'années. En outre, il est ornemental par ses feuilles caduques vert clair. On l'utilise aujourd'hui de plus en plus comme arbre d'alignement.

'NEW DAWN'

Un rosier grimpant exceptionnel ! Beaucoup de vigueur (4 à 5 m), des fleurs doubles roses pâles, en bouquets denses, sur de longs rameaux très gracieux quand ils retombent, un parfum très agréable et assez puissant, et un beau feuillage sombre. Il supporte une ombre légère. Et si vous passez à Fontenay-aux-Roses, allez à la Roseraie, vous y verrez de superbes spécimens.

11 SEPTEMBRE

Saint Adelphe

« Qui voit en septembre les libellules voler • De trois jours chauds est assuré »

Les vertus de l'aneth

Charlemagne, dit-on, faisait placer sur la table des festins des fioles d'extrait d'aneth pour que les invités en prennent en cas de hoquet consécutif à des libations trop poussées. Il paraît aussi qu'en Amérique, les puritains plaçaient des graines d'aneth entre les pages de leur bible ; ils les mâchaient pendant l'office afin d'éviter les bruits d'estomac – le truc peut être valable pour d'autres circonstances ! Et à propos de cette plante à feuillage léger et gracieux, que j'aime particulièrement, de vieux auteurs racontent, dans des grimoires oubliés, qu'elle attise le désir sexuel chez la femme, et qu'elle le refroidit chez l'homme. Prudence donc, car si c'est vrai et que l'usage de l'aneth se répand, je vous laisse imaginer les conséquences...

La 'Reine de mai'

Sous châssis ou sous tunnel, semez cette laitue de printemps (ou une autre variété de même type, par exemple '*Appia*', à grosse pomme, ou '*Tardisix*'). Repiquez également sous abri en novembre – ou attendez le printemps. La '*Reine de mai*' peut être récoltée très jeune et encore petite, « en pouillote ».

L'eau de Javel *est un produit qui ne coûte pas cher et qui est très utile au jardinier. Pour chasser les limaces et les escargots, enterrez jusqu'au bord de petits récipients autour des plantes sensibles, et remplissez-les d'eau de Javel normalement diluée.*

LA BRUYÈRE
Calluna vulgaris

La bruyère commune, la brande de nos campagnes, est en fleur ce mois-ci et jusqu'en novembre. Elle très décorative dans les rocailles et c'est une des plantes les plus recherchées par les abeilles – et donc par les apiculteurs ! En outre, on utilise les sommités fleuries (même celles des variétés horticoles) pour préparer des infusions diurétiques et dépuratives.

« En septembre quand le rosier fleurit • Le raisin mûrit »

LE LOBÉLIA

C'est une très belle plante, mais il faut savoir qu'elle est très toxique, en toutes ses parties. Donc, à placer hors de portée des jeunes enfants touche-à-tout !

Le chou-fleur de printemps

Dans les régions à hiver doux, semez en pépinière le chou-fleur de printemps (brocoli à pomme blanche). Choisissez une variété résistant au froid comme 'Extra tardif d'Angers' ou 'Armado abril'. Mettez en place quand les plants ont quatre ou cinq feuilles, en situation abritée.

Comment traiter une plante d'intérieur sans tacher *les murs ni les moquettes et avec le maximum d'efficacité ? Placez le pot dans un grand sac poubelle et pulvérisez le produit. Ensuite fermez le sac et laissez la plante y séjourner quelques heures. Ainsi, le produit fongicide ou insecticide agit plus en profondeur.*

LE MORETUM

Dans un mortier, broyez de l'ail, de la rue, de la coriandre, du sel et du fromage ; ajoutez de l'huile et du vinaigre et incorporez de la farine. Roulez en boules et faites cuire. Vous obtenez une sorte de pain, le moretum, qui était un aliment de base pour les paysans romains. Je ne l'ai pas encore goûté, mais il faudra que j'essaie un jour. La recette a été transmise par Virgile, et c'est le grand Désiré Bois qui la rapporte dans son beau livre, *Plantes à épices, à aromates, à condiments*, publié par la Société nationale d'horticulture de France.

DANS LA MAISON

L'HERBE DE LA PAMPA

Ses grandes inflorescences plumeuses sont très belles dans les bouquets de fleurs sèches. Pour qu'elles durent longtemps et qu'elles prennent un aspect très soyeux, passez-les rapidement au-dessus d'un feu de braise.

13 SEPTEMBRE

Saint Aimé

« A la Saint-Aimé • Descendent le troupeau et son berger »

« NON MAIS QUELLE COURGE ! »
La courge, c'est une chose grosse, volumineuse, encombrante, malcommode à porter, d'où l'association avec les personnes ayant une légère pesanteur cervicale. Elle porte d'ailleurs aussi un autre nom, qui qualifie depuis longtemps l'étroitesse d'esprit – la gourde. Et il y a là télescopage avec un autre terme, « gourd ». Etre courge, ou être gourde, c'est donc aussi être gourd, c'est-à-dire benêt, lourdaud. Et soit dit sans vouloir offenser l'ami Victor Renaud, grand spécialiste – et fin stratège – des courges de tout acabit.

Le bon remède

Les terres lourdes

Les sols argileux retiennent l'eau et se ressuient paresseusement. Il faut alors prouver que vous avez la principale qualité du jardinier, la patience ! Abstenez-vous de travailler le sol pour ne pas le tasser. Il est très difficile, une fois qu'une terre lourde est compactée, de l'aérer et de lui redonner sa fertilité. Bien plus, il faut s'interdire de marcher sur un sol argileux mouillé – au potager, au jardin d'agrément et même sur la pelouse.

Si vous conservez les pommes de terre en tas, *placez d'abord un lit de fagots ou une couche de tuile et de pierraille sur le sol. De cette manière, les tubercules seront aérés et risqueront moins la pourriture.*

Fanes de pommes de terre

Il est préférable de ramasser et de brûler les fanes de pommes de terre, après la récolte. On détruit ainsi les œufs de doryphore et les spores de champignons parasites.

Notes personnelles

....

....

14 SEPTEMBRE

Sainte-Croix

« A la Sainte-Croix • Cueille les pommes et gaule les noix »

Les variétés autofertiles de fruitiers

Lorsque vous ne plantez qu'un seul pêcher, ou un seul poirier, il est préférable de choisir une variété autofertile. En effet, même s'il y a des pêchers ou des poiriers dans le voisinage, il n'est pas certain qu'ils soient d'une variété fleurissant au même moment que celle que vous avez choisie.

BOUTUREZ LES ROSIERS

Il est relativement facile de bouturer les rosiers à sec, comme de nombreux arbustes d'ornement. Repiquez les boutures dans un sol bien drainé. Ensuite, il faudra cultiver les rosiers obtenus dans un sol neutre ou acide, mais surtout pas calcaire. En effet, contrairement aux rosiers greffés sur *Rosa canina*, les sujets issus de boutures sont très sensibles à la chlorose.

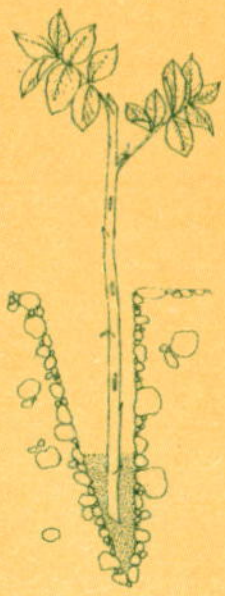

Le bon remède

La pomme vitreuse

Les fruits présentent un aspect anormalement brillant lorsqu'ils sont atteints de cette maladie. Quand on les coupe, on découvre des parties de chair transparentes comme du verre ; et ils ont un goût douceâtre peu agréable. On observe souvent cette maladie lorsque les pommiers sont cultivés en sol très humide. Le seul « traitement » consiste à trier les fruits lors de la récolte.

Notes personnelles

Saint Roland

« A la Saint-Roland c'est du vin • Quand le buisson goutte au matin »

Les hôtes du jardin : Les pucerons

S'ils se multiplient si rapidement, c'est qu'ils se reproduisent de manière vivipare. Les femelles donnent directement naissance à des larves qui n'ont besoin que d'une semaine pour arriver à l'état adulte. Il y a jusqu'à seize générations dans l'année. La forme hivernante, l'œuf, n'est pondue qu'en automne.

Découvrez... L'ABSINTHE

Cette plante indigène, à fleurs jaunâtres et à feuilles grisâtres et découpées, a une histoire riche et tragique. Elle a connu les grandes heures de sa gloire sulfureuse au XIXe siècle. Dans les estaminets populaires, la « fée verte » coulait directement de l'alambic dans les verres, et elle a marqué la littérature (Baudelaire, Verlaine, Zola) et la peinture (Toulouse-Lautrec, Gauguin). La liqueur d'absinthe est interdite dans notre pays depuis 1915. Il reste que c'est une bonne plante médicinale, qui favorise la sécrétion de la bile (elle n'est toxique qu'à haute dose). Elle a aussi la propriété fort étrange d'inhiber la croissance des autres végétaux. Il faut la cultiver toute seule, en éloignant d'un mètre au moins les autres espèces condimentaires. En bouquets, dans les armoires, elle a en outre un pouvoir insecticide contre les mites.

Certains pépiniéristes *garantissent la reprise des végétaux ou des bulbes que vous auriez achetés chez eux. Si vous leur signalez que les plantes n'ont pas repris et que vous renvoyez l'étiquette de la variété, ils vous les remplaceront (à moins que le responsable ne soit une sécheresse ou un gel exceptionnel). Toutefois, j'ai pu constater que le cas se produit assez rarement. Une plante livrée par une pépinière sérieuse reprend en général, à condition qu'on lui accorde le minimum d'attention nécessaire.*

Notes personnelles

....

....

....

....

....

....

16 SEPTEMBRE

Sainte Édith

« Septembre pluvieux • Voit le vigneron hargneux »

« AIL ET CHANDAIL »
On ne portait pas de chandail au XIXe siècle, pour la bonne raison que le mot – et le tricot qu'il désigne - date des années 1890. A cette époque, c'était une marque, mais le terme a cependant été auparavant une abréviation parisienne de « marchand d'ail », puis a désigné le vêtement de laine, très particulier, porté par ces commerçants, sur les marchés.

DANS LA MAISON

LES BÉGONIAS BAMBOUS

Les bégonias à tige de bambou comptent parmi les plantes d'intérieur les plus faciles à cultiver. Ils acceptent les pièces peu ensoleillées – même s'ils préfèrent une bonne lumière tamisée. En outre, ils résistent assez bien à la sécheresse. Pour les multiplier, il suffit de couper les tiges et de les placer dans l'eau pour qu'elles s'enracinent, ou de les repiquer directement dans un pot.

FOUGÈRE AU SEC

Toutes les fougères ne demandent pas un sol frais et acide. Certaines résistent même fort bien à la sécheresse. C'est le cas, en particulier, de *Cyrtomium falcatum*, à large frondes persistantes, coriaces et brillantes, à port érigé, atteignant 60 cm de haut. On la cultive en bac ou en couvre-sol, à mi-ombre. Elle supporte remarquablement le froid pour une fougère persistante. En outre, ses frondes méritent d'être utilisées pour les bouquets.

Pour réparer une tasse *ou une soucoupe en faïence, utilisez du jus d'ail, obtenu en pressant les gousses. C'est une excellente colle, mais il faut bien serrer les parties après l'assemblage.*

Notes personnelles

....

....

....

17 SEPTEMBRE

Saint Renaud

« Gentilhomme sans laquais, berger sans sa canne • Ne valent pas la queue d'un âne »

Les vertus de la coriandre

Dans Les Mille et Une Nuits, *la coriandre est décrite comme aphrodisiaque, et au Moyen Age, on l'utilisait pour préparer un philtre d'amour ! La recette s'est semble-t-il perdue, mais si vous la connaissez, faites-moi signe.*

Découvrez…

LE SPAGHETTI VÉGÉTAL

C'est une courge assez étrange, mais facile à cultiver. On la fait cuire entière, une demi-heure au court-bouillon, et on l'ouvre pour découvrir des fibres ressemblant à s'y méprendre à des spaghettis. La chair est fine, savoureuse et très digeste ; on la consomme au beurre, tout simplement, ou en accompagnement de viande. Vous la cultiverez exactement comme le potiron ou la courge classique. Vous la laisserez courir sur le sol ou vous la palisserez.

La fibre de coco *compactée est désormais assez largement diffusée. C'est un excellent substrat pour les jardinières de plantes annuelles et pour de nombreux semis car elle a un grand pouvoir de rétention d'eau et d'air. Il faut simplement ajouter de l'eau (cinq à six fois le volume de la brique).*

'KIFTSGATE'

C'est ce qu'on appelle un rosier-liane, un grimpant très vigoureux, capable d'atteindre 7 à 8 m. Mais n'attendez pas de grosses roses : il donne en juin de très nombreuses églantines blanches, assez petites, réunies en larges bouquets. En automne, les branches sont décorées de petits fruits rouges. Il est idéal pour habiller de vieux arbres. Une fois qu'il est installé, on n'a pas besoin de s'en occuper.

Notes personnelles

....

....

....

....

....

18 SEPTEMBRE

Saints Nadège et Ferréol

« Pluie de Saint-Ferréol • Ne rend pas meilleure la châtaigne »

Lorsque vous choisissez des plantes vivaces ou des arbustes *dans une pépinière ou une jardinerie, vérifiez que les racines ne sortent pas de manière abondante des trous de drainage. En effet, un système racinaire qui forme un chignon dense a du mal à se développer normalement en pleine terre. Et si malgré votre attention vous deviez planter un sujet présentant ce défaut, n'hésitez pas à tailler dans les racines, en fendant la motte à l'aide d'un couteau.*

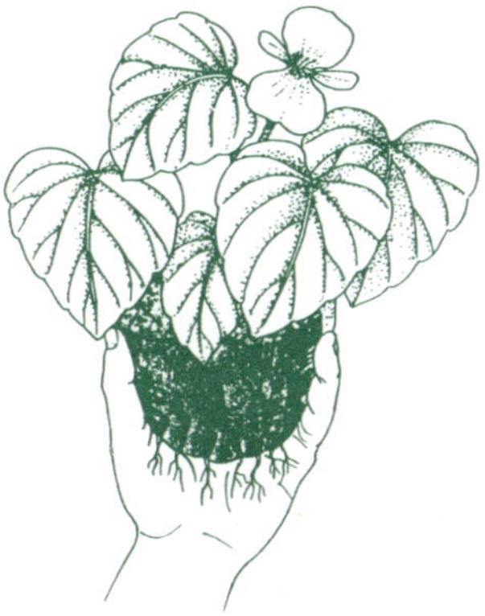

LE MIMOSA

Celui de Nice *(Acacia dealbata)* exige un sol acide. Si votre terrain est calcaire, choisissez une variété greffée sur le mimosa des quatre saisons *(A. retinodes)*, ou cultivez cette dernière espèce, très florifère elle aussi. Plantez les mimosas maintenant afin qu'ils aient le temps de s'installer avant les froids.

Des oignons comme des boules

Gros comme des boules de pétanque ! Pour obtenir des bulbes spectaculaires, semez dru au printemps dans une terre maigre ; choisissez une variété jaune 'de Mulhouse' ou 'Paille des Vertus'. N'éclaircissez pas. A l'automne, récoltez les petits oignons et conservez-les au grenier durant l'hiver. Début mars, plantez-les après avoir coupé la pointe, en les espaçant de 15 cm sur la ligne. Cultivez ensuite comme des oignons classiques.

Notes personnelles

....

....

....

....

Saints Émile et Janvier

« Qui sème à la Saint-Janvier • De l'an récolte le premier »

Les greffes des fruitiers

Il est possible de redonner une nouvelle jeunesse aux vieux arbres fruitiers qui ne sont plus guère productifs. On effectue des greffes en fente ou en couronne sur les charpentières, de manière à renouveler la charpente.

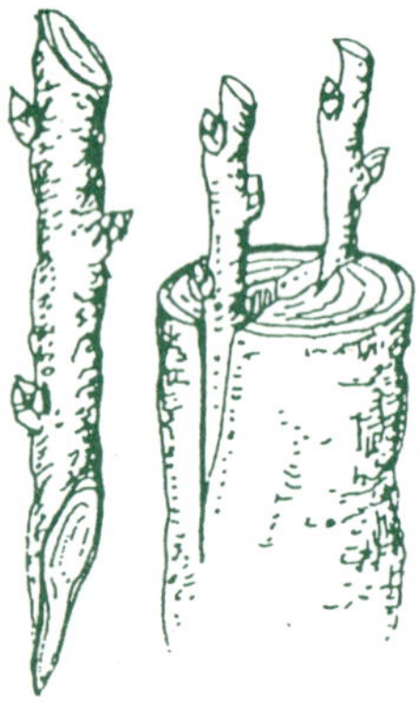

Greffe en fente

LES CAPRES DE CAPUCINE

On lit souvent, dans les revues, que les boutons floraux des capucines sont délicieux quand on les prépare en câpres, mais je suis sûr que bien peu d'entre vous les ont goûtés sous cette forme. La préparation est pourtant fort simple. Cueillez les boutons, lavez-les et laissez-les se faner légèrement. Mettez-les ensuite à macérer dans le vinaigre pendant six semaines au moins, en ajoutant (pour 1 litre de boutons et 1 litre de vinaigre) une cuillérée de noix de muscade, du poivre noir en grains et quelques clous de girofle. Vous voyez, c'est facile, et c'est aussi très bon dans les salades.

Prélevez les œilletons

Dans le Midi et dans l'Ouest, c'est le moment d'œilletonner les artichauts. Effectuez l'opération à l'aide d'une bêche, après avoir bien dégagé la terre au pied de la touffe.

Notes personnelles

....

....

....

....

....

....

20 SEPTEMBRE

Saint Davy

« Septembre qui tonne • Annonce bel et bon automne »

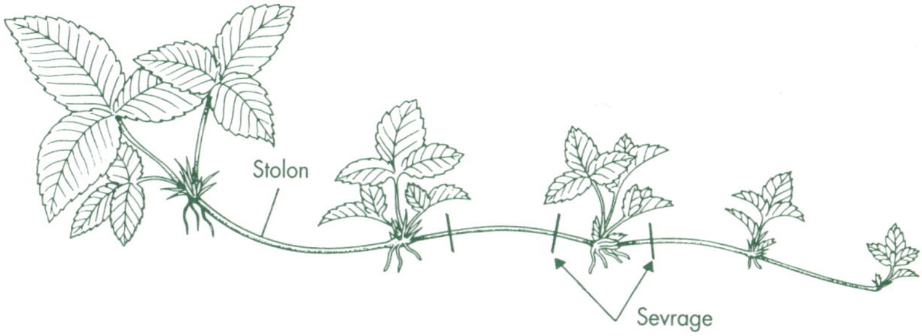

Les fraisiers

Si votre fraisière est saine, mais qu'elle est productive depuis déjà trois ou quatre ans, il est préférable de la renouveler en la changeant de place. S'il s'agit de variétés à filets, il faut prélever les plants enracinés sur les coulants. Sevrez-les pour les repiquer en les espaçant de 30 à 40 cm. Si vos fraisiers sont sans filets, pratiquez la division des touffes. Toutefois, si votre fraisière a connu des problèmes (oïdium fréquent, pourriture, taches sur les feuilles), il est préférable d'arracher et de brûler les vieux fraisiers et d'en acheter d'autres en jardinerie.

Pour éviter la pourriture *et de nombreuses maladies, trempez les caïeux d'échalote, d'ail et d'oignon dans une solution de sulfate de cuivre. Laissez-les sécher avant de les repiquer.*

DANS LA MAISON

LE CAPILLAIRE

Cette très belle fougère *(Adiantum)*, aux frondes légères et fines, est un peu délicate. Elle n'aime pas les courants d'air et a besoin de chaleur et d'humidité. Placez-la sur une soucoupe remplie de graviers dans laquelle vous laisserez toujours un peu d'eau. Diminuez assez franchement les arrosages en hiver (la souche est sensible à la pourriture). Dans le Midi et les régions à hiver doux, en situation abritée, on peut cultiver le capillaire à l'extérieur.

21 SEPTEMBRE

Saint Matthieu

« Des noix, des filles et des châtaignes • Quand on les déshabille de malice sont pleines »

Les pommes et les poires

Cueillez les fruits quand ils arrivent à maturité, et de préférence le matin de bonne heure. Prenez la pomme dans la main et tournez-la de droite à gauche ; saisissez la poire par-dessous et cueillez-la doucement.

En prévision des tailles d'hiver, *armez-vous d'un sécateur à crémaillère. Ce nouveau sécateur, qui ressemble beaucoup au modèle traditionnel, est cependant équipé d'un système original d'avance de lame à démultiplication, très ingénieux. Sa principale qualité : il vous donne beaucoup plus de force. Il est diffusé dans les grandes surfaces de bricolage et les jardineries.*

Le bon remède

La gravelle

On l'appelle aussi « maladie de la poire pierreuse » parce que les fruits sont déformés, avec des taches foncées et pierreuses sous la peau. Il s'agit d'un virus, et il n'y a pas de moyen de le combattre. En prévention, il faut respecter une bonne hygiène et bien protéger les plaies de taille.

Découvrez… LE GINSENG

Il y a 2 500 ans, des paysans chinois ont entendu des voix, sous terre, qui appelaient en sourdine. Sur les lieux, ils ont trouvé une belle plante à feuilles digitées, brillantes, et à baies rouges ; ils l'ont baptisée *jen-shen*, ce qui veut dire « plante-homme ». La racine de ginseng est bourrée de qualités : elle régularise les fonctions de l'organisme, améliore les capacités intellectuelles et la résistance au stress. Elle est relativement facile à cultiver et assez décorative. Il vaut mieux acheter des boutures d'un an plutôt que de la semer. Le ginseng est aujourd'hui cultivé en France (en particulier par Jean-Marie Blainvillain, à Ormes, dans le Loiret).

Notes personnelles

....

....

« Belle journée à la Saint-Maurice • Donne hiver à caprices »

Les hôtes du jardin : Les hérissons

Je me souviens de mon grand-père ramenant dans son grand tablier bleu toute une famille de hérissons, pour la mettre dans son jardin. Ce nocturne placide et sympathique détruit un grand nombre de limaces, de chenilles, de souris et d'insectes nuisibles. Pour qu'il s'installe, il faut lui ménager des abris : tas de fagots ou couvert de buisson. Mais attention aux chiens, qui ne l'aiment pas. N'utilisez pas les appâts antilimaces car le hérisson en est la première victime. Et si, pendant l'hiver, vous découvrez un hérisson en hibernation, ne le dérangez pas.

SCABIEUSE

Cette vivace est exceptionnelle par la durée de sa floraison. En outre, elle est très facile à cultiver, en sol ordinaire, plutôt sec, et au soleil. Une belle variété : *Scabiosa columbaria* 'Butterfly Blue' (30 cm), à feuillage léger, vert foncé, et à fleurs bleu violacé, en gros pompons, d'avril à novembre (mais oui!).

Le lierre a une action antiseptique. *En jetant quelques feuilles dans l'eau d'un vase, vous retardez le croupissement et la pourriture. Les fleurs durent donc plus longtemps.*

Découvrez... LE FENUGREC

Ce mot signifie « foin grec », et la plante est un excellent fourrage, notamment pour les chevaux. Elle mesure 60 cm de haut, produit des fleurs blanches et des graines fortement aromatiques, surtout quand elles sont séchées, qui donnent aux plats un goût oriental. Mais le fenugrec a un autre avantage : c'est un très bon engrais vert, à croissance rapide ; comme beaucoup de plantes de la famille des légumineuses, il apporte de l'azote au sol.

23 SEPTEMBRE

Saint Constant

« Quand en automne dur est le grain • Feuilles à terre et étangs pleins »

Découvrez… LE JAMBON DES JARDINIERS

On appelle ainsi l'énothère bisannuelle. C'est un légume ancien, formant une large rosette de feuilles. On consomme la racine charnue, de couleur jaune mais à chair rosée ; on la prépare comme le salsifis. Coupée en tranches fines, elle a un peu l'apparence du jambon, mais elle est bien plus saine ! Et elle est tout simplement excellente ! Semez maintenant, en lignes distantes de 40 cm, et éclaircissez à 20 cm sur le rang. Vous récolterez l'année prochaine, à la même époque. On peut également semer en avril.

Le cerfeuil c'est plus sûr !

Il ressemble à la ciguë et mieux vaut ne pas les confondre ! Semez-le en ligne plutôt qu'à la volée, vous désherberez plus facilement. Si vous avez un doute au moment de la récolte, sentez les feuilles : celles de la ciguë ne sont pas parfumées. Et pour éviter tout risque, si la ciguë est une mauvaise herbe commune dans votre jardin, cultivez le cerfeuil frisé (ou double) : son feuillage crépu est très reconnaissable.

Notes personnelles

Savez-vous qu'une pomme *que vous achetez au marché a souvent subi plus de vingt traitements de pesticides divers ? Cela ne veut évidemment pas dire qu'elle soit nuisible pour la santé, mais tout de même… En tout cas, on ne peut que se féliciter de consommer des fruits que l'on produit soi-même, sans intoxiquer les arbres par les insecticides et les fongicides de synthèse.*

« Automne clair • Hiver venteux »

La plantation des fruitiers

C'est le moment de décider de l'emplacement des nouveaux arbres fruitiers. Choisissez une situation suffisamment abritée, et prévoyez un espace assez grand pour que chaque sujet puisse se développer librement. Envisagez également de creuser les trous de plantation (de 60 à 80 cm de diamètre et de profondeur). Placez dans le fond une couche de drainage et n'oubliez pas les tuteurs s'il s'agit d'une forme libre. En terrain humide, on peut creuser plus profondément pour améliorer le drainage.

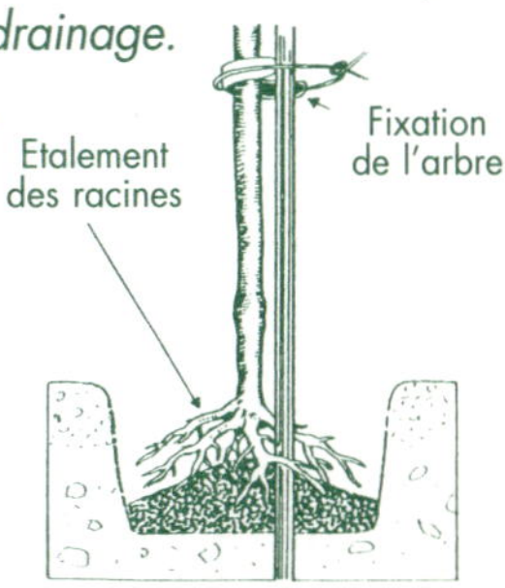

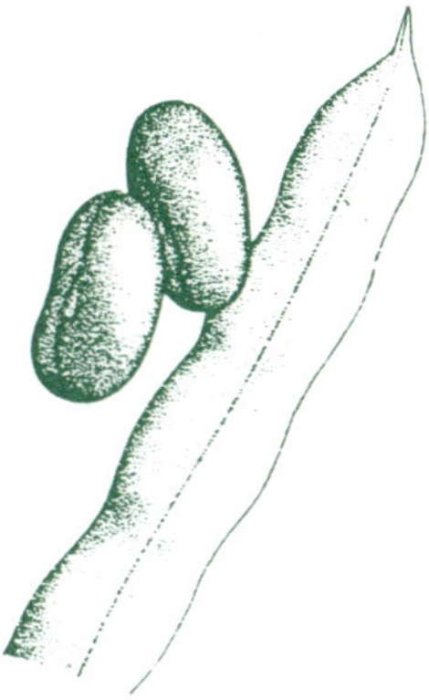

Avant de conserver les haricots en grains, *les fèves ou les pois, il faut s'assurer qu'ils ne contiennent pas d'insectes parasites. Aussitôt après la récolte, lavez les graines à grande eau. Ensuite faites-les sécher en plein soleil. Triez aussi soigneusement que possible pour éliminer les grains touchés.*

ROSIERS EN POTS

Ils sont très décoratifs en pots sur une terrasse ou un balcon, et sont faciles à cultiver. Donnez-leur un mélange de bonne terre de jardin et de terreau, en ajoutant un peu de sable. Il faut une profondeur de 30 cm au minimum pour les rosiers-buissons – moins pour les miniatures. Parmi les variétés les plus adaptées : 'The Fairy', 'Souvenir d'Adolphe Turc', 'Irène de Danemark', 'Little White Pet', 'Merveille des rouges', Yesterday®, 'Yvonne Rabier'.

Saint Hermann

« Fortes pluies d'automne • Printemps sec nous donnent »

Les artichauts tardifs

Pour déguster des artichauts très tard, jusqu'en décembre, placez un sachet sur quelques têtes alors qu'elles sont encore jeunes. Vous le retirerez quelques jours avant de récolter.

Du persil pour l'hiver. *Dans un pot à crocus (poterie percée de plusieurs trous sur les parois), repiquez des touffes de persil avec leur motte. Arrosez après la transplantation. Rentrez cette potée avant les froids, placez-la dans la cuisine, près de la fenêtre, et arrosez modérément. Ainsi, vous disposerez de persil frais jusqu'en hiver.*

Notes personnelles

....

....

DANS LA MAISON

LA ROSE DE CHINE
(Hibiscus rosa-sinensis)

Certaines plantes d'intérieur comme la rose de Chine à pousse rapide sont traitées, en serre, à l'aide de ralentisseurs de croissance, afin qu'elles conservent une forme compacte. Quand vous venez de les acheter, ne les taillez pas après la floraison, car elles auraient des difficultés à reprendre. En revanche, l'année suivante, vous les rabattrez normalement.

Découvrez... LE CERFEUIL MUSQUÉ

Cette plante vivace peut être cultivée aussi bien au jardin d'agrément, pour son feuillage léger, rappelant celui des fougères, qu'au potager, pour sa saveur anisée et fine. Elle forme une belle touffe de 80 cm de haut. Semez-la en automne, dans un sol léger et fertile, en situation légèrement ombragée. Espacez les pieds de 50 cm. Coupez les tiges florales dès leur apparition, pour favoriser le feuillage. Le cerfeuil musqué résiste au froid et peut être cultivé en toute région.

Saints Côme et Damien

« Qui prie Côme et Damien • Tout l'an se portera bien »

Les pruniers

Les sujets très vigoureux, qui ont fait beaucoup de bois et donné peu de fruits, peuvent être élagués au début de l'automne. Mais il faut protéger les plaies par du goudron de Norvège.

Les vertus de l'armoise

Les chèvres mangent, dit-on, de l'armoise pendant le travail, quand elles sont grosses, jusqu'à la délivrance. Ensuite, elles n'y touchent plus. L'instinct des animaux en matière de plantes médicinales est très sûr, on l'a souvent constaté. L'armoise est en effet une plante emménagogue, qui favorise le flux menstruel (elle est évidemment interdite aux femmes enceintes). On la conseille aussi en compresse, contre les irritations de la peau, et surtout contre les rhumatismes.

C'est le moment de rentrer les plantes d'intérieur qui ont passé l'été sur la terrasse. Effectuez un nettoyage en supprimant les feuilles jaunies et abîmées, et taillez un peu si nécessaire. Comme l'atmosphère de l'appartement est souvent un peu sèche, effectuez des bassinages réguliers et placez des humidificateurs sur les radiateurs.

La mâche passe l'hiver

Effectuez un semis d'une variété résistante au froid (mâche 'de Cambrai') pour la récolte de fin d'hiver et de printemps.

Notes personnelles

27 SEPTEMBRE

Saint Vincent de Paul

« Pluie de Saint-Vincent • Court avec le vent »

DANS LA MAISON

LES TULIPES ET LES JACINTHES

L'association de ces bulbeuses, pour être classique, n'en est pas moins toujours très décorative. Dans un grand pot ou une demi-barrique, plantez des bulbes de tulipes dans un mélange de bonne terre de jardin, de sable et de terreau, en les recouvrant jusqu'à la pointe. Placez des bulbes de jacinthes dans les vides et achevez de remplir le pot. Au printemps, vous obtiendrez une jolie composition florale… Mais à vous de bien choisir les couleurs.

Le bon remède

Les mouches blanches

Elles prolifèrent en ce moment dans les serres et sur les plantes d'intérieur. Ce sont de très petits insectes de couleur blanche et à l'aspect farineux qui s'envolent quand on touche les plantes. Pour les éliminer, on peut utiliser des plaques de matière plastique jaune fluo enduites de glu (dans les serres), ou des insecticides d'origine végétale.

Le haricot aime l'humus

Ce légume aime les terres saines, à la fois légères et riches en humus. En revanche, en sol nettement calcaire, il végète mal et donne des gousses ou des graines dures, peu savoureuses, difficiles à cuire. La seule solution consiste à effectuer un apport massif de compost bien décomposé au moment des labours d'automne. Et je connais même des jardiniers qui cultivent leurs haricots en bac !

28 SEPTEMBRE

Saint Venceslas

« Si l'aronde voit Saint-Michel • Tu n'auras pas d'hiver avant la Noël »

Les framboisiers

Lorsque la récolte est terminée sur les pousses de l'année, rabattez l'extrémité de ces cannes. Elles donneront des framboises en juin-juillet suivants, sur leur partie inférieure.

Bientôt le potiron

Les fruits approchent de leur maturité, mais ils vont encore grossir durant quelques semaines. Cependant, avec la Saint-Michel, les pluies vont sans doute s'installer et la pourriture menace. Placez chaque fruit sur une tuile ou sur une planche : ainsi, il gardera le derrière au sec !

POUR AIDER LES ROSIERS

Votre arbuste grimpant a très peu fleuri cette année ? N'hésitez pas à le rabattre au ras du sol – à l'exception des jeunes pousses. Fertilisez en étalant au pied une couche de terreau ou de compost de jardin.

Notes personnelles

....

....

« A la Saint-Michel • Le bon mouchier goûte son miel »

Les vertus du gattilier

C'est un beau petit arbuste aromatique, très méditerranéen mais rustique en région parisienne. On lui donnait autrefois le nom de « poivre des moines », parce que les cuisiniers des monastères en mettaient les feuilles dans les plats pour aider les frères à assumer leurs vœux de chasteté – la plante est en effet réputée anaphrodisiaque (ça signifie qu'elle dissipe les pensées interlopes et leurs effets !).

Découvrez... LE FRAGON

C'est un des champions pour la résistance à la pollution des villes. Ce petit arbuste *(Ruscus aculeatus)*, qui atteint 1 m de haut, porte des fausses feuilles coriaces et épineuses, persistantes, sur des tiges vertes. En automne, il est décoratif par ses baies rouges. Il préfère un terrain acide et convient bien pour décorer des lieux ombragés.

La poulette, *qu'on appelle aussi poulnée, est un engrais composé de déjections de la basse-cour ; il est parfois mélangé avec de la colombine, c'est-à-dire de la fiente de pigeon. C'est un bon engrais, mais très riche et concentré. Il faut l'adoucir en le mélangeant avec 8 à 10 fois son poids de tourbe ou de terre franche, deux semaines avant l'épandage. Ne l'utilisez jamais tel quel car il brûlerait les plantes.*

Notes personnelles

....

....

....

....

....

....

« La Saint-Jérôme venue • Voit le laboureur derrière sa charrue »

Le choix des pros

*Santonine**

***Diascoa rigescens* x *intergerrina* 'Lilacina' :** Les diascias nous séduisent pour leur entêtement à fleurir jusqu'aux premières gelées. Il faut les planter en sol riche en humus bien drainé, ne pas les laisser se dessécher. Ils tolèrent très bien le – 10 °C, s'ils ont les racines au sec l'hiver. Ce très bel hybride offre un tapis de petites fleurs lilas foncé se détachant bien sur un feuillage vert tendre. A utiliser en bordure de massif, mais aussi en potée.

***Gladiolus papilio* :** Tout en grâce et en légèreté, ce magnifique glaïeul n'a rien de comparable avec ses grands frères hybrides. Charme et raffinement pour cette belle bulbeuse formant une touffe d'où s'élèvent en fin d'été des hampes florales portant jusqu'à dix fleurs de couleur crème, teintées de violet. Hauteur : 1 m. Soleil.

***Nepeta subsessilis* var 'Rosca' :** C'est une plante charmante au feuillage aromatique, de culture facile en toute bonne terre de jardin au soleil et à mi-ombre. Elle a un port bien dressé avec un feuillage vert vif et des épis de grosses fleurs tubulaires rose tendre avec une lèvre inférieure rose plus foncé. Elle est très appréciée par les papillons. Hauteur : 30-40 cm. Floraison : fin de printemps-été.

***Penstemon* 'Alice Hindeley' :** Les penstemons offrent des grappes de fleurs dans le jardin du début de l'été jusqu'aux gelées, sans discontinuité. Ils ont, pour la plupart, des couleurs chaudes et lumineuses, mais 'Alice Hindley' est de couleur plus délicate. Ses boutons sont bleu lilas et la fleur, une fois ouverte, est blanche au cœur, et lilas bleuté sur les bords. Il est d'une bonne rusticité, – 15 °C. Soleil.

***Origanum vulgare* 'Polyphaut' :** Un magnifique feuillage doré mêlé d'argent, voici une marjolaine qui réjouit l'esthète et le gourmand. Variété vigoureusse, rustique jusqu'à – 15 °C. Floraison : blanc crème de mai à octobre. Hauteur : 15-80 cm. Soleil, mi-ombre.

* Voir le carnet d'adresses.

1er octobre

Sainte Thérèse de l'Enfant Jésus et Saint Remi

« De semer, à la Saint-Remi • On doit avoir fini »

C'EST LA RENTRÉE !

C'était le jour – tant redouté – de la rentrée des classes pour les enfants de ma génération. Maintenant, c'est aussi celui de la rentrée des rosiers à racines nues : ils sont mis en vente ce jour chez les pépiniéristes. Vous pourrez les acheter sans attendre, mais vérifiez bien qu'ils n'ont pas été effeuillés, et qu'ils ont perdu leurs feuilles naturellement. Tâtez les tiges : elles doivent être bien fermes.

Le bon remède

La mouche des narcisses

Cet insecte pique les bulbes du narcisse quand ils sont en végétation. La larve se développe au cours de l'été. Avant de planter des bulbes qu'on a arrachés à la fin du printemps, il faut prendre la précaution de les trier et d'éliminer ceux qui présentent un aspect irrégulier.

L'échalote fait sa rentrée

Dans les régions à climat doux, plantez l'échalote grise, à 2 cm de profondeur, dans un sol léger et bien ameubli. Mais vous n'êtes pas obligé de vous précipiter car vous avez jusqu'au mois de janvier pour le faire.

Lorsque les plantes d'intérieur sont regroupées, *elles forment une sorte de microclimat, parce que chacune dégage de l'humidité qui profite à tout le groupe. Pour que l'atmosphère soit encore plus propice, placez en outre, au milieu des pots, un récipient plein d'eau. Disposez les plantes harmonieusement (les grandes derrière), en jouant sur les contrastes des feuillages et des textures, et en ajoutant un peu de couleur avec des plantes en fleur ou même des bouquets de saison. Surveillez régulièrement les feuillages et les tiges pour réagir rapidement en cas d'attaque d'oïdium ou de parasite – il faut alors isoler la plante touchée, et traiter préventivement le reste du groupe. Ne serrez pas trop les feuillages, afin que l'air circule bien entre les végétaux.*

Saint Léger

« Feuilles qui tombent à la Saint-Léger • Annoncent souvent belle année »

LE POIS TRÈS HÂTIF 'D'ANNONAY'

Annonay, c'est en Ardèche, comme le savent tous ceux qui aiment cette région restée belle et sauvage malgré les touristes qui l'envahissent en été. Et on peut donc cultiver le petit pois nain d'Annonay dans le sud de la France – mais également dans les autres régions, parce qu'il s'adapte facilement. Il donne des cosses droites à bout carré contenant des petits grains bien ronds et bien réguliers, à saveur fine (ils deviennent blancs à l'état sec). Je crois que c'est le plus nain des pois (avec le 'Petit provençal'), puisqu'il forme des touffes denses ne dépassant pas 40 cm de haut. Autrefois, il était beaucoup forcé, et c'est ce qui a fait sa célébrité car c'était l'un des premiers à arriver sur les marchés. Je trouve que c'est toujours le meilleur pour les premiers semis, effectués sous tunnel ou en pleine terre, et on peut le récolter après un peu moins de 10 semaines de végétation. Dans le Midi et dans l'Ouest, on le sème souvent en octobre ; il germe en automne et il végète durant tout l'hiver, pour donner une récolte précoce au printemps. Semez-le en lignes distantes de 30 cm, à raison d'un grain tous les 2 cm, dans des rayons d'une profondeur de 6 ou 7 cm. Pour avancer la récolte, on peut pincer les pieds au-dessus du quatrième ou cinquième bouquet de fleurs (on obtient des cosses un peu plus belles). Et n'oubliez pas qu'il faut biner régulièrement entre les rangs, pour favoriser la pénétration de l'eau et pour aérer la terre.

3 OCTOBRE

Saint Gérard

« A la Saint-Gérard cueille les noix • Car elles sont mûres pour toi comme pour moi »

LE GAZANIA

Parmi les petites plantes annuelles d'été à fleurs de longue durée, j'ai un faible pour le gazania – il est souvent encore épanoui à cette époque, alors que les premières fleurs sont apparues en juin. Je signale une superbe variété, 'Day Break Bronze', compacte (20 cm), d'un orangé très vif et très lumineux, à cœur brun foncé. Superbe en bordure.

Le bon remède

Le chancre bactérien du cerisier

C'est une maladie assez fréquente. Elle entraîne l'avortement des bourgeons et des taches sur les feuilles. Ensuite, des rameaux dépérissent et meurent. On observe des dépressions sur l'écorce, avec un écoulement de gomme. Il faut traiter à la bouillie bordelaise actuellement, avant et après la chute des feuilles, et au moment du débourrement des bourgeons.

Dans une pièce exposée au nord *et chichement éclairée, peu de plantes survivent. Préférez les fougères, en particulier* Pteris cretica, *et aussi le* spatiphyllum *et* Cissus antarctica.

Notes personnelles

....

....

Saint François d'Assise

« Entre Saint-Michel et Saint-François • Prends le raisin comme tu le vois »

Les vertus des fanes de carotte

Ce n'est pas parce que vous n'élevez pas de lapins qu'il faut jeter les fanes de carotte. Elles sont riches en sels minéraux et délicieuses dans les soupes. Autrefois, on donnait aux jeunes enfants du bouillon de fanes de carotte, contre l'anémie et le rachitisme. Je ne suis pas sûr qu'ils adoraient ça, mais ça valait tout de même mieux, beaucoup en ont fait la douloureuse expérience, que l'huile de foie de morue.

La qualité du sol. *Lorsque la croissance d'un arbre ou d'un arbuste est trop lente, et que le sujet demeure chétif et manque de vigueur, c'est souvent le sol qui est en cause : il est trop humide et trop lourd, ou au contraire trop sec et trop maigre... Tout autour du tronc et à l'aplomb des branches charpentières, creusez un fossé circulaire d'une profondeur d'un bon fer de bêche (environ 30 cm). Placez dans le fond une couche de drainage (gravier et sable graveleux) et comblez avec un bon compost de jardin ou un mélange de terreau de fumier et de tourbe. L'arbre va rapidement retrouver ses forces et sa vigueur.*

La pomme de terre : quelle semence préférer ?

De nombreux jardiniers tiennent à produire eux-mêmes leur semence de pomme de terre. Cela donne parfois de bons résultats.
Cependant, assez souvent, cette pratique conduit à la transmission des maladies d'une saison sur l'autre. Il est donc plus sage d'acheter la semence de pomme de terre en jardinerie.
La semence non germée s'achète en automne : en attendant la plantation, on place les tubercules en clayettes et debout, à touche-touche et germe vers le haut, dans un local non gélif, en pleine lumière.

Sainte Fleur

« Automne en fleurs • Donne à l'hiver toute sa rigueur »

Le cassissier

Si vos arbustes sont plantés depuis un an, c'est le moment de les tailler. Ne conservez que six à huit rameaux issus de la souche, et raccourcissez-les d'un tiers.

Il est encore temps de semer du gazon *sur les parties dénudées et râpées de la pelouse. Ameublissez le sol à la griffe et incorporez un peu de terreau, roulez, semez dru, recouvrez de terreau puis roulez à nouveau. Arrosez en pluie fine. Vous pourrez utiliser une semence spéciale pour ce type de rapiéçage : il s'agit d'un ray-grass à croissnce rapide qui donne un tapis dense à brève échéance.*

Le bon remède

La gomme du cerisier et du prunier

Un écoulement de sève est toujours préoccupant. Il peut être dû à un manque d'eau, dans les périodes de sécheresse, ou au chancre bactérien chez le cerisier. Cependant, très souvent, c'est une conséquence de la maladie criblée (coryneum) qui se traduit aussi par des petits trous sur les feuilles. Il s'agit d'une maladie bactérienne que l'on traite par des pulvérisations de bouillie bordelaise maintenant, après la chute des feuilles, et un peu avant le débourrement des bourgeons.

LES CAPUCINES NOUVELLES

Chaque année apporte son lot de nouvelles variétés. Parmi les naines, il y a notamment 'Peach Melba', à fleurs jaune clair à grandes macules rouge écarlate. La série de capucine naines 'Whirlybird' est remarquable, avec notamment la variété 'Cherry' qui donne des fleurs d'un rose carmin très soutenu. Je l'ai adoptée pour mes jardinières.

« A la Saint-Bruno semé • Noir sera le blé »

Les hôtes du jardin : La musaraigne

Elle ressemble à la souris, mais son museau est beaucoup plus long. C'est un chasseur émérite d'insectes, de chenilles et de limaces. Elle vit en général sous les tas de fagots et dans les couverts denses de buissons.

Découvrez... LE PAVOT D'ORIENT 'TÜRKENLOUIS'

D'accord, les pavots d'Orient ne fleurissent pas très longtemps. Mais quelles fleurs ! Plantez celui-ci en groupe de 3, 5 ou 7, dans vos massifs de vivaces, et tenez-vous prêt à ouvrir les yeux en mai-juin : ses grandes fleurs à pétales souples et frangés sont d'un rouge écarlate soutenu. Il atteint 80 cm, demande un sol léger, plutôt sec, et accepte une tendance calcaire.

Le raisin de Noël. *Un secret précieux pour conserver longtemps les raisins, même jusqu'à la Noël : placez-les dans des cagettes entre deux bonnes couches de fleurs de sureau, récoltées au printemps et séchées au soleil, et conservez-les au grenier. Ajoutez éventuellement un peu de sciure aux fleurs.*

Les derniers radis

Dans les régions à climat doux, il est encore possible de semer du radis au pied d'un mur exposé au sud, dans une terre meuble. Choisissez une variété à croissance rapide ('Gaudry', 'de dix-huit jours', 'Kiva'). Bassinez le sol le matin. S'il y a une période de froid, protégez avec un film de forçage.

7 OCTOBRE

Saint Serge

« En octobre le vent • Met la feuille au champ »

« ALLER À LA MOUTARDE »
A l'origine, on appelait « moutarde » une pâte obtenue à partir du moût de raisin, que l'on utilisait en condiment. Mais la moutarde, fabriquée avec la plante, est en usage en Europe dès le XIIIe siècle. Au Moyen Age, on disait à Paris « On en va à la moutarde » pour qualifier une chose à la mode.

Le bon remède

La tourbe

Ce combustible est le produit de la décomposition partielle des matières végétales entassées en présence d'eau acide. En Écosse, le charbon du pauvre a reçu ses lettres de noblesse : c'est la tourbe que l'on utilise pour sécher l'orge malté et qui donne son arôme particulier à cet étrange breuvage qu'est le whisky pur malt. Malheureusement, les tourbières, qui abritent une faune et une flore exceptionnelles, sont excessivement exploitées et en danger. C'est pourquoi il est préférable d'utiliser pour le jardin des produits de substitution qui sont d'ailleurs de plus en plus largement diffusés.

Les vertus de la jusquiame noire

C'est cette plante assez haute, velue, à feuilles découpées et poisseuses, qui donne des fleurs blanchâtres veinées de violet, que l'on rencontre assez communément sur les friches et les décombres. Elle est très toxique – et un peu mystérieuse. Autrefois, elle entrait dans maints filtres d'amour et autres préparations de sorcellerie. Mais elle a le gros avantage de faire fuir les rats, souris et autres rongeurs. Vous placerez donc de petites gerbes de tiges et de feuilles dans les greniers, les caves et les hangars. Sans oublier de prévenir vos proches de la toxicité de la plante.

Notes personnelles

....

....

....

Sainte Pélagie

« Neige d'octobre • Rend l'hiver sobre »

LES GÉRANIUMS

Si vous avez bouturé vos géraniums (*Pelargonium*) en été, c'est le moment de rentrer ces boutures. Éliminez les feuilles tachées ou jaunies, et aussi les fleurs, s'il y a lieu, traitez à l'aide d'un insecticide et placez les pots en serre froide ou dans une pièce peu chauffée (10 °C environ). Diminuez très sévèrement les arrosages.

La tomate

Les froids arrivent et il faut récolter les dernières tomates. Cueillez-les et enveloppez-les dans du papier, dans la cuisine ou dans un local assez chaud ; elles vont rougir en quelques jours. On peut aussi arracher les pieds pour les suspendre dans la cave, avec leurs fruits. Mais dans les deux cas, seules mûrissent les tomates suffisamment grosses.

***Les bacs** à réserve d'eau vieillissent assez vite, étant donné la dureté de l'eau. Pour en prolonger l'utilisation, et pour assurer une bonne irrigation des plantes, effectuez un nettoyage approfondi tous les deux ans. Détartrez la toile de fond avec de l'eau vinaigrée – mais rincez-la ensuite abondamment.*

Le bon remède

La bruche

Ce parasite cause parfois de gros dégâts dans les haricots secs conservés dans les greniers. L'insecte pique la graine au début de sa croissance, et la larve sort à la fin de l'hiver, pour gagner les potagers et les champs. Le meilleur traitement consiste à exposer les graines au froid juste après la récolte : il suffit de les laisser quelques jours dans la partie la plus froide du réfrigérateur. Si vous conservez les haricots en cosse, placez-les dans un local ouvert au froid de l'hiver.

Notes personnelles

....

....

....

9 OCTOBRE

Saint Denis

« Souvent à la Saint-Denis, le vent qui vient à minuit • Pour tout l'hiver nous est promis »

Découvrez... LES COLOQUINTES

Ce sont de proches cousines des courgettes et on les cultive exactement de la même manière, en les supportant toutefois par des tuteurs (par exemple trois bambous disposés en cercle) pour mieux les présenter et pour éviter qu'elles ne soient souillées. Elles portent des noms pittoresques : 'Turban d'Aladin', 'Galeuse', 'Griffes du diable', 'Tord-cou'... Cueillez-les alors que le feuillage jaunit et qu'elles sont déjà colorées. Faites-les sécher un mois dans un endroit frais et sec. Ensuite, lustrez au chiffon ou vernissez-les pour qu'elles se conservent plus longtemps. Les coloquintes font d'excellentes boules pour le sapin de Noël.

Les vertus du pigamon

Si le torchon brûle chez un couple de vos amis, jetez discrètement quelques graines de pigamon dans leurs assiettes. Cette recette est employée par certains Indiens d'Amérique pour restaurer la paix des ménages. Même si vous n'avez pas ce genre de problème, je vous recommande chaudement cette belle plante (Thalictrum)*, superbe à mi-ombre et en sol frais, par son feuillage comme par ses inflorescences légères.*

***Les rosiers à racines nues** sont mis en vente dans les pépinières et les jardineries. C'est le moment d'acheter car c'est souvent à cette époque que l'on trouve les meilleurs arbustes. Et c'est aussi le moment de planter – sauf dans les régions à hiver rude où il vaut mieux attendre les dernières semaines de l'hiver. En tout cas, vous avez jusqu'à mars pour vous décider. A partir d'avril, on ne trouve plus que des rosiers en conteneur.*

LES GRAINES DE SOLEIL

Si vous avez cultivé des soleils en fond de massif, récoltez les graines : vous les donnerez aux oiseaux pendant l'hiver, ou encore aux poules – ou à votre perroquet si vous en avez un, il adore ça ! Par ailleurs, moulues, les graines de soleil sont une excellente amorce pour la pêche à la friture.

10 OCTOBRE

Saint Ghislain

« Qu'arrive par temps sec Saint-Ghislain • L'hiver sera mouillé du début à la fin »

LA CHÂTAIGNE

C'est une vieille spécialité gauloise ! Vous le savez comme moi si vous lisez *Astérix* : une bonne châtaigne permet souvent de résoudre bien des problèmes. Et autrefois, c'était une richesse dans les campagnes. Ma grand-mère me racontait (il y a déjà malheureusement pas mal de temps !) qu'elle ne mangeait guère que ça d'octobre à mars. Et il n'y en avait pas pour tout le monde ! Dans un petit village du Morvan, j'ai pu lire, à la mairie, un décret datant de près d'un siècle (tombé en désuétude mais toujours en vigueur), stipulant qu'on a le droit de ramasser des châtaignes dans les bois d'autrui, à condition de ne pas s'arrêter de marcher ! En tout cas, c'est un fruit très riche en amidon et en sucre, et aussi en vitamines B1, B2 et C.

L'ail en terre légère

Plantez dès maintenant les gousses d'ail si la terre de votre jardin est légère et bien drainée : elles ne risquent pas de pourrir durant l'hiver. Préférez l'ail commun blanc.

DANS LA MAISON

L'ARUM D'INTÉRIEUR

Le spathiphyllum est une superbe plante d'intérieur qui supporte parfaitement le chauffage central. Il demande une lumière moyenne, mais il lui faut de l'humidité. Placez le pot sur une soucoupe remplie de graviers dans laquelle vous verserez de l'eau, et bassinez en été. La plante fleurit sans difficulté, et ses fleurs blanches, typiques des arums, sont très élégantes sur le feuillage vert brillant.

Le bon remède

La mouche de l'asperge

Le haut de la tige s'affaisse et se dessèche. Le responsable est la mouche, une larve blanc brunâtre qui creuse des galeries dans la tige. En cas d'attaque, coupez toutes les tiges des asperges pour les brûler. Au printemps suivant, effectuez plusieurs applications d'insecticide d'origine végétale sur l'aspergeraie.

Saint Firmin

« Souvent Saint-Firmin • Attrape les mouches avec la main »

Découvrez...

L'HORTENSIA À FEUILLE DE CHÊNE

C'est entendu, les hortensias classiques, à grosses fleurs, sont fort beaux ; mais il faut découvrir aussi d'autres espèces du genre *Hydrangea*, qui en compte beaucoup. Par exemple, *H. quercifolia* est intéressant pour ses feuilles lobées, ressemblant effectivement à celles du chêne (mais en plus grand), vert moyen dessus et argentées au revers, virant au pourpre en automne. Il donne des larges grappes dressées, de 15 cm, en été ; elles sont d'abord blanches, puis un peu pourprées. Les jeunes rameaux sont rougeâtres et duveteux. Pour sol riche et frais, et mi-ombre. C'est une plante calcifuge qui n'exige pas, pour autant, un milieu de terre de bruyère.

Installez les oignons

Mettez en place les oignons semés en août. Espacez-les de 10 cm sur des lignes distantes de 15 cm – si l'hiver est doux, vous récolterez vos premiers oignons en avril. Cependant, dans les régions très froides, on peut attendre début mars pour repiquer afin d'éviter les pertes en cas de froid très vif.

LE MANTEAU DE JOSEPH

On appelle ainsi l'amarante tricolore, belle plante annuelle à tige dressée, atteignant 1 m, à feuillage tricolore, panaché de rouge, de jaune et de vert. Une espèce à populariser davantage, dans les massifs.

Le bon remède

Le jaunissement de l'épinard

Les feuilles se décolorent et jaunissent lorsque le sol est trop acide. Pour éviter cette chlorose, effectuez un chaulage deux semaines avant le semis. Utilisez par exemple un produit à base d'algue calcaire.

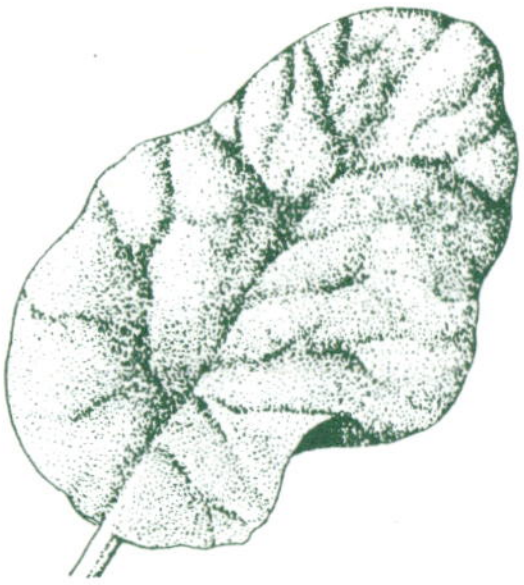

Saint Wilfried

« Qui se méfie de Saint-Wilfried • N'aura pas son grenier vide »

Tailler le groseillier

Une branche de groseillier n'est productive que pendant cinq ans. Il faut donc, chaque année, remplacer une partie de la touffe en coupant, à la base, les branches les plus vieilles afin de favoriser le développement des jeunes pousses. Ne conservez en tout que huit à douze branches. Maintenez un bon équilibre de la touffe en aérant bien le centre.

La conservation des carottes. Pour éviter que la pourriture ne se déclare, ne conservez que des carottes arrivées à maturité, et surtout ne les lavez pas. Placez-les dans des caissettes au préalable désinfectées.

LE SORBIER

Tous les oiseaux ne sont pas dangereux pour les arbres fruitiers, loin de là. Beaucoup d'espèces dévorent des quantités prodigieuses d'insectes parasites. Pour les attirer dans votre jardin, plantez le sorbier des oiseleurs *(Sorbus aucuparia)*. C'est un beau petit arbre, très joliment coloré en automne. Il donne une floraison blanche en juillet, suivie, d'août à décembre, de fruits rouges persistants et décoratifs dont on fait des confitures savoureuses, un peu acidulées.

Le bon remède

La cloque du pêcher

Avant la chute des feuilles, effectuez un traitement à la bouillie bordelaise (de même sur les amandiers).

Notes personnelles

13 OCTOBRE

Saint Géraud

« Souvent Saint-Géraud • Nous donne trois jours beaux »

Les hôtes du jardin : La pachyure étrusque

C'est une toute petite musaraigne, et l'un des mammifères le plus petit au monde. En effet, elle ne pèse que 2 g pour une longueur de 3 à 5 cm (sans la queue). Elle est fréquente dans les jardins, surtout dans le sud de la France. Elle habite dans les buissons et les herbes hautes et elle dévore un nombre fantastique d'insectes et de larves divers. Elle est donc à protéger.

LA CHÂTAIGNE D'EAU

« De tout temps, la châtaigne d'eau a été considérée comme alimentaire. Elle est vendue sur les marchés de Loire inférieure. La plante forme des bancs étendus dans la rivière l'Erdre, notamment, ainsi que j'ai pu le constater. La récolte se fait à l'aide de bateaux, en se servant de crochets pour enlever les plantes hors de l'eau. » Ces quelques lignes ont été écrites au début de ce siècle par le grand Désiré Bois, l'auteur génial du *Potager d'un Curieux* (dont la Société nationale d'horticulture de France réédite les œuvres). La châtaigne d'eau *(Trapa natans)* est très facile à cultiver dans les bassins, et elle est décorative par ses feuilles et par ses fruits ; ceux-ci ont une excellente chair farineuse, sucrée et savoureuse. On les consomme crus ou cuits.

Du raisin pour l'hiver. *Voici une autre façon de conserver du raisin. Sélectionnez les plus belles grappes de votre vigne et cueillez-les avec un morceau de sarment en T dont vous placerez l'une des branches dans une carafe pleine d'eau (mettez-y aussi un morceau de charbon de bois). Vous pourrez ainsi conserver le raisin en cave fraîche et obscure jusqu'à la Noël.*

L'épinard de printemps

Semez l'épinard ('Géant d'hiver') en lignes espacées de 20 cm. Il sera productif en mars-avril. N'oubliez pas que ce légume est très riche en vitamine C et en sels minéraux.

Notes personnelles

....

....

« Quand octobre se remplira de vent • Du froid tu pâtiras longtemps »

Les vertus du marron d'Inde

Ma grand-mère en glissait un dans sa poche contre les rhumatismes… mais je ne peux vous garantir l'efficacité. En revanche, une décoction de marrons d'Inde (une dizaine pour un litre d'eau) est un insecticide puissant contre les parasites du sol, notamment les vers blancs. Malheureusement, elle détruit aussi les vers de terre, indispensables à la bonne santé des plantes. Mais vous pouvez néanmoins l'utiliser sur les plantes en pots.

LES ROSIERS REDOUTENT LE POURRIDIÉ

Il est déconseillé de planter des rosiers nouveaux là où d'autres étaient installés auparavant. En effet, les racines demeurées dans le sol pourrissent, et peuvent transmettre le pourridié – maladie grave – aux jeunes sujets. Vous pouvez remplacer la terre sur 60 cm de profondeur, mais cela représente des terrassements importants, surtout si vous plantez plusieurs rosiers. En tout état de cause, essayez d'extirper le maximum de racines à l'arrachage des vieux rosiers.

__La sciure de bois__ est précieuse au jardin. On peut bien sûr l'incorporer au tas de compost. Quand elle est bien sèche, elle est idéale pour conserver en caisse les fruits, les légumes… Enfin, mélangée à de la chaux (hydraulique), elle donne un excellent mortier pour reboucher les creux des arbres ou protéger le dessus des vieilles souches que l'on souhaite conserver.

Le bon remède

La cloque

Pour prévenir cette maladie du pêcher, de l'amandier et de l'abricotier, effectuez en automne un traitement de l'arbre et du sol à son pied à l'aide d'une décoction de prêle ou de purin d'ortie. Par ailleurs, éliminez et brûlez les fruits momifiés restés sur l'arbre après la récolte.

Notes personnelles

« En octobre tonnerre • Fait la vendange prospère »

***On appelle phanères** les plumes, les poils, les cornes et les sabots, et ces matières organiques font de bons engrais. C'est ainsi que vous pouvez enfouir, aux labours, un lit de 10 cm de plume de volaille sous une quinzaine de centimètres de terre. Les plantations de printemps y puiseront beaucoup de vigueur.*

LE MYOSOTIS

C'est une de nos meilleures bisannuelles, délicieusement romantique et pleine de fraîcheur. On peut constituer de large touffes, dans les massifs ou même sous les grands arbres à feuillage caduc, en associant plusieurs variétés compactes de coloris différents : bleu ('Compindi'), rose ('Victoria rose') et blanc ('Victoria blanc'). C'est le moment de les mettre en place, par groupe.

Découvrez... LA CIBOULE DE CHINE

Les plantes de la famille de l'ail sont nombreuses et offrent une belle palette de saveurs. Celle de la ciboule de Chine *(Allium tuberosum)* est assez douce et très agréable. Il s'agit d'une plante vivace que l'on peut aussi cultiver en annuelle et en bisanuelle. On utilise non seulement les feuilles, mais aussi les fleurs – pour décorer et agrémenter les salades. La croissance est rapide et il faut couper fréquemment une partie des feuilles à la base, pour qu'elles se renouvellent.

Notes personnelles

....

....

....

....

....

....

....

....

....

16 OCTOBRE

Saints Edwige et Gall

« Si Saint-Gall coupe le raisin • C'est mauvais signe pour le vin »

Des petits pois pour le printemps

Dans le Midi, dans le Sud-Ouest et dans l'Ouest, faites un semis de pois rond ('Très hâtif d'Annonay', 'Petit Provençal', 'Proval'); ils vont germer et végéter durant tout l'hiver, et ils donneront une récolte au printemps. Vous pourrez également essayer 'Sima', un pois ridé résistant au froid, assez sucré et savoureux.

Les fuchsias. *Pour effectuer des boutures de fuchsia, prélevez en automne une dizaine de rameaux et faites-en une botte que vous coucherez dans du sable humide (dans un pot en plastique). Pendant l'hiver, conservez-les dans un endroit frais mais non gélif (serre froide ou véranda peu chauffée). Au printemps, repiquez les boutures en godets individuels, dans un mélange de terreau et de sable.*

Découvrez... L'ÉRABLE

Au Japon, il n'existe pas de jardin qui ne compte au moins un érable – arbre porte-bonheur et très décoratif. Je vous engage à découvrir bien vite les nombreuses variétés à feuilles très finement découpées de l'érable du Japon *(Acer palmatum dissectum)* ; elles présentent un port gracieux et étalé (2 m de large pour 1,5 m de hauteur), et leur croissance est lente. Le feuillage a l'aspect de la dentelle, et il prend de superbes teintes en automne. Je conseille en particulier 'Garnet', à jeunes rameaux rouge vif et feuilles rouge foncé, et 'Nigrum', à feuilles pourpre foncé. Ces érables préfèrent la mi-ombre et poussent en sol à tendance acide (terre de bruyère), riche en humus et bien drainé. On peut les associer aux rhododendrons et aux camélias.

Notes personnelles

17 OCTOBRE

Saint Baudoin

« En octobre qui ne fume bien • Ne récolte rien »

La pomme de terre sur un coussin

Si votre sol est lourd et humide, vous risquez de voir les tubercules de pomme de terre pourrir avant d'avoir donné un feuillage. Au moment des labours, en automne, faites un apport conséquent de fumier animal ou de compost de jardin. Et plantez chaque tubercule sur un coussin de plumes de volailles : la pousse se fera dans de meilleures conditions.

Notes personnelles

Découvrez…

LE FAUX INDIGO

Connaissez-vous ce superbe arbuste *(Amorpha fruticosa)* au feuillage exceptionnel par sa finesse, d'un vert très doux. A partir de juin et jusqu'en août, il donne des inflorescences en nombreux épis, très légers, violet pourpré. Il est vigoureux et on le cultive en sol frais et en situation abritée (sa plantation se fait en automne). Il est vigoureux et peut prendre l'aspect d'un petit arbre si l'on dégage un tronc, ou au contraire constituer une touffe.

L'AMARANTE

Amarantus panuculatus

C'est une amarante, mais contrairement à la queue-de-renard, elle donne des inflorescences en longs épis colorés et dressés. Je conseille la variété 'Green Thumb' dont les inflorescences vert clair sont superbes dans les bouquets secs ou de saison.

« Rose qui embaume le jardin • Annonce pluie en chemin »

Attendrissez le cardon

Trois ou quatre semaines avant la récolte, liez les feuilles et les côtes du cardon avec du raphia, avant de les entourer d'un film de plastique noir. Ils seront ainsi plus tendres. On les consomme aussi sans les faire blanchir : ils sont un peu plus fermes, avec un goût plus fort, mais ils sont plus sains et plus riches en éléments nutritifs.

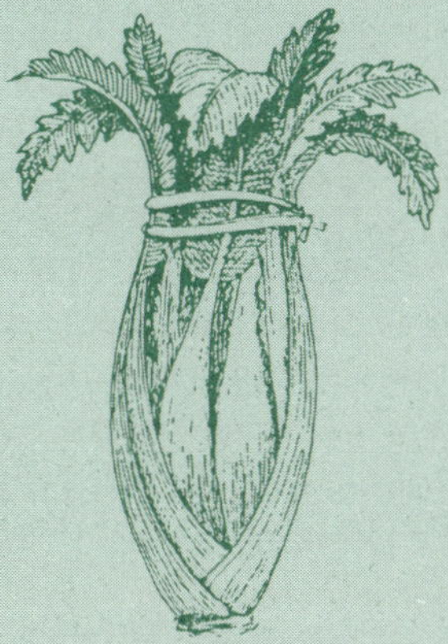

DANS LA MAISON

LE NID D'OISEAU
Asplenium

Cette fougère est fort décorative par ses larges frondes brillantes. On peut l'installer dans une pièce un peu sombre. Mais il faut lui éviter les courants d'air, qu'elle déteste. Éloignez-la du radiateur.

Le bon remède

Le ver blanc

Certains jardiniers se plaignent de voir leur terre littéralement infestée par cette terrible larve du hanneton. Pour s'en défaire, on peut utiliser les insecticides de sol, mais le sulfate de fer est également très efficace. Épandez-le avant les labours à raison de 80 g/m². Et ajoutez aussi des feuilles de chou, selon la bonne recette des jardiniers d'autrefois.

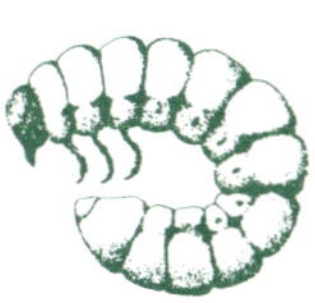

Pour détartrer *efficacement une casserole ou une bassine, faites bouillir dedans longuement une bonne quantité d'épluchures de pommes de terre. L'effet est radical.*

19 OCTOBRE

Saint René

« En octobre chaleur qui dure • Promet en février grande froidure »

Le groseillier à maquereau

La taille est à peu près la même que celle du groseillier à grappes. On se contente de supprimer les branches âgées de cinq ans pour favoriser les nouvelles pousses, et on dégage le centre de la touffe.

LES BISANNUELLES ET LES BULBEUSES

On les associe souvent pour les massifs de printemps – le mariage du myosotis et de la tulipe, pour être classique, n'en est pas moins toujours heureux. Commencez par mettre en place les bisannuelles (myosotis, giroflée, pâquerette, primevère), puis piquez les bulbes entre les pieds.

Le bon remède

L'oïdium du pommier

Si votre pommier a été atteint par l'oïdium, effectuez une application de fongicide à base de soufre au moment de la chute des feuilles. C'est le meilleur moyen d'éviter que la maladie ne réapparaisse l'année suivante. Ensuite, vous ramasserez toutes les feuilles pour les brûler. Ce traitement est également valable pour les autres fruitiers.

Découvrez…

LE PAVIER BLANC

Voilà un remarquable arbuste pour les sous-bois, que l'on peut aussi utiliser en fond de massif, à mi-ombre. De la famille du marronnier, cette espèce américaine (*Aesculus parviflora*) atteint 2 à 3 m de haut, et forme un large buisson. Le feuillage est ample, vert franc dessus et grisâtre au revers, et il prend une belle teinte jaune en automne. En été, des fleurs blanches forment de longues grappes d'aspect plumeux, très élégantes. Il pousse en sol ordinaire.

__En travaillant le sol,__ attention de ne pas abîmer les racines qui se développent près de la surface (cas du deutzia, du seringat, du buis et de l'if). Il faut se contenter de béquiller sur deux ou trois centimètres de profondeur, pour juste casser la croûte superficielle et ainsi permettre à l'eau de pénétrer.

20 OCTOBRE

Sainte Adeline

« Qui veut bien moissonner • En octobre doit semer »

Recéper le groseillier

Si un groseillier n'a pas été taillé depuis longtemps, il faut le recéper en automne en supprimant à la base toutes les branches vieillies et peu productives. La récolte sera peut-être faible l'année suivante, mais la touffe se régénérera et les années suivantes seront riches en groseilles.

Les feuilles mortes se ramassent... Il ne faut pas les laisser sur la pelouse pendant l'hiver, car l'herbe jaunirait. Mais si le maniement du balai à pelouse vous semble trop fatigant, utilisez la tondeuse (évidemment munie d'un panier à herbe) en la réglant en position haute. Elle absorbe les feuilles mortes comme un aspirateur.

Découvrez...

LE POTIMARRON

Avez-vous déjà goûté ce délicieux petit potiron qui nous vient du Japon ? La saveur de sa chair est proche de celle de la purée de marron, et les enfants en raffolent. Ça tombe bien car ses qualités nutritives sont exceptionnelles : il est riche en vitamines, en oligo-éléments, en sucre et en carotène. On le cultive comme le potiron ordinaire. Il existe différentes variétés ; je recommande particulièrement 'Chestnut Bush', qui donne des fruits moyens (2 kg) de couleur gris bleu.

Notes personnelles

....

....

....

....

....

....

....

21 OCTOBRE

Saintes Céline et Ursule

« Souvent à la Sainte-Ursule • D'un jour le froid recule. »

« J'VAIS LUI RENTRER DANS LE CHOU ! »
Le jardinier parle de tête de chou, mais l'imagination populaire assimile plus volontiers ce légume dodu au postérieur. L'expression ne manque donc ni de force ni de virilité. On peut supposer que « bête comme chou » se réfère à la même signication. Et quand on dit : « elle a du chou cette petite ! », c'est un compliment qui s'adresse à une personne dont « le dos, comme dit Brassens, perd son nom avec si bonne grâce, qu'on ne peut s'empêcher de lui donner raison ».

Les vertus du céleri

Par ses branches comme par sa racine, c'est un légume très digeste et un des plus parfumés du potager. En outre, le jus de branches de céleri est excellent contre les engelures. De doctes auteurs prétendent que cette plante donne de la vigueur pour les ébats nocturnes. A vérifier !

Découvrez... LE NANDINA

Ce joli petit arbuste *(Nandina domestica)* mérite d'être cultivé davantage. Originaire de Chine et du Japon, il offre un feuillage persistant, léger et divisé, vert foncé, devenant pourpré en automne et en hiver. En juin-juillet, il donne de belles inflorescences blanches, aériennes, qui sont suivies de baies rouges. Pour sol ordinaire, au soleil ou à ombre légère.

Notes personnelles

Saints Élodie et Vallier

« A la Saint-Vallier • Le bois est au bûcher »

Les qualités du persil

Le persil commun et le persil 'Géant d'Italie' sont les plus parfumés. En revanche, les persils frisés résistent mieux au froid ; on peut notamment retenir le frisé 'Bravour', de couleur vert foncé et très crispé, qui permet des récoltes pendant une bonne partie de l'hiver.

HABILLEZ LE ROSIER

Avant de planter vos rosiers à racines nues, habillez les racines en éliminant les parties sèches ou pourries, et en les raccourcissant un peu avec le sécateur. Ensuite, pralinez-les en les trempant dans une boue fertile – mélange de terre, de fumier et d'eau, ou solution préparée à partir d'un produit de pralinage que l'on trouve en jardinerie (pralin).

Le bon remède

Une carence en zinc

Elle touche beaucoup d'arbres fruitiers et se traduit par des entre-nœuds plus courts et des feuilles en rosette. Mais, dans bien des cas, un apport de zinc est profitable à des sujets en bonne santé, et il favorise la mise à fruits (en particulier chez les cerisiers, les orangers et les citronniers). Grattez un peu de poudre sur une vieille gouttière et appliquez-la sur l'écorce après avoir effectué une incision.

Notes personnelles

....

....

....

....

Saint Jean de Capistran

« A la Saint-Jean • Verjus pendant, argent comptant »

Une haie des quatre saisons : pour constituer une haie libre, d'aspect champêtre, associez différents arbustes en les plantant en quinconce, espacés de 80 cm. Choisissez par exemple : abélia, arbuste aux papillons, cerisier à fleurs, chèvrefeuille Tatarica, kolkwiltzia, laurier-tin, philadelphus, lila, forsythia, rosier-liane.

Le bon remède

Le chancre du pommier

Les pommes ont tendance à pourrir rapidement sur l'arbre : examinez-bien les rameaux et les branches. Si vous découvrez des déformations de l'écorce accompagnées d'un brunissement, avec un petit bourrelet en périphérie, il s'agit du chancre – une maladie qui peut être grave. Coupez les rameaux touchés et brûlez-les. Sur les grosses branches, grattez les chancres à la brosse métallique et appliquez ensuite du goudron de Norvège. Par la suite surveillez bien le pommier – surtout dans les régions humides et notamment en Normandie – et effectuez des applications de bouillie bordelaise en ce moment, lorsque toutes les feuilles sont tombées, et également en mars, avant le débourrement des bourgeons.

Découvrez...

LA PIMPRENELLE

Cette plante vivace produit un beau feuillage vert vif, divisé et léger, et des inflorescences rouge violacé en été ; elle trouve facilement sa place, en bordure au potager ou dans un massif du jardin d'agrément. Ses feuilles ont une saveur proche de celle du concombre et on les utilise pour parfumer les salades et le fromage blanc. Elles font en outre un excellent fourrage pour les lapins. La pimprenelle préfère les sols un peu frais, assez profonds.

24 OCTOBRE

Saint Florentin

« Lune qui prend dans l'eau • Au troisième jour ôte son chapeau »

Le tayberry

Ce fruit est intermédiaire entre la mûre et la framboise, et l'arbuste, très vigoureux, donne une récolte généreuse – 10 kg, sans mentir ! C'est le moment de le planter (deux pieds au moins, pour avoir un bon rendement). Il faut l'installer en plein soleil, dans une terre enrichie de matières organiques.

Méfiez-vous des produits destinés à lustrer les feuilles *des plantes d'intérieur que l'on trouve dans le commerce. Ils sont souvent mal supportés, en particulier par le Ficus benjamina. Il vaut beaucoup mieux utiliser une petite éponge et de l'eau claire.*

DANS LA MAISON

LA FOUGÈRE ARBORESCENTE

Au Brésil, on découpe en tronçons les troncs des fougères arborescentes et on les évide pour en faire des pots que l'on utilise en suspension. A l'heure actuelle, on en trouve dans certaines jardineries. Ces pots sont décoratifs, et excellents pour cultiver les orchidées et d'autres plantes épiphytes, mais également les bégonias tubéreux *(Pendula)* et beaucoup d'autres plantes retombantes ; les racines respirent bien et pénètrent même dans les fibres végétales de la fougère arborescente. Pour arroser, on fait tremper le pot dans l'eau pendant quelques minutes, pour qu'il s'imbibe complètement : il va conserver l'humidité pendant longtemps.

Notes personnelles

....

....

....

....

....

Saint Crépin

« A la Saint-Crépin • La pie monte au pin »

Le navet d'hiver

Arrachez les navets destinés à la conservation. Laissez-les sur place une journée ou deux pour qu'ils sèchent. Coupez le feuillage au couteau, au-dessus du collet, et placez les navets dans du sable sec, en caisse que vous rentrerez en cave. Les variétés les plus résistantes au froid ('Blanc dur d'hiver', 'de Péronne') peuvent rester en place ; on les protège simplement par une litière de feuilles, mais les racines sont parfois attaquées par les rongeurs.

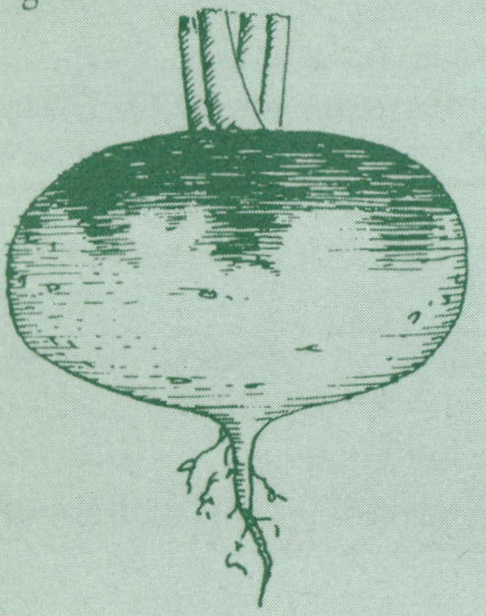

Découvrez...

LE LYSICHITON

Vous aimez les plantes spectaculaires ? En voici une. On l'appelle « faux arum » à cause des ses inflorescences à spathe et spadice (c'est-à-dire en forme de cornet), mais elles sont d'un beau jaune d'or très soutenu. Elles s'épanouissent en avril-mai. Ensuite, viennnent les grandes et belles feuilles qui forment de grosses touffes, hautes de 1 m et plus. C'est une espèce d'aspect exotique, pour bord de bassin et lieu marécageux. A associer aux gunneras, aux pétasites et autres ligulaires.

En couche épaisse, la paille *est la meilleure des protections contre le froid. Elle est également précieuse pour le compost ; on l'incorpore aux fumures animales afin de leur donner davantage de corps. Toutefois, la paille que l'on achète dans les fermes est parfois assez lourdement chargée en pesticide. On recherchera les pailles d'avoine et de seigle, de préférence à celle de blé, parce qu'elles retiennent moins ces substances chimiques.*

Notes personnelles

....

....

....

26 OCTOBRE

Saint Dimitri

« A la Saint-Dimitri prends ton manteau • Car la pluie est pour bientôt »

Le sol du verger

Si vous avez semé des engrais verts en été, c'est maintenant qu'il faut les enfouir, en effectuant un ameublissement superficiel du sol. Vous pouvez aussi ajouter une fumure animale bien décomposée, du sang desséché ou de la corne torréfiée.

Le moyen le plus simple *(mais aussi le plus long, pensez-y !) pour obtenir de nombreux arbres, c'est tout simplement de les semer. Les graines ont besoin de subir une longue période de froid (stratification) pour germer au printemps, et il faut donc les mettre en terre maintenant, dans un coin du jardin. Semez notamment les chênes, les hêtres, les sorbiers et les marronniers.*

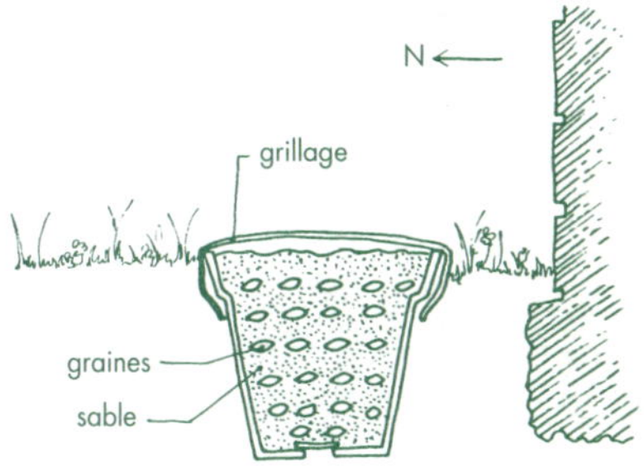

La pomme de terre sous la cendre

Colette aimait la pomme de terre cuite sous la cendre. Elle n'est pas la seule, surtout quand on accompagne les tubercules d'un bon beurre salé. Mais pour cela, il faut de grosses pommes de terre ; personnellement, je trouve la 'Bintje' excellente, de même qu'une variété moins cultivée, à chair blanche celle-là, qu'on appelle 'Reine blanche' (ou 'Institut de Beauvais').

Notes personnelles

27 OCTOBRE

Sainte Émeline

« Pour la Sainte-Émeline • C'est souvent jour de bruine »

Les hôtes du jardin :
Des poissons en hiver

Si le bassin est suffisamment profond pour ne pas risquer d'être complètement pris par la glace, vos poissons d'ornement ne craignent pas l'hiver – à condition qu'ils puissent respirer. Vous jetterez dans l'eau, avant les froids, un gros ballon d'enfant, une pièce de bois volumineuse ou un fagot de branchages qui permettra à l'air de passer. Et surtout, ne brisez pas la glace : l'onde de choc pourrait être fatale aux poissons.

Les vertus du carvi

Cette plante a longtemps été considérée comme favorable aux ébats d'alcôve. Et à la Renaissance, on utilisait les graines pour préparer l'huile de Vénus, destinée à nettoyer la peau des élégantes – de ces roses d'antan chères à François Villon.

Notes personnelles

....

....

....

....

....

....

Si l'épidémie de grippe est annoncée, *faites comme moi, mettez-vous à la betterave rouge. C'est une plante très riche en potassium et en vitamines, conseillée contre l'anémie (mais à éviter si l'on est diabétique). On peut aussi boire le jus qu'on extrait facilement de la racine (hachée et pressée).*

Saints Simon et Jude

« En octobre quand le prunellier fleurit • Fort hiver est promis »

« IL EST BONNE POIRE ! »
L'expression n'est pas très ancienne puisqu'elle date de la fin du siècle dernier. Quand on se laisse facilement avoir, qu'on avale allégrement les bobards et le baratin, alors on est bonne poire. C'est sans doute une allusion au caractère tendre et fondant de la poire mûre, qui se laisse manger toute seule, ou qui se détache facilement de la branche dès qu'on la tourne un peu.

DES ROSIERS BIEN EMBALLÉS

En jardinerie, on trouve, en emballage carton ou plastique, des rosiers dont les racines sont plongées dans de la tourbe humide. Les extrémités des rameaux sont enrobées de paraffine qui les protège contre le dessèchement. Après la plantation, il faut tailler légèrement en supprimant ces parties paraffinées.

L'ail est notamment un excellent conservateur. *Sur les étagères du fruitier, placez quelques gousses d'ail épluchées. Vos pommes et poires se conserveront mieux et cela plus longtemps.*

Découvrez… LE LAURIER

Je le trouve indispensable dans un jardin ! Non seulement parce que ses feuilles parfument délicieusement les ragoûts et les sauces, mais aussi pour l'élégance de son feuillage persistant et brillant. Les Anciens l'avaient consacré à Apollon et considéraient qu'il avait partie liée avec le feu : en effet, c'est l'un des rares arbustes dont les feuilles brûlent même vertes. Et différents auteurs romains disent que le laurier n'est jamais touché par la foudre (mais je ne vous donne pas l'affirmation pour argent comptant !).

« Octobre n'a jamais passé • Sans que cidre soit brassé »

ASPERGE 'D'ARGENTEUIL'

Les hybrides actuels, tels 'Jacqma 2001' et 'Jacqma 2002', ont bien des qualités, et pourtant la très classique asperge 'd'Argenteuil', hâtive ou tardive, mérite toujours la fidélité du jardinier. Si vous passez par cette vaste cité du nord de Paris, où autrefois Héloïse gourverna la grande et célèbre abbaye, je ne vous promets pas que vous verrez des asperges en culture. Vous pourrez toutefois faire une promenade sur « l'île », c'est-à-dire sur les berges de la Seine, où, à la fin du siècle dernier, Maupassant venait canoter et les impressionnistes planter leur chevalet (Manet a d'ailleurs peint une célèbre asperge, blanche sur fond blanc !). Et vous irez aussi au musée pour voir, en bocal, des asperges énormes, stupéfiantes, vestiges d'une époque où les maraîchers cultivaient dans ces terres à la fois légères, sablonneuses et riches en humus, les délicieux turions pour alimenter Paris. L'asperge 'd'Argenteuil' est en fait assez variable, mais elle est le plus souvent relativement grosse, avec une extrémité un peu pointue et rosée, et sa saveur est excellente. Je constate que l'asperge est assez peu cultivée dans les potagers, sans doute parce qu'elle a la réputation de demander beaucoup de soins. En fait, il n'en est rien : la difficulté essentielle, c'est la préparation de l'aspergeraie ; ensuite, la plantation n'exige que très peu de travail, et elle produit pendant de longues années. On résout assez facilement le problème du désherbage par un bon paillage – avec de la paille, des feuilles mortes ou des déchets de tonte. Et pour ce qui est du plaisir, je crois que l'asperge vaut largement la petite peine que l'on se donne. Voulez-vous les déguster « à la Fontenelle » ? Trempez-les dans le beurre fondu, puis dans le jaune d'un œuf à la coque.

30 OCTOBRE

Sainte Bienvenue

« Quand octobre est gelé • Il fait vermine trépasser »

Écartez les arbres

Continuez les plantations d'arbres. Si vous décidez d'en mettre un près de la maison, n'oubliez pas qu'il va se développer et s'étaler : il faut éviter que le feuillage ne vienne masquer la vue des fenêtres et que les feuilles mortes ne s'accumulent dans les chéneaux. Sans compter que les grosses branches risquent de faciliter la tâche aux cambrioleurs. Pensez aussi aux racines, qui représentent un danger pour les fondations. Entre le tronc et les murs, laissez au moins une distance égale à la moitié de la hauteur de l'arbre (6 m pour un érable, 3 m pour un cerisier à fleurs).

Découvrez…

LA CLÉMATITE *CLEMATIS ARMANDII*

Savez-vous qu'il existe des clématites à feuillage persistant ? Celle-ci, qui vient de Chine, est remarquable par ses belles feuilles coriaces, vert foncé, et par ses fleurs blanches, odorantes qui s'épanouissent tôt, en mars-avril. Elle est souvent décrite comme peu rustique, mais elle vient fort bien sous le climat de la région parisienne, sur un mur abrité. L'ami Travers, roi incontesté de la clématite, dans son beau Loiret, en propose des pieds de bonne qualité.

Les bons vieux sabots *en bois verni, qu'on chausse avec ses pantoufles et qu'on peut laisser près de la porte en entrant… je les trouve toujours aussi confortables et pratiques. Mais pour éviter les glissades en cas de boue, vous fixerez d'un petit clou sur les semelles des capsules de bière (les dents vers le bas) : elles font d'excellents crampons.*

DÉCORATIF PAR SES AIGUILLONS

Il s'appelle *Rosa sericea pteracantha*, et c'est une espèce de rosier botanique de 2 m de haut, dont les jeunes rameaux sont couverts de longs aiguillons rouges translucides. Il donne aussi de petites fleurs blanches en mai-juin, et des fruits rouges en automne. Idéal pour les haies défensives.

« Vent de veille de Toussaint • Soufflera les trois quarts de l'an qui vient »

Le choix des pros

*Bernard Boureau, Rosiers anciens**

R. moschata nastarana : Un petit volume… parfumé ! (Asie Mineure en 1879.) Hybride de *Moschata*. Syn. : 'Persian Musk Rose'. Floraison jusqu'en automne. Petites fleurs simples blanches teintées de rose pâle. Petit buisson s'élevant à 60-80 cm, mais, non taillé, peut se comporter comme un petit grimpant d'une hauteur de 1,80 à 2 m. Odeur musquée très agréable.

'Prairie Dawn' : Gros buisson à floraison continuelle. (Morden Exp. Farm en 1959.) Hybride de *Setigera*. L'arbuste fleurit de juin à l'automne. Fleurs doubles (5 à 6 cm), de belle forme, isolées, ou réunies en bouquets, de coloris rose frais. Feuillage vert foncé brillant, indemne de maladies. Peut faire un gros buisson de 1,50 à 1,80 m ou être intégré dans une haie libre.

'Thor' : Arbuste vigoureux au port très évasé pouvant être utilisé également en palissé. De longues tiges épineuses habillées d'un feuillage vert sombre, bien sain, portent de belles roses parfumées, très grandes et bien pleines, d'un coloris cerise soutenu mais en même temps lumineux. Belle variété remontante. En arbuste, 1,20 m x 1,50 m ; en grimpant, hauteur de 2,50 à 3 m. (Howath en 1940.)

'Cécile Boureau' : Bien compact et buissonnant, ce rosier de 70 à 90 cm de hauteur, se pare d'un beau feuillage bronzé et offre de juin à octobre des fleurs rose saumoné frais, de belle taille (8 à 10 cm), souvent groupées par trois ou cinq. Je l'ai dédié à ma fille Cécile.

'Trésor de Thorigny' : Découvert à Thorigny dans une friche, un vieux rosier qui, abandonné, fleurissait de juin jusqu'aux gelées. Je l'ai greffé en pépinière. Il atteint 2 m de hauteur en palissé ou d'envergure en touffe libre, et il se garnit d'un feuillage élégant vert tendre, très fourni et sain, pour accueillir des bouquets gracieux de pompons très doubles, blanc de lait éclairé de rose doux au centre, au parfum léger.

* Voir le carnet d'adresses.

1er novembre

T o u s s a i n t

« Froid et Toussaint ensemble venant • Rendent joyeux le paysan »

Découvrez…

L'AMÉLANCHIER

Le principal atout de cet arbuste américain (qui prend souvent l'aspect d'un petit arbre), c'est son très beau feuillage automnal. Je recommande en particulier la variété 'Ballerina', qui atteint 3 ou 4 m, donne des feuilles pourprées au printemps, et panachées de jaune, de rouge orangé et de rouge cramoisi en automne. Il offre en outre de belles fleurs blanc rosé, en grappes dressées de 10 cm de long, au printemps. Il est également intéressant pour ses fruits pourpres en automne (ils sont comestibles !). C'est une belle espèce à planter en situation ensoleillée ou à mi-ombre, en isolée, en massif ou pour constituer des haies libres.

Le jardinier a souvent les mains tachées *parce qu'il manipule des fruits (à commencer par les noix), des légumes et de nombreuses plantes qui contiennent des substances colorantes. Pour les nettoyer, le meilleur produit, c'est le jus de citron – ou un demi-citron – avec lequel on frotte énergiquement la peau.*

Le casseille

Les hybrides d'arbustes à petits fruits sont de plus en plus nombreux. Celui-ci, sans épines, est déjà assez largement cultivé ; il donne des fruits délicieux, entre le cassis et la groseille à maquereau. Plantez deux pieds au moins, au soleil. Vous récolterez 6 à 7 kg par pied.

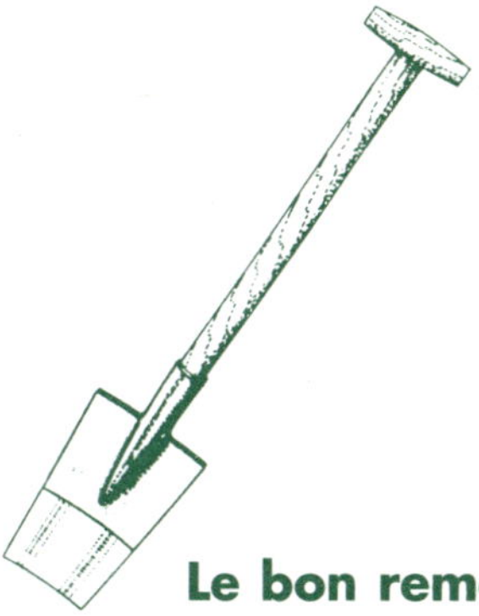

Le bon remède

La rouille

Le fer de votre bêche et celui de votre serfouette rouillent rapidement : c'est sans doute que le sol de votre jardin est un peu acide. Avant de vous en servir, frottez-les avec un morceau de suif. Ils seront protégés contre l'oxydation et pénétreront mieux dans le sol, le suif agissant comme un lubrifiant.

2 NOVEMBRE

Défunts

« Neige du jour des Morts • Annonce printemps tout en douceur »

Un cueille-fruit bien pratique

Pour récolter les pommes et les poires en haut d'un arbre, sans prendre le risque d'escalader une échelle, fabriquez un cueille-fruit en enfonçant, par le goulot, une demi-bouteille d'eau minérale au bout d'une perche de châtaignier que vous taillez en ce moment. C'est efficace et ça ne coûte pas cher.

BOUTURE DE VIGNE VIERGE

Prélevez des boutures de 30 cm de long sur des rameaux aoûtés (ayant l'aspect et la couleur du bois). Plantez-les au pied d'un mur bien exposé, dans une terre légère et ameublie, en les enfonçant de moitié (après avoir supprimé les feuilles de la base). Les nouvelles pousses apparaîtront au printemps prochain.

Le bon remède

Les fruits momifiés

Il faut les ramasser et les détruire, sur les pommiers, les poiriers et les cognassiers comme sur les pêchers et les pruniers, car ils sont pleins des spores d'un champignon responsable d'une maladie assez grave, la moniliose. Sur les arbres fruitiers à noyau, il est prudent de supprimer aussi les rameaux portant les fruits malades, et d'effectuer une pulvérisation de bouillie bordelaise au printemps, juste avant le débourrement.

Découvrez… LE COSMOS CHOCOLAT

Cette plante a bien une fleur de cosmos, mais d'une couleur chocolat légèrement rougeâtre, et elle exhale un net parfum de cacao. C'est une tubéreuse de 80 cm de haut, formant une touffe de feuillage clair à la base, que l'on cultive comme le dahlia, et que l'on rentre en hiver. Son défaut ? Elle est encore assez chère.

Notes personnelles

....

....

« Souvent à la Saint-Hubert • Les oies sauvages fuient l'hiver »

LE CALLICARPA

A partir d'octobre, les rameaux de cet arbuste portent de petites perles violet améthyste, presque translucides, qui persistent une partie de l'hiver – l'effet est charmant et inattendu, et c'est une aubaine pour vos compositions florales. Cet arbuste (*C. bodinieri* 'Profusion') atteint 2 m de hauteur pour 1 m d'étalement et il forme une touffe. Les feuilles, allongées, sont vert foncé et se colorent de jaune en automne ; les fleurs, rose lilas à étamines jaunes, forment de petites grappes axillaires en juillet. Le callicarpa pousse facilement, en toute région, en sol ordinaire et en situation ensoleillée. On peut le rabattre en hiver.

Vous avez laissé tomber la salière dans la soupe ? *Le malheur est réparable. Épluchez quelques grosses pommes de terre et laissez-les cuire une bonne demi-heure dans le potage. Elles vont absorber une partie du sel. Évidemment, il ne faut pas les servir.*

Découvrez...

LES MESSICOLES

Ce joli mot qualifie les plantes qui poussent couramment dans les champs de céréales – le bleuet ou le coquelicot par exemple. Les espèces messicoles étaient autrefois nombreuses, mais elles ont été décimées par les herbicides. On connaît le cas du bleuet, mis en danger par ces traitement chimiques, mais il n'est malheureusement pas isolé.

L'AÏGO-BOULIDO

Voilà un potage sain, délicieux et parfumé, parfait pour ceux qui veulent garder la ligne. La recette est simple : de l'eau fraîche, du sel et du poivre, quelques feuilles de sauge et quelques gousses d'ail, et un bon verre d'huile d'olive. Quand tout cela a cuit une demi-heure, on verse sur des tranches de pain (si vous voulez mon avis, du pain de campagne rassis). On le prend le soir, et on est assuré de faire de beaux rêves.

« Parfois à la Saint-Charles • L'hiver parle »

« MANGER LES PISSENLITS PAR LA RACINE »

« Avaler sa chique », « fermer son pébroc », « lâcher la rampe », « perdre le goût du pain »… L'argot ne manque pas d'expressions pour dire « casser sa pipe ». « Manger les pissenlits par la racine » est une expression assez récente puisqu'elle date du milieu du XIXe siècle. Dans certaines régions, on dit aussi « manger les mauves par la racine ». Quant au nom de la plante, allusion on ne peut plus directe et pittoresque à ses vertus diurétiques, il date du XVe siècle.

Découvrez… LE CACTUS QUEUE-DE-RAT

Avec ses longues tiges minces, vert clair et garnies d'aiguillon jaunes, le cactus queue-de-rat est l'une des plus belles plantes pour suspension. Après quelques années et dans de bonnes conditions, il donne de superbes fleurs roses. Placez-le en pleine lumière et arrosez-le assez abondamment du printemps à l'automne. En hiver, placez-le si possible dans une pièce fraîche et arrêtez les arrosages. Si vous le maintenez dans une pièce chauffée, il faudra arroser légèrement, pour éviter le dessèchement.

Notes personnelles

....

....

Les vertus du poireau

C'est un des légumes les plus diurétiques, et l'on peut même boire l'eau de cuisson. Et si vous êtez piqué par une guêpe, ôtez rapidement l'aiguillon et frottez la partie endolorie avec un fût de poireau coupé en deux.

« A la Sainte-Sylvie pluie et vent qui piquent • Sont forts à décorner les biques »

Les châtaignes

Ah ! les bonnes veillées d'hiver, au coin du feu, en dégustant des châtaignes grillées... Mais pour que ces fruits savoureux et nourrissants se conservent bien, faites-les tremper une journée dans l'eau, juste après la récolte. Ensuite conservez-les dans le sable sec, en couches. Et placez un grillage fin sur le tas pour l'interdire aux rongeurs.

Les plantes aromatiques

Vous avez eu la bonne idée d'effectuer des semis tardifs de basilic, de coriandre-feuille, de cerfeuil... N'attendez pas les premiers gels... pour vous lamenter sur la fugacité des bonnes saveurs de ce bas monde ! Mettez en pots les pieds qui sont encore en pleine forme, pour les placer sous la véranda si vous en avez une, ou encore près d'une fenêtre, dans une pièce pas trop chauffée. N'oubliez pas de continuer à arroser. Vous pourrez bénéficier de vos herbes fraîches pendant encore de longues semaines.

Le bon remède

La gale de la pomme de terre

Des croûtes brunes, crevassées, se forment sur les pommes de terre ; les pertes sont importantes en conservation. Cette maladie se développe surtout sur certaines variétés sensibles ('Béa', 'Roseval', 'Sirtema', 'BF 15') et en terre à nette tendance calcaire (ou en terre excessivement chaulée). En prévention, respectez des rotations de quatre ou cinq ans et améliorez le sol, en automne, par des apports de fumier bien décomposé.

Notes personnelles

....

....

....

....

....

....

....

« De la Toussaint à la fin de l'Avent • Grand bien font pluies et vents »

LA PLANTATION DES ROSIERS

Pour que la terre pénètre entre les racines, secouez légèrement le tronc – et utilisez une terre bien émiettée. Mais ne tassez pas avec le pied ! Je vois trop souvent des jardiniers s'acharner à taper du pied de toutes leurs forces autour du tronc. Résultat, les racines sont endommagées. La bonne méthode, c'est tout simplement d'arroser, très copieusement (au moins deux arrosoirs). La terre se tasse toute seule et il faut en général en rajouter un peu.

Protégez vos plantes d'intérieur de l'impétuosité de votre chat. *Les feuilles de certaines plantes sont déchirées et même déchiquetées : il y a de fortes chances pour que le responsable ait quatre pattes munies de griffes – même si Minet prend un air innocent... Placez les plantes concernées hors de sa portée... et offrez-lui un grand pot d'herbe à chat.*

Découvrez... LA BALLOTE

Cette vivace à souche ligneuse *(Ballota pseudodictamnus)* est une aubaine pour les massifs ensoleillés au sol peu fertile et très poreux. Elle vaut surtout par son remarquable feuillage vert grisâtre, recouvert d'un duvet blanc argenté. Elle forme une touffe de 50 cm de haut. Constituez de larges groupes en espaçant les pieds de 50 à 60 cm. Les fleurs rosées, estivales, sont peu visibles.

DANS LA MAISON

En vase, les fleurs se gâtent par la tige. Il faut donc que l'eau soit propre et même désinfectée, afin que la pourriture ne s'installe pas. On connaît les remèdes classiques : quelques gouttes d'eau de Javel ou un comprimé d'aspirine. Mais pour les fleurs et feuillages à tige dure (roseaux, herbe de la Pampa ou papyrus), il vaut mieux tremper les tiges dans le vinaigre pur avant de les mettre dans le vase. Et surtout, éliminez toutes les feuilles de la partie de la tige qui trempe dans l'eau – c'est la cause la plus fréquente de croupissement.

7 NOVEMBRE

Saints Carine et Ernest

« Sois prudent à la Saint-Ernest • Et cueille les pommes qui restent »

La taille trigemme des fruitiers

Vous pouvez commencer la taille des pommiers et des poiriers – mais ne vous précipitez pas car vous avez jusqu'au début février pour le faire. Adoptez la taille trigemme (c'est-à-dire à trois yeux), c'est la plus simple et la plus productive.

PELOTES DE MER

Si vous aimez la Méditerranée, vous connaissez sans doute ces boules fibreuses, légères, de couleur brune, que la mer roule sur le rivage, parfois en très grand nombre. Elles sont constituées de feuilles et de restes fibreux de la posidonie, plante marine à fleurs immergées, tiges souterraines et feuilles rubanées, qui vit entre 2 et 15 m de fond. Ces pelotes imputrescibles, qui renforcent l'isolement des étangs littoraux, sont sans doute une curiosité végétale, mais je vous en parle surtout parce que la plante est très sensible à la pollution et à l'envasement. Les végétaux de la mer sont aussi menacés que ceux de la terre, il ne faut pas l'oublier.

Découvrez…

LE TESTUDINARIA

Cette étrange plante d'intérieur a l'aspect d'une carapace de tortue (on l'appelle aussi, parfois, pied d'éléphant). De ce « *caudex* », qui peut atteindre jusqu'à 1 m de diamètre dans la région d'origine du *Testudinaria*, en Afrique du Sud, sort une liane volubile, avec des feuilles en forme de cœur, vert clair, qui atteint 4 ou 5 m de haut. Installez cette plante curieuse en pleine lumière, arrosez-la modérément et maintenez une température assez fraîche durant l'hiver.

Notes personnelles

....

....

....

« A la Saint-Geoffroy • Oisons sont oies »

DANS LA MAISON

LE POTHOS

Cette plante grimpante très robuste est capable de pousser vigoureusement sans beaucoup de lumière. On pourrait peut-être lui reprocher d'être un peu commune, mais il existe de nombreuses variétés – à feuillage panaché de blanc, de jaune, ou même à feuillage d'un vert métallique très décoratif. Installez le pothos dans un mélange de tourbe et de terreau, en ajoutant du sable. Arrosez copieusement, mais laissez le compost se ressuyer un peu entre deux apports.

Le bon remède

Les vers blancs

Ces larves du hanneton causent de gros dégâts, notamment aux fraisiers. Pour les éliminer, au moment de la plantation, incorporez des feuilles de chou, de chou-fleur, de navet ou de colza. Suivez la même tactique lors de la plantation des arbres fruitiers.

Le navet de Goethe

Baumaux, le grainetier de Nancy, propose une variété ancienne de navet appelée 'Petrowski' (spécialité de Berlin) ; il nous dit que ce navet a eu droit a des éloges particuliers de Goethe lui-même – et dans ce cas, il n'y a plus rien à dire ! La racine est jaune à chair blanche, tendre et sucrée. On peut le semer toute l'année et le récolter au bout de six semaines. Pour l'avoir cultivé et dégusté, je peux vous affirmer que c'est le meilleur ami du canard !

« Pluies de novembre • Gèlent en décembre »

Les fruitiers à racines nues

C'est le moment de commencer leur plantation. Raccourcissez légèrement les racines, à l'aide d'un sécateur. Effectuez un bon pralinage en trempant toutes les racines dans une boue fertile. Attention à la profondeur de plantation : le bourrelet de greffe doit rester apparent. Et n'oubliez pas de mettre en place un solide tuteur pour tous les sujets de plein-vent.

Découvrez...

LE CORNOUILLER EN COULEUR

L'hiver est long en Suède et en Norvège, et il fait froid. Les jardiniers y cultivent donc des plantes capables de supporter des températures très basses et offrant un intérêt décoratif durant la mauvaise saison. Or, de nombreux cornouillers présentent des rameaux vivement colorés, qui forment une touffe spectaculaire quand ils sont dépouillés de leurs feuilles, sur un fond de neige. C'est le cas du cornouiller blanc *(Cornus alba)*, à rameaux rouge vif (notamment des variétés 'Argenteomarginata', à feuillage panaché d'argent, et de 'Gouchaultii', panaché d'or) ; je vous conseille aussi le cornouiller femelle *(Cornus sanguinea)*, à rameaux jaunes à leur base, orangés dans leur partie médiane, et rouges à leur extrémité, et sa variété 'Winter Flame', à rameaux jaunes.

Il est préférable de ramasser les feuilles mortes du verger *pour les brûler (ne les utiliser sur le tas de compost que si les arbres sont parfaitement sains). On détruit du même coup de nombreux parasites.*

LES FEUILLES DU ROSIER

Personnellement, je ramasse systématiquement les feuilles de rosier pour les brûler. En effet, elles sont toujours plus ou moins touchées par des maladies, en particulier par le marsonia (taches noires). En nettoyant bien le sol et en brûlant les déchets, on détruit du même coup les formes hivernantes des parasites.

Saint Léon

« Pour Saint-Léon • Première gelée de la saison »

Soleil : Lever 7 h 54 • Coucher 17 h 15

Les hôtes du jardin : La mésange

Bleue ou charbonnière, la mésange est l'un des oiseaux les plus charmeurs du jardin, et elle occupe volontiers les nichoirs. Placez ces derniers à une hauteur supérieure à 2 m, vous aurez davantage de chance de le voir occupé par une mésange. L'ouverture doit avoir 3 cm de diamètre.

Découvrez... L'ARBRE AUX ANÉMONES

On l'appelle aussi « arbre Pompadour » *(Calycanthus floridus)*, et il vient des États-Unis. C'est un arbuste de 1,5 à 2 m de haut, à port étalé. Il est beau par son feuillage semi-persistant, brillant et vert franc, et par ses fleurs d'aspect exotique, rouge brun foncé et parfumées, de 4 cm de large. Les rameaux et même les feuilles dégagent une odeur de camphre. Il résiste bien au froid, mais il a besoin de chaleur pour fleurir. Placez-le en situation abritée et ensoleillée, et en sol plutôt frais.

LE BAGUENAUDIER

C'est un arbuste classique du paysage méditerranéen – on le trouve sur les sols calcaires, dans les limites de la chênaie pubescente. Je le trouve très sympathique, aves ses « baguenaudes », c'est-à-dire ses grosses gousses renflées en vessie, pendante, d'abord vertes puis brunes en automne. Il porte un feuillage léger, vert foncé (caduc), et des fleurs jaunes, souvent marquées de pourpre, réunies en grappes, de juin à août. Il mesure 3 m de haut pour 2 m de large, sa croissance est rapide, et il préfère les sols secs, légers, plutôt calcaires, et le plein soleil.

Le bon remède

Le pralinage

Pour favoriser le redémarrage des plants que l'on repique ou des arbustes que l'on plante à racines nues, on trempe les racines dans une boue liquide additionnée de bouse de vache ou de fumier bien décomposé. Ce pralinage doit être systématique. Vous trouverez d'ailleurs, en jardinerie, du pralin prêt à l'emploi – il suffit d'y ajouter de l'eau.

Armistice 1918, Saint Martin

« A la Saint-Martin • Bonde la barrique et goûte le vin »

Soleil : Lever 7 h 56 • Coucher 17 h 14

LE ROSIER DE LA SAINT-MARTIN

Si l'été de la Saint-Martin est au rendez-vous, il y a encore des roses. Profitez-en – mais cueillez-les si elles sont en passe de s'épanouir et que la météo annonce de fortes pluies ou du gel. Profitez-en pour nettoyer les rosiers en rabattant un peu les pousses trop longues et en supprimant les parties noircies. Je connais même des jardiniers qui taillent leurs rosiers à cette date, pour qu'ils ne soient pas trop laids durant l'hiver. Ce n'est pas très orthodoxe, mais ça ne donne pas de mauvais résultats. C'est tout simplement une taille de Noël un peu précoce.

Découvrez...

LA CHAÎNE DES CŒURS

C'est sans doute l'une des plantes retombantes d'intérieur les plus séduisantes. La chaîne des cœurs *(Ceropegia woodii)* se distingue par ses tiges filiformes, très longues, qui retombent souvent sur plusieurs mètres. Les feuilles opposées, en forme de cœur et un peu charnues, sont vert panaché d'argent sur la face supérieure. La souche est constituée de tubercules liégeux qui apparaissent en surface, et on constate souvent le développement de petits tubercules sur les feuilles. Cette plante sud-africaine est plus belle en pleine lumière, mais elle s'adapte aussi dans une pièce moyennement éclairée. Elle tolère bien la chaleur et l'atmosphère des appartements. Arrosez-la modérément : les feuilles seront ainsi plus petites et plus serrées sur les tiges.

Vous la multiplierez facilement par boutures de tige ou en prélevant des tubercules. Installez la chaîne des cœurs dans un mélange terreux bien drainé et un peu acide (terre de bruyère, terre franche et sable).

12 NOVEMBRE

Saint Christian

« Lune qui naît méchante • Dans trois jours sera charmante »

« UN TRUC À LA NOIX ! »
Pourquoi ce sens péjoratif ? Le goût de la noix est pourtant riche et fin, et même des plus délicats. En fait, il ne s'agit pas là de saveur, mais de quantité. C'est la même signification que dans l'expression « une noix de beurre », où l'image est beaucoup plus claire. Un truc à la noix, c'est quelque chose de peu de valeur, une quantité négligeable. On dit aussi « tête de noix ! » pour les têtus. Quant à « vieille noix », c'est une apostrophe plutôt gentille et affectueuse.

Les kiwis

Récoltez les fruits de l'actinidia et étalez-les pendant trois semaines sur un lit de paille pour qu'ils achèvent de mûrir. Ensuite, vous pouvez les conserver un mois ou deux au réfrigérateur ou en cave fraîche.

Des glaçons d'aromates. *On peut conserver les condimentaires tels le basilic, le cerfeuil, le persil ou la coriandre dans de la glace. Cueillez des feuilles bien saines et hachez-les avant de les placer dans un bac à glaçons. Recouvrez d'eau ou de bouillon et placez dans le congélateur. Pour parfumer un plat (chaud), il suffit de jeter dedans quelques glaçons.*

Notes personnelles

....

....

13 NOVEMBRE

Saint Brice

« Tel jour de Saint-Brice tu as • Tel jour de Noël tu auras »

Les vertus des noix

Ce fruit a une très grande valeur nutritive. Pour donner du tonus aux enfants, rien de tel que de leur préparer des jus de fruits frais en ajoutant, dans le mixer, quelques cerneaux.

Découvrez...

LA RENOUÉE DE CHINE

Cette plante grimpante (polygonum grimpant) m'étonne toujours autant, et je crois que je l'aime chaque année davantage. Elle bat des records de vigueur : les tiges sont capables de s'allonger de plus de 6 m dans la saison. Elle résiste bien au froid et escalade rapidement tous les supports par ses tiges volubiles. Son feuillage, vert assez clair, est léger et plein de grâce et de fraîcheur. Elle donne des fleurs blanches, en longues grappes pendantes, qui apparaissent en juillet ; ces fleurs rosissent légèrement à la fin de l'été chez l'espèce *Polygonum baldschuanicum* (la plus belle à mon avis), et restent blanches chez *P. aubertii*. Elles persistent jusqu'en octobre. Je vous recommande chaudement la renouée pour les tonnelles et les pergolas, au soleil ou à l'ombre. Cette plante n'est pas très exigeante, mais elle préfère les sols frais. Elle est à planter en ce moment.

PROTÉGEZ LE ROSIER

Attention, certains rosiers se montrent moyennement résistants au froid. C'est le cas du très célèbre et très beau 'Mermaid', grimpant remarquable par son feuillage et sa floraison continue, donnant de grandes roses simples, jaune soufre, très parfumées. Protégez sa souche par une épaisse litière de feuilles ou de paille (surtout les deux ou trois premières années).

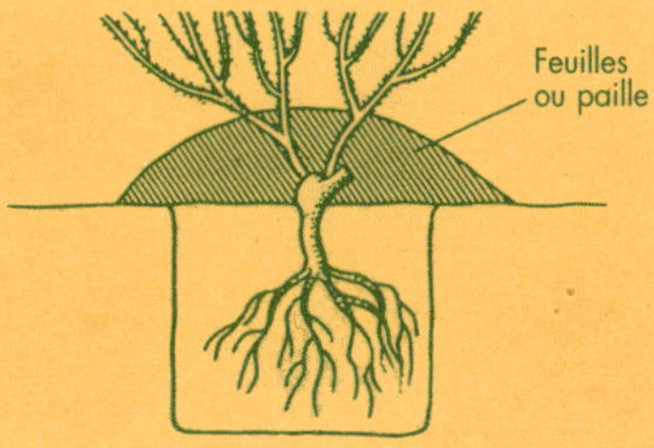

Notes personnelles

....

....

14 NOVEMBRE

Saints Sidoine et Véran

« A la Saint-Véran • Olives prends »

FLEUR PLEINE

C'est une fleur dont tous les organes de la reproduction, c'est-à-dire les étamines et le pistil, se sont transformés en pétales. Elle ne donne donc ni fruits, ni graines. On en fait souvent un synonyme de « fleur double », bien que chez celle-ci la transformation ne soit pas totale.

Le bon remède

Les chancres

Passez en revue les arbres fruitiers pour y détecter les chancres. Éliminez les parties touchées à la serpe, et curez jusqu'au bois sain. Ensuite, appliquez une bonne couche de goudron de Norvège qui va aider à la cicatrisation et éviter la pénétration des spores de champignons parasites.

DANS LA MAISON

LE PHILODENDRON

Pour créer un microclimat humide autour de son feuillage, suspendez aux branches de petites coupelles ou de jolis pots que vous remplirez d'eau. La plante supportera mieux l'atmosphère sèche de l'appartement.

Notes personnelles

« De la mi-novembre à Noël • Ne peut trop neiger sur la javelle »

Découvrez...

LE PTEROCAYA

On l'appelle aussi le frêne du Caucase, et c'est un arbre majestueux, originaire d'Iran, atteignant 20 ou 30 m. Il ressemble en effet beaucoup au frêne avec ses feuilles composées de nombreuses folioles d'un vert foncé brillant. Au printemps, il donne des inflorescences qui attirent des myriades d'abeilles et d'insectes pollinisateurs. C'est un bel arbre d'ornement, aimant les terres fraîches et profondes, rustique et résistant à la pollution.

LES BISANNUELLES, AVEC PRUDENCE

Si le temps est doux, on peut encore mettre en place les bisannuelles dans les massifs et les jardinières. En revanche, lorsque que le froid se fait vif, il faut remettre l'opération au mois de mars.

L'artichaut paillé

Coupez à quelques centimètres du sol les tiges qui ont donné des boutons floraux. Supprimez aussi les plus grandes feuilles, à la base de la touffe. Au nord de la Loire, si de grands froids sont annoncés, il est sage de protéger l'artichaut par un bon paillage. Mais il faut découvrir en cas de temps doux et humide, pour éviter la pourriture.

Le bon remède

Le rhizoctone de la pomme de terre

On appelle aussi cette maladie « enroulement mou » parce que les tiges deviennent flasques et s'enroulent sur elles-mêmes. On observe aussi le noircissement des jeunes pousses et un feutrage blanc à la base de la tige. Sur les tubercules apparaissent des taches noirâtres. Cette maladie est rare lorsque l'on pratique la culture biologique et que l'on respecte les rotations. Ne plantez que de la semence sélectionnée, et pas trop profondément, surtout en sol lourd. Lorsque les tubercules arrivent à maturité, récoltez-les sans trop tarder.

« En hiver comme en été • Jamais samedi n'est passé sans que le soleil y ait mis son nez »

Les vertus de la ciboulette

Lorsque les armées d'Alexandre le Grand menacèrent les habitants d'une lointaine région d'Asie, ceux-ci réussirent à amadouer le roi de Macédoine en lui offrant de la ciboulette. Ça tombait bien, parce que la plante était réputée aphrodisiaque et que le grand stratège s'apprêtait à convoler en justes noces avec la princesse Roxane.

LITOPHYTES

C'est par cet adjectif que les botanistes qualifient les plantes qui croissent sur la pierre et la roche – en montagne, sur les falaises et les côtes ou dans le lit caillouteux d'une rivière asséchée. De nombreuses espèces alpines (les plantes de rocaille) sont litophytes.

Pour protéger du froid les palmiers *et les petits arbustes peu rustiques, on édifie un abri individuel. Construisez une cage en bois et recouvrez-la d'une bâche en matière plastique épaisse et solide. Percez-y des trous pour aérer l'arbuste et éviter la condensation.*

Le bon remède

Le puceron du pommier

Le puceron lanigère du pommier cause parfois des dégâts très importants aux arbres. Si les vôtres ont été touchés, badigeonnez généreusement la base du tronc avec de l'eau javellisée ou avec du pétrole.

Notes personnelles

....

....

....

....

....

....

17 NOVEMBRE

Sainte Élisabeth

« A la Sainte-Élisabeth tu sauras • Quelle figure l'hiver aura »

Les hôtes du jardin : Le rouge-gorge

C'est un oiseau craintif, qui vit dans les buissons ou dans le lierre et qui se nourrit d'insectes et de baies. Il accepte les nichoirs mais ceux-ci ne doivent pas être trop grands (cubes de 15 à 20 cm de côté) et avoir une ouverture assez large (5 cm au moins).

Découvrez…

LE LIQUIDAMBAR

Si vous cherchez un grand arbre original et décoratif, voilà un excellent choix. On l'appelle aussi « copalme d'Amérique », et il atteint 20 m de haut (parfois davantage), avec une cime conique. L'écorce est fortement marquée de sillons. Les feuilles caduques sont découpées en lobes profonds ; elles mesurent 10 à 15 cm de long et sont vert foncé. En automne, très tôt, elles prennent une teinte rouge écarlate nuancée de pourpre violacé, ce qui donne à l'arbre un aspect spectaculaire sur une longue période. Les rameaux portent des chatons au printemps. Le liquidambar aime les sols frais et profonds ; il supporte les terrains périodiquement inondés. Pour les petits espaces, il faut retenir les variétés 'Lane Roberts' (10 m, à teinte d'automne rouge cramoisi foncé) et 'Worplesdon' (10 m, à port plus élancé que celui de l'espèce).

LA PLANTATION DES ROSIERS

Les racines du rosier ne doivent pas être en contact avec la fumure. Pour planter, ouvrez un trou suffisamment grand pour les racines et assez profond (50 cm). Jetez quelques pelletées de fumier décomposé, puis de la terre sur 5 à 10 cm. Placez ensuite le rosier et rebouchez.

Sainte Aude

« Quand en novembre il a tonné • C'est signe d'hiver avorté »

« TU PARLES D'UN CORNICHON ! »
Pourquoi ce joli petit concombre que l'on fait confire sert-il à qualifier les faibles de l'intelligence ? Deux explications possibles. Le terme a servi à évoquer un attribut masculin peu favorisé par la nature, et l'insuffisance en ce domaine a été mise en parallèle avec une atrophie de la matière grise. Mais c'est peut-être aussi parce que « cornichon » est dérivé de « corne », le terme signifiant alors « cornard » – ou si l'on préfère, « cocu » ! On a suggéré aussi un télescopage avec « connichon », mot courant au XVIIIe siècle… pourquoi pas ?

Les vertus des feuilles de chou

Elles ont, dit-on, des propriétés presque miraculeuses pour la cicatrisation des plaies, le traitement des maladies de la peau, la réduction des hématomes et contre la pleurésie. En tout cas, elles sont efficaces contre les tendinites et les douleurs des articulations : on confectionne le soir une grosse compresse de feuilles de chou, que l'on fait tenir jusqu'au matin avec une bande.

Si vous trouvez que votre terrain est très humide, *voici un bon moyen de le tester. Enfoncez un morceau de descente de gouttière de 70 cm environ, en ôtant évidemment la carotte de terre. Si le lendemain le niveau de l'eau se trouve à la moitié du tuyau, des travaux de drainage s'imposent.*

Saint Tanguy

« Étoiles filantes en novembre • Annoncent tonneaux trop petits en septembre »

UN ROSIER BIEN ENTOURÉ

Vous venez de planter un rosier ? Ménagez tout autour du pied une petite cuvette ayant environ pour diamètre l'envergure des racines (pas davantage).

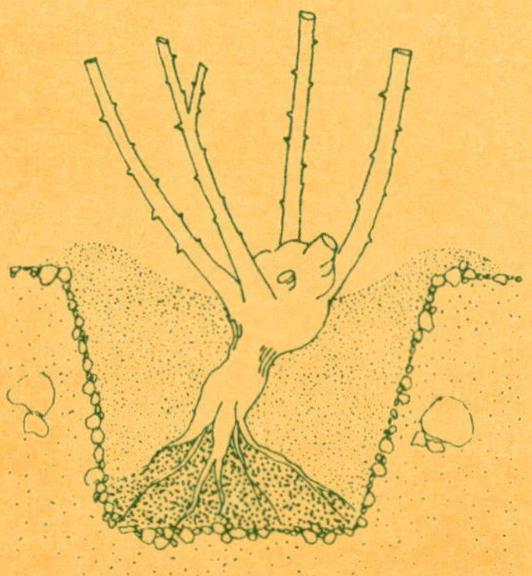

Découvrez…

L'ARBRE AUX CLOCHES D'ARGENT

Connaissez-vous ce grand arbuste américain, plein d'élégance et de fraîcheur ? On le trouve dans les catalogues sous son nom botanique, *Halesia carolina*, et il est remarquable par ses fleurs abondantes, pendantes, qui s'épanouissent en avril-mai : elles ont l'aspect de petites clochettes blanc argenté, et leurs étamines sont orangées. Les feuilles, allongées et velues au revers, sont vert frais, et prennent de belles teintes jaunes en automne. Cette espèce atteint couramment 6 ou 7 m dans son pays d'origine, mais nettement moins en culture sous nos climats. Si je vous ai convaincu de la planter, c'est maintenant qu'il faut le faire. Elle aime les sols frais et bien drainés (silico-humifères).

Le bon remède

Le bois pourri

Les branches ou les bûches en décomposition avancée que vous ramassez au jardin sont bénéfiques au compost. Vous les y incorporerez après les avoir grossièrement émiettées. Vous pourrez aussi les enfouir près des framboisiers qui profitent beaucoup de ce fertilisant.

20 NOVEMBRE

Saint Edmond

« Chaleur de novembre nuit fort • Et cause de bien des gens la mort »

L'argenterie reluit. *Faites cuire des feuilles d'oseille dans l'eau bouillante pendant un quart d'heure. Utilisez l'eau pour nettoyer l'argenterie, l'aluminium et même l'étain : c'est une méthode très efficace.*

Le bon remède

Le tuteur évolutif

Un tuteur qui pousse avec la plante. Il suffisait d'y penser. Un anneau de plastique coulisse sur une ou plusieurs tiges rigides plantées dans le sol. Les plantes passent dans l'anneau et le soulèvent en se développant – tout en étant bien maintenues. Il y a différentes hauteurs. C'est idéal pour les dahlias, les lis et les glaïeuls.

Découvrez... LES CHOUX D'ORNEMENT

Ce sont des plantes étonnantes par leurs coloris, décoratives en bordure et surtout dans les compositions florales – et très faciles à cultiver. Et les obtenteurs ont fait des prodiges pour les couleurs et les formes avec, par exemple 'Red Chidori', à gros cœur rouge entouré de bronze, ou 'White Pigeon', à cœur blanc à centre rosé, et à extérieur vert moyen, ou encore 'Pink Beauty', à cœur rose entouré de vert vif.

Semés en juin-juillet, les choux d'ornement prennent de brillantes couleurs et égaient à merveille les massifs d'hiver. Mais ils sont aussi précieux pour la décoration intérieure d'automne et d'hiver. Après les premières gelées, qui donnent à la plante ses teintes remarquables, coupez la tige au ras du sol et placez le chou dans un large vase ou dans un saladier. Changez l'eau tous les jours : il durera plusieurs semaines.

Notes personnelles

....

....

....

Présentation de Marie

« Jour de la Présentation brumeux • Rend l'hiver rigoureux »

La plantation des fruitiers

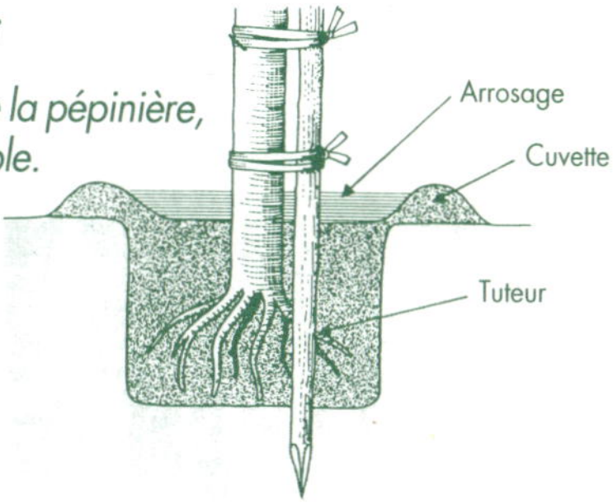

Lorsque vous recevez des arbres fruitiers de la pépinière, il faut les planter le plus rapidement possible. Cependant, s'il gèle, mettez-les à l'abri dans un local non chauffé (garage ou hangar), sans les déballer. Il peuvent tenir ainsi une dizaine de jours. Si des travaux ou d'autres circonstances vous obligent à différer la plantation, placez les arbres à l'extérieur, en jauge, après les avoir déballés. Ouvrez une tranchée au jardin et placez-y les arbres côte à côte, inclinés et la tête vers le nord. Ramenez la terre à 20 cm au-dessus des racines.

DANS LA MAISON

LE COUSSIN DE BELLE-MÈRE
Equinocactus grusonii

Ce beau cactus très répandu s'adapte fort bien en appartement. Toutefois, comme la majorité des cactus, il préfère une certaine fraîcheur en hiver – une pièce non chauffée mais bien éclairée est idéale. Il n'aime pas le calcaire. Arrosez-le avec de l'eau douce à température ambiante en la versant à son pied, sans l'asperger. N'espérez pas trop obtenir des fleurs : elles n'apparaissent que sur les sujets âgés d'une vingtaine d'années et dans des conditions idéales !

ROSIER ANCIEN OU BOTANIQUE

On confond souvent. Un rosier botanique, c'est une espèce que l'on rencontre dans la nature - et qui a été utilisée pour produire des hybrides. Par exemple, *Rosa rugosa* (ou rose du Japon), *Rosa centifolia* (rose chou) ou encore *Rosa canina* (l'églantier). Les rosiers anciens sont des arbustes obtenus en général au XIXe siècle ou au début du XXe, souvent somptueux et presque toujours parfumés, avec des fleurs romantiques en diable, et que des rosiéristes de grand talent ont fait revivre.

22 NOVEMBRE

Sainte Cécile

« Sème tes fèves à Sainte-Cécile • Pour une tu en auras mille »

CAPITULE

La marguerite, le soleil, la pâquerette, le souci ou le rudbeckia, ce sont des fleurs pour le commun des mortels. En fait, les fleurs de ces espèces sont très petites et regroupées dans le disque jaune, brun ou noir du centre. Les « pétales », disposés tout autour, sont en fait des ligules. Cette inflorescence porte le nom de « capitule ».

Le bon remède

Les vers blancs

Autrefois, dans les champs, on lâchait les porcs après le passage de la charrue afin qu'ils dévorent les vers blancs. Au jardin, à défaut des cochons, on peut toujours lâcher les poules et les canards, en automne, après avoir labouré.

Déchiffrer la formule. *Sur tous les paquets et les flacons d'engrais, la composition est indiquée avec trois lettres : N, P, K. N, c'est l'azote, qui favorise le développement du feuillage et des tiges. P, l'acide phosphorique, a une influence sur la floraison et K, la potasse, est bénéfique pour le développement général de la plante et pour la fructification. Les proportions entre les trois composants varient pour chaque type d'engrais.*

Notes personnelles

....

....

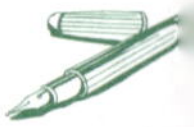

23 NOVEMBRE

Saint Clément

« A la Saint-Clément arrive l'hiver • Qui nous donnera un printemps vert »

DANS LA MAISON

L'AMARYLLIS

Il est assez facile de faire refleurir les amaryllis chaque année. Lorsque la fleur se fane, coupez la tige à la base. Continuez ensuite les arrosages jusqu'à ce que les feuilles se fanent à leur tour, et effectuez quelques apports d'engrais pour plantes à fleurs. Ensuite, coupez le feuillage et rangez la potée à l'abri et à l'obscurité (garage ou cave). Quelques mois plus tard, de nouvelles pousses apparaissent. Rempotez alors le gros bulbe dans un mélange de terreau et de bonne terre. Conservez la potée dans un lieu sombre, en arrosant, pendant une ou deux semaines, puis placez-la en pleine lumière et à la chaleur.

'IMPÉRATRICE FARAH'®

Un grand classique de Delbard, toujours aussi spectaculaire avec ses grandes roses blanc profond ourlé de carmin, qui deviennent de plus en plus colorées, sur un feuillage dense vert franc. Superbe à isoler, idéal pour les bouquets ! J'oublie d'évoquer le parfum – doux et subtil – inoubliable !

Le bon remède

Les derniers fruits

C'est le moment de ramasser les dernières pommes et poires, sur les variétés tardives. Placez-les en caissettes que vous rangerez dans un local frais (température idéale : 4 °C), bien aéré et peu éclairé.

Notes personnelles

« A la Sainte-Flora • Plus ne rien ne fleurira »

Découvrez...

LE COPROSMA

Cette plante ligneuse est un excellent couvre-sol pour les régions à hiver assez doux, en particulier pour les jardins du bord de mer. Il vient de Nouvelle-Zélande et forme une touffe basse, très étalée, ou parfois même rampante, à petites feuilles vert pur sur des rameaux jaune d'or. Utilisez-le dans les rocailles ou même sur les murets. Il en existe plusieurs variétés, en particulier 'Betson's Gold', à feuilles jaune marginées de vert, et 'Variegata', à feuilles marginées de blanc, d'aspect argenté. Pour sol sec et plein soleil.

LE COLLINSIA BICOLORE

Belle annuelle américaine, très facile à cultiver. Elle forme une belle touffe de 40 cm, aux feuilles élégantes, allongées et claires, et elle porte des fleurs rouge cocciné. Elle résiste au froid et on peut la semer en pleine terre fin avril, ou même en automne dans les régions chaudes ou en l'abritant sous châssis pendant l'hiver. Elle se ressème parfois toute seule d'une année sur l'autre.

La plantation d'un arbre. *La séparation entre les parties aérienne et souterraine d'un arbre ou d'un arbuste est marquée par un changement de couleur bien net sur l'écorce. C'est le collet, et il doit être placé exactement au niveau du sol lors de la plantation. Mais n'oubliez pas que par suite du tassement naturel du sol, l'arbre récemment planté va descendre de quelques centimètres (plus ou moins, selon la nature du sol).*

Sortez vos griffes

Le jardinier a des griffes... puisqu'on appelle ainsi les souches des plantes constituées de racines courtes, charnues et trapues, disposées en touffe dense. C'est le cas, par exemple, de la griffe d'asperge.

25 NOVEMBRE

Sainte Catherine

« Si Sainte-Catherine moud sa farine • Grand besoin tu auras de ta pèlerine »

Les vertus du persil

C'est la plante la plus riche du jardin en vitamine C – mais elle est également bien pourvue en vitamine A. Et elle est efficace contre les taches de rousseur : faites des applications quotidiennes de jus de persil ; il tonifie en outre la peau et éclaircit le teint.

Le papier apporte de la cellulose au compost. *Vous roulerez en boule quelques feuilles de papier journal et vous les jetterez dans le bac ; elles feront en outre des nids à vers de terre – si précieux pour l'équilibre du sol.*

Découvrez…

LE CARYOPTERIS

On le nomme parfois « barbe-bleue », et c'est sans doute l'un des plus beaux arbustes à floraison bleue. Il forme une touffe de 1 m de haut pour 80 cm de large environ, et porte des feuilles caduques, vert argenté, de 5 à 7 cm de long, dégageant une odeur balsamique. Les petites fleurs, d'un bleu très soutenu, sont regroupées en petites grappes, nombreuses ; elles s'épanouissent de juillet à septembre, sur le bois de l'année (elles attirent les abeilles et les autres insectes pollinisateurs). On dit que le caryopteris est sensible au gel. En fait, lorsque les rameaux sont abîmés, l'arbuste repart fort bien du pied, et fleurit parfaitement. Je vous conseille d'ailleurs, dans tous les cas, de le rabattre sévèrement en mars – il sera plus compact et plus beau. Cultivez-le en sol ordinaire, même calcaire, et en plein soleil. Utilisez-le en bordure, ou en groupe dans les massifs. Il existe plusieurs variétés, en particulier 'Heavenly Blue', à fleurs d'un bleu plus foncé, 'Kew Blue', à fleurs bleu violacé, et 'Worcester Gold', à feuillage panaché d'or. Si vous le plantez maintenant, protégez-le pour l'aider à passer son premier hiver.

26 NOVEMBRE

Sainte Delphine

« Lune rouge à son plein • Rend tous chagrins »

DANS LA MAISON

LES CACTUS

Presque tous les cactus sont originaires du Mexique. Ils vivent dans des régions arides, avec des pluies relativement importantes en été et une sécheresse totale en hiver. Pour les conserver en bonne santé et pour obtenir des fleurs, il faut les installer dans une pièce assez fraîche (10 °C), bien éclairée et bien aérée durant l'hiver. Une serre est très adaptée, mais une mansarde peu chauffée, ou même pas du tout chauffée dans les régions douces, convient parfaitement. Cessez complètement les arrosages de novembre à mars – et reprenez-les graduellement.

LES ROSIERS PAR CORRESPONDANCE

N'hésitez pas à acheter vos rosiers par correspondance auprès de pépiniéristes réputés et spécialisés. Le choix est plus vaste que dans les jardineries, et vous serez sûr d'avoir des arbustes en parfait état de santé. Le conditionnement des plantes est fiable et elles ne s'abîment pas durant le transport – il faut bien sûr les déballer tout de suite à la réception, et les planter sans tarder. Pour vous rassurer, sachez qu'il n'y a pas d'envoi de plante pendant les périodes de gel.

Notes personnelles

Si vous avez laissé geler quelques pommes de terre, *le mal n'est pas irréparable. Plongez-les dans de l'eau froide salée pendant une heure, et répétez l'opération trois ou quatre fois. La recette est également valable pour les carottes, les choux et pour certains fruits.*

« Rivières qui baissent • Sont basses pour le blé comme pour le pain »

Les traitements au verger

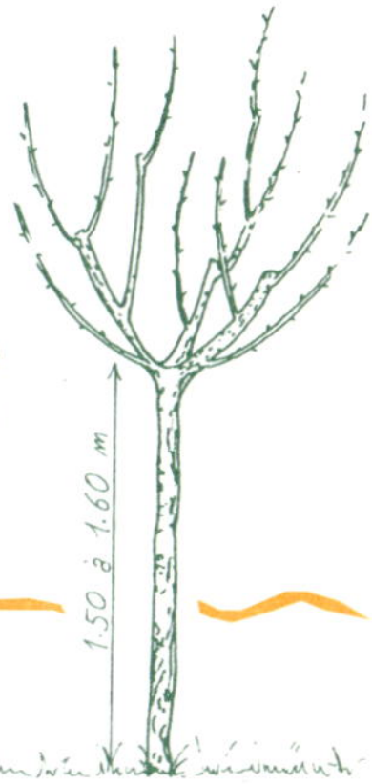

S'il est facile de pulvériser des produits phytosanitaires sur les arbres élevés en espalier et sur les sujets de petite taille, il n'en va pas de même pour les arbres de haute tige. Contre les ravageurs et les maladies, il vaut mieux privilégier la prévention, en particulier les traitements d'hiver sur l'écorce et une bonne hygiène : nettoyage au pied, ramassage des feuilles mortes, élagage des branches mortes et suppression des fruits momifiés.

Le rhizome est un organe charnu *que l'on confond parfois avec un tubercule ou même avec un bulbe. En fait, il s'agit d'une tige souterraine ayant l'aspect d'une racine et servant d'organe de réserve à la plante, mais courant en général à la surface du sol, ou à certaine profondeur, horizontalement et sans s'enfoncer. Le meilleur exemple que tout le monde peut observer, c'est le rhizome de l'iris (qu'il ne faut jamais enterrer complètement au moment de la plantation).*

DANS LA MAISON

DOUCHE ÉCOSSAISE

Si les tiges dures de certaines fleurs refusent de se redresser, trempez-les dans l'eau bouillante durant une demi-minute, après avoir protégé le feuillage et la fleur elle-même. Ensuite, plongez-les dans l'eau froide. Cette douche écossaise les réveille et leur redonne une belle vigueur.

Notes personnelles

....

....

....

Saints Jacques de la Marche et Hilaire

« Neige de Saint-Hilaire • Règle le froid tout l'hiver »

Vous récoltez les graines d'une fleur bleue *dont vous êtes très fier, vous les semez... et vous obtenez des fleurs blanches ! Un tel phénomène se produit tout simplement parce que les caractères de la variété ne sont pas fixés ; il y a donc retour à l'espèce type. Dans ce cas, il faut multiplier la plante par voie végétative, c'est-à-dire par bouturage, division ou encore par marcottage.*

Découvrez...

LE BOULEAU PLEUREUR

Cette variété du bouleau blanc (*Betula verrucosa* 'Youngii') est extrêmement gracieuse. C'est un petit arbre atteignant 4 à 6 m de hauteur pour 3 à 4 m d'étalement, à écorce blanc argenté, et à forme très étalée, en chapeau de champignon, à rameaux fins et gracieusement retombants. Les petites feuilles, vert clair, deviennent jaunes à l'automne. C'est un excellent choix pour les petits jardins – sol ordinaire, soleil ou mi-ombre. On peut même le cultiver en bac, pour orner une terrasse.

DANS LA MAISON

LES RÉCIPIENTS DE CULTURE

Nettoyez les pots de terre cuite et de matière plastique, les bacs, les jardinières et les terrines. Débarrassez-les de leur terre et désinfectez-les en les trempant dans une eau javellisée à 2 %. Vous supprimerez ainsi les spores de champignons et autres formes hivernantes de parasites.

Les tuteurs d'acacia *sont excellents car ce bois est pratiquement imputrescible (comme celui du châtaignier). Mais il faut les enfoncer à l'envers (par rapport au sens de la pousse). Trempez auparavant les deux extrémités dans l'huile de vidange.*

Notes personnelles

....

....

29 NOVEMBRE

Saint Saturnin

« Brouillard sur le mont, Bonhomme reste à la maison • Brouillard dans la vallée, Bonhomme va à ta journée »

Les vertus de l'œillet

Les fleurs de l'œillet commun (Dianthus caryophyllus) *ont longtemps été confites au vinaigre, comme les cornichons, et utilisées en condimentaires. Elles n'étaient peut-être pas excellentes mais avaient la réputation enviée de fleurs aphrodisiaques !*

Découvrez...

LES FEUILLES DIGITÉES

Les botanistes qualifient ainsi les feuilles divisées en lobes profonds, qui sont disposés comme les doigts de la main (d'où leur nom). C'est le cas, par exemple, de la feuille du marronnier.

TORCHIS

De nos jours, on ne monte plus guère de couches à la manière traditionnelle, car le matériel moderne remplace le savoir-faire. C'est tout un art qui est en train de disparaître, et en même temps un vocabulaire de jardiniers du temps jadis, que je trouve pour ma part plein de charme. Un « torchis », c'était la fourchée de fumier que l'on pliait en deux pour border une couche.

De nombreux produits de jardinage sont toxiques. *Ne traitez pas ce danger potentiel à la légère : on enregistre chaque année des accidents, parfois graves. Profitez de l'hiver pour installer une armoire fermant à clé, afin de les placer hors de portée des enfants (et des animaux de compagnie) ; ils seront du même coup à l'abri de l'humidité. Et conservez-les toujours dans leur emballage d'origine.*

Le bon remède

Les cendres de bois

Récupérez les cendres de bois de la cheminée, tamisez-les et conservez-les bien au sec, dans des sacs en matière plastique. Vous les épandrez sur le sol du potager au printemps – et au pied des plantes contre les limaces. Jetez ce qui est resté dans le tamis dans un seau d'eau et récupérez les morceaux qui surnagent : c'est du charbon de bois que vous utiliserez pour le barbecue.

« A la Saint-André • Mets la perche sous l'olivier »

Le choix des pros

*Les Jardins d'en face**

***Penstemon* 'Bushy blue' :** Penstemon de 50 cm de hauteur sur 50 cm de largeur. Les fleurs bleu ciel virent au rose en s'épanouissant. Floraison de juin aux gelées. Feuillage persistant, vert foncé. Plante pour terrain sec. L'installer au soleil ou à mi-ombre légère. Facile de culture. Résistance : - 10 °C. Le rabattre de moitié chaque année à Pâques. Époque de plantation : printemps.

***Euphorbia nicaensis* :** Belle euphorbe à feuillage gris persistant. Elle mesure 60 cm de hauteur et de largeur. Les hampes portent des fleurs en ombelle d'un jaune-vert très lumineux pendant tout le printemps. L'installer au soleil en rocaille ou dans un jardin de gravier. Culture facile en climat tempéré. Résistance : - 10 °C. Tailler la hampe florale assez court après la floraison pour stimuler la repousse de la plante. Époque de plantation : printemps.

***Salvia* 'La Siesta' :** Hybride intéressant parmi les nouvelles obtentions. Anglaise. Fleurs roses rappellant un peu les *Diascia*. La planter en plein soleil dans un sol bien drainé. Floraison de juin à novembre. Culture facile en climat tempéré. Résistance : - 10 °C. Rabattre la plante de moitié chaque année à Pâques. Époque de plantation : printemps.

***Nemesia denticulata* :** Pour les bordures, les rocailles et les potées. Abondante floraison mauve pâle, odorante, de mai aux gelées. Plante adulte formant une boule compacte de 50 cm de hauteur et de largeur. Résistance : - 12 °C. Rabattre la plante de moitié chaque année en fin d'hiver. Époque de plantation : printemps. Se bouture facilement.

***Phlomis lycia* :** Plante pour jardin sec, résistant au froid (- 18 °C), au vent, au sec et au sel. Arbustif de taille moyenne, entre 1 m et 1,50 m, avec un port érigé. Feuillage doré persistant. Fleurs jaunes en fin de printemps. Époque de plantation : printemps ou automne.

* Voir le carnet d'adresses.

1er décembre

Saint Éloi

« Quand Saint-Éloi coupe son bois • Attends-toi à beaucoup de froid »

Découvrez…

LA CORONILLE

Bien connu des méridionaux, cet arbuste aime le plein soleil et les sols secs et calcaires. Il a le feuillage typique de la famille des légumineuses – léger, à petites folioles arrondies, de couleur vert frais – persistant, ou caduc dans les zones un peu fraîches. La coronille donne de belles fleurs (en forme de papillon) jaune brillant, marquées de rouge sur l'étendard, de mai à juillet. Utilisez cet arbuste (2 m de haut pour 1 m de large) dans les massifs, les grandes rocailles, ou en haie libre. Taillez-le en hiver pour le voir refleurir à la prochaine saison.

***Un arbre creux** peut offrir un refuge à de nombreux animaux, notamment aux hiboux, et aux écureuils. Néanmoins, une cavité représente un danger de maladie pour l'arbre. Nettoyez-la bien et effectuez une pulvérisation de fongicide cuprique. Ensuite comblez-la avec un mélange de chaux et de sable (évitez le ciment). Lissez à la truelle au niveau de l'écorce.*

ROSIERS MEILLANDÉCOR®

Meilland a sans nul doute fait œuvre pie en créant cette série de rosiers paysagers, robustes, très florifères, sympathiques et charmants, parfaits en couvre-sol, en haie basse, pour constituer de larges groupes sur les pelouses ou pour habiller un talus. Ils donnent de petites fleurs, souvent simples et parfois doubles, et ils poussent pratiquement sans qu'on s'en occupe. J'aime beaucoup 'Perle Meillandécor®', avec ses myriades de petites fleurs rose nacré très clair, et aussi 'Cherry Meillandécor®' qui donne une joyeuse profusion de fleurs simples rouge cerise à cœur blanc.

2 DÉCEMBRE

Sainte Viviane

« Soleil de décembre • Vaut amitié de gendre »

« ALLER AU PERSIL » : L'expression n'est plus guère employée, mais elle signifiait « faire le trottoir ». Et une persilleuse, c'était une prostituée. L'origine n'est pas certaine, mais c'est peut-être parce que le persil désignait l'argent. Aujourd'hui, dans un autre registre, certains disent encore : « T'as du persil dans les oreilles, mon pote ! » c'est-à-dire « Tu n'entends rien, tu ne t'es pas lavé les oreilles ! »

ANÉMONE

Dans le Midi, c'est encore le moment de planter les bulbes des anémones de Caen, des fleuristes et de Sainte-Brigitte. Enterrez les bulbes à 5 cm de profondeur, en les espaçant de 15 cm. Choisissez une situation ensoleillée ou mi-ombragée.

Découvrez... LA MÂCHE ET LA POMME

Cette excellente salade d'hiver s'appelait autrefois « pomâche », et ce terme vient du mot latin qui désigne la pomme. C'est sans doute le goût doux et sucré qui a valu aux feuilles arrondies d'être comparées à ce fruit. On l'appelle d'ailleurs encore « coquille pommette » dans certaines régions.

DANS LA MAISON

LE TÉTRANYQUE TISSERAND

Cet acarien, qu'on appelle aussi « araignée jaune » fait de gros dégâts dans les serres et aussi sur les plantes d'intérieur. Il pique les feuilles, qui prennent une teinte plombée et qui tombent. On le détecte parce qu'il garnit de fils soyeux la face inférieure des feuilles. La meilleure prévention consiste à arroser régulièrement et à maintenir une forte humidité de l'atmosphère. Pour le détruire, utilisez un acaricide. On peut aussi passer les plantes d'intérieur sous le jet de la douche (eau froide).

3 DÉCEMBRE

Saint Xavier

« Neige qui en décembre tombe • Annonce année féconde »

L'emballement des fruitiers

Les arbres fruitiers à noyau (cerisier, prunier, pêcher, abricotier) s'emballent facilement. Ils donnent un feuillage abondant et des pousses vigoureuses, mais peu ou pas de fruits. Pour qu'ils se montrent plus raisonnables, placez une grosse et lourde pierre dans la fourche, l'année qui suit la plantation. Mais arrimez-la bien car elle peut représenter un danger.

Les topinambours

Récoltez-les tout l'hiver (jusqu'à fin mars), au fur et à mesure de vos besoins, car il se dessèchent très rapidement une fois arrachés. Personnellement, je les trouve délicieux en vinaigrette, comme les fonds d'artichaut, et même cuits sous la cendre à la manière des pommes de terre.

REPIQUAGES MÉRIDIONAUX

Dans les régions chaudes, il est encore temps de mettre en place les vivaces qui fleuriront la saison suivante. Si vous possédez un châssis ou une serre, prélevez des boutures à talon sur les œillets, et placez-les sous abri, dans des pots de sable.

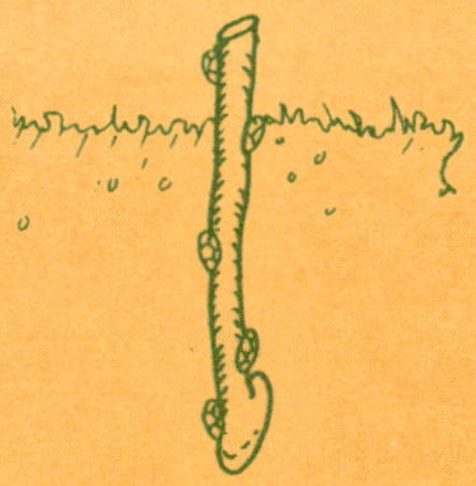

Bouture à talon

Pour piéger les cloportes, *coupez des navets en deux, creusez-les et dispersez-les sur le sol. Les cloportes viennent s'y loger et vous vous en débarrasserez ensuite en jetant les navets dans le feu.*

Notes personnelles

....

....

4 DÉCEMBRE

Sainte Barbara

« Telle Sainte-Barbara • Tel Noël tu auras »

Si le temps est doux, *profitez-en pour éclaircir la charpente des arbustes à feuillage persistant (aucuba, fusain, laurier-cerise) en coupant des branches entières. Vous pourrez en profiter pour faire des boutures : pour cela, plantez en pleine terre des rameaux de 40 à 50 cm de longueur, après les avoir débarrassés de leur feuilles sur la partie inférieure (sur les deux tiers de la longueur). Recouvrez ensuite le sol d'une litière de feuilles mortes de 20 cm d'épaisseur environ afin de protéger vos jeunes boutures.*

DANS LA MAISON

LA LUMIÈRE

En hiver, les appartements deviennent sombres. Vous approcherez donc de la fenêtre les plantes d'intérieur qui aiment la lumière – mais pas le soleil direct. Et vous les reculerez durant l'été.

LE BUTTAGE DES ROSIERS

On le pratiquait beaucoup autrefois, mais il n'est pas vraiment nécessaire, sauf dans les régions froides. En revanche, il faut butter au-dessus du point de greffe les sujets récemment plantés – et ne pas oublier de les débutter en mars.

Notes personnelles

....

....

....

....

....

....

....

« Pluie pendant les avents • Fait gagner une année de temps »

Planter le noyer

Il a besoin d'un automne chaud et sec pour bien mûrir son bois, c'est-à-dire pour que les branches de l'année soient complètement lignifiées. Et il est préférable d'attendre décembre pour effectuer la transplantation. C'est donc seulement à partir de ce mois-ci qu'il faut s'adresser à la pépinière.

Le haricot vert Arcadia

Remarquable haricot nain mangetout diffusé par Baumaux, Arcadia est cultivé pour la récolte de saison et d'arrière-saison. Il donne de belles gousses vert foncé, droites, de bonne valeur gustative. Il est en outre peu sensible à la verse et à la mosaïque. Son principal intérêt : la maturité des gousses est groupée, ce qui permet d'arracher toute la plante pour récolter sur une table. Notez-le par conséquent sur vos tablettes, en prévision de vos semis de printemps.

Découvrez... **LA GIROFLÉE 'CINDERELLA'**

Voici une nouvelle série de giroflées des jardins dont vous me direz des nouvelles. Elle est très compacte (20 cm) – ce qui est une bonne chose pour les bordures et aussi pour les jardinières et les potées – et elle donne des fleurs superbement parfumées. Les coloris sont d'une grande richesse, dans tous les tons du rouge, du rose et blanc. Alors, à vos terrines !

Le bon remède

La mouche blanche

Ce parasite, que les scientifiques appellent « aleurode », est fréquent sur les plantes d'intérieur. Il est facile à repérer car on voit de très petits insectes s'envoler quand on touche le feuillage. Pour l'éliminer, effectuez tous les dix jours et pendant un mois ou deux, une pulvérisation d'insecticide à base de pyrèthre ou de roténone. Mais la meilleure des préventions consiste à maintenir une humidité élevée – qui dissuade en général ce parasite.

Saint Nicolas

« Neige de Saint-Nicolas • C'est froid pour trois mois »

'CATHERINE DENEUVE'®

Tout simplement beau, ce rosier de Meilland est digne de sa marraine. C'est un buisson de 1 m de haut et d'étalement, à grandes fleurs jaune intense quand elles sont en bouton, puis blanc crème lumineux à épanouissement. A retenir sans hésiter pour les massifs et en isolé.

Le poireau sous la paille

Si la météo annonce de fortes gelées, couvrez vos rangées de poireaux d'une épaisse couche de paille ou de feuilles séchées. Ainsi, vous pourrez continuer à récolter pendant les froids.

Le bon remède

Bulbes en stock

N'oubliez pas de vérifier de temps en temps l'état des bulbes et tubercules de dahlia, de glaïeul et de bégonia tubéreux. Éliminez ceux qui présentent des signes de pourriture. Si certains sont dévorés, c'est que les rongeurs (souris, campagnols) sont passés par là. Protégez-les en les plaçant dans des caissettes en plastique recouvertes d'un grillage fin bien lesté.

Lorsqu'un arbre fruitier donne peu de fruits, tout en étant très vigoureux et produisant beaucoup de feuillage, on peut aussi détacher sur le tronc deux bandes d'écorce larges de 2 ou 3 cm. Appliquez ensuite du goudron de Norvège pour favoriser la cicatrisation. Très souvent, le sujet modère sa vigueur et donne par la suite davantage de fruits.

Notes personnelles

....

....

....

....

« Quand Saint-Ambroise fait neiger • De huit jours de froid sommes en danger »

DANS LA MAISON

LES AZALÉES ET LES CYCLAMENS

Azalées et cyclamens en pots sont très éphémères car ils ont trop chaud dans les appartements. Pour qu'ils durent plus longtemps, placez-les tous les soirs dans un endroit frais (12 à 15 °C).

LE PLATANE

Cet arbre est solide et supporte extrêmement bien les tailles, même très sévères. Toutefois, il est menacé par une maladie grave, le chancre coloré. Pour l'en protéger, effectuez les élagages uniquement en hiver et prenez la précaution de bien désinfecter les outils de coupe.

Préparez-vous à fêter Noël. *Faites tremper dans l'eau une grosse éponge naturelle, puis semez dans les trous des graines de lin, de moutarde, de blé, de trèfle incarnat, de pourpier, d'avoine, d'orge... Suspendez-la assez haut, dans un coin chaud et bien éclairé. Chaque jour, pulvérisez un peu d'eau. Vous obtiendrez rapidement une boule verte, très décorative.*

Notes personnelles

....

....

....

....

....

....

....

8 DÉCEMBRE

Sainte Elfried

« Quand décembre aux pieds blancs s'en vient • C'est promesse de beaucoup de bien »

Les hôtes du jardin : Les oiseaux

Nettoyez les nichoirs que vous avez accrochés dans les arbres ou sur les murs. Supprimez les anciens nids, et lavez-les à l'eau chaude pour éliminer les parasites.

LE ROSIER MINIATURE

C'est une providence pour les jardins parce que ces petits rosiers sont extraordinairement florifères et remarquablement robustes. Je trouve qu'on les utilise insuffisamment pour constituer de petites bordures, ou des taches de couleur au premier plan des massifs – et ils sont bien sûr excellents en jardinière. Découvrez aussi les très élégants tiges miniatures, perchés en haut d'une tige de 40 cm.

Pour avoir des fleurs pendant l'hiver, *on peut forcer de nombreuses variétés, mais la meilleure, c'est 'Totus Albus' (appelé aussi 'Paperwhite'). Il atteint 30 à 50 cm de hauteur, et donne de très jolies petites fleurs blanches (5 à 12 par bulbe), très odorantes. Les jardineries vendent souvent des bulbes « à forcer », déjà préparés. On les cultive en coupe, c'est-à-dire qu'on les place sur du gravier. Il faut verser de l'eau assez souvent, mais sans qu'elle touche les bulbes. Il est préférable de les placer dans un local obscur et frais en début de végétation.*

Notes personnelles

....

....

....

....

9 DÉCEMBRE

Saint Pierre Fourier

« Décembre trop beau • Met l'été dans l'eau »

VINAIGRE DE CERFEUIL

Si vous avez encore des touffes de cerfeuil au jardin, avant la première gelée, cueillez un gros bouquet et laissez-le mariner un mois dans un litre de vinaigre de vin en ajoutant du sel et du poivre ; filtrez ensuite. La saveur est très fine. On peut également utiliser du cerfeuil musqué, plus anisé, mais il faut en mettre moins. Si le froid est déjà passé sur votre cerfeuil, notez bien cette recette pour l'année prochaine.

L'ESCHSCHOLTZIA

Pourquoi se compliquer la vie avec des plantes difficiles à réussir ? Le seul handicap de l'eschscholtzia, c'est son nom – difficile à écrire et à prononcer. Mais c'est un petit pavot en tous points délicieux, résistant au froid, qui aime le plein soleil et les terres légères et sablonneuses. Je recommande particulièrement la série 'Chiffon' qui donne des fleurs doubles superbes, un peu chiffonnées, dans des coloris flamboyants ou doux. J'aime aussi beaucoup les grandes fleurs simples, blanc crème, de 'Creamy White Milkmaid'.

Attention à la pollution par le sel : *celui que l'on répand sur les routes et les rues, contre le verglas, peut être très nocif pour les plantes cultivées à proximité. Il entraîne notamment des jaunissements du feuillage des conifères utilisés en haie. Ce qui n'est pas esthétique du tout !*

Le bon remède

Le gui

Comment s'en débarrasser ? En fait, c'est une plante extrêmement coriace qui ne lâche plus l'arbre une fois qu'elle s'est installée. Le réflexe de tout un chacun, c'est de jouer les druides et de couper les touffes à leur base. Malheureusement, on stimule par là le développement de nouveaux bourgeons. Quand le gui apparaît sur une seule branche, il ne faut pas hésiter à sacrifier celle-ci nettement avant la touffe de gui et même près du tronc.

10 DÉCEMBRE

Saints Romaric et Julie

« A la Sainte-Julie • Le soleil ne quitte pas son lit »

Les plantes d'intérieur *craignent l'eau très froide. L'eau puisée au robinet risque de leur causer un choc. Laissez-la reposer une heure ou deux pour qu'elle soit à température ambiante avant d'arroser.*

L'HIVER DES VIVACES

Nettoyez les souches des plantes vivaces rustiques en supprimant les tiges et le feuillage fanés. En revanche, épargnez les feuilles jaunies des espèces un peu frileuses : elles constitueront une protection contre le gel. Si la terre n'est pas trop humide ni trop lourde, ameublissez autour du pied pour favoriser la pénétration de l'eau. Taillez les branches des arbustes si elles surplombent les vivaces car elles gêneraient leur développement.

Découvrez... L'ÉRÉMURUS

C'est une plante spectaculaire, appelée aussi « lis des steppes », mais il est malheureusement trop tard, cette année, pour la planter (le 20 novembre est vraiment la date limite). Elle donne, en mai-juin, de très beaux épis, portant des centaines de fleurs étoilées, dans des coloris très divers. Mais attention, ils ont besoin du plein soleil et d'un sol parfaitement drainé. Je vous conseille de les installer sur un lit de gravier fin mélangé à de la terre légère. Il faut planter à faible profondeur, de manière que le gros bourgeon central affleure en surface. Il existe de nombreux hybrides remarquables (1 à 1,5 m), par exemple 'Cleopatra', orange vif, ou 'Oase', rose. Le plus grand, c'est *Eremurus robustus* (2 à 3 m), à fleurs rose clair.

Notes personnelles

....

....

....

11 DÉCEMBRE

Saint Daniel

« Qui visite les ruches à la Saint-Daniel • Aux abeilles laisse le miel »

'MME A. MEILLAND'

Rosier célébrissime créé par Meilland et diffusé dans le monde entier sous le nom de 'Peace' (paix) : un exemplaire a été offert en 1945, à San Francisco, à chacun des quarante-neuf délégués qui ont fondé l'ONU. La grosse fleur est jaune canari foncé marqué de carmin, et le feuillage est vigoureux et sain. Excellent en massif, en isolé et pour les bouquets !

Une blessure de l'écorce *risque chez tout arbre de dégénérer et de déclencher des maladies. Pour l'éviter, et pour favoriser une cicatrisation rapide, badigeonnez-la avec une solution de sulfate de fer (20 grammes par litre).*

Le bon remède

La cochenille du poirier

Cette cochenille à bouclier gris, portant au centre une tache rouge foncé, se révèle très tenace. Elle entraîne le dépérissement des rameaux et elle résiste aux insecticides classiques. On l'élimine par les traitements d'hiver.

DANS LA MAISON

LE CYCLAMEN EN FORME !

Si les feuilles et les fleurs d'un cyclamen se déforment, le coupable est sans doute un acarien (tarsonème), qui attaque aussi le saintpaulia et d'autres plantes d'intérieur. Il faut alors traiter sans délai à l'aide d'un acaricide.

Notes personnelles

....

....

....

....

....

....

....

12 DÉCEMBRE

Sainte Jeanne Françoise de Chantal

« En temps de l'Avent • Coqs chantent en tous temps »

VINAIGRE À L'ÉCHALOTE OU À L'AIL

Pendant un mois, faites macérer douze échalotes grises (exclusivement) entières, et cinq autres finement hachées. Utilisez tel quel, sans filtrer. Il donne un goût très agréable aux salades. Procédez de la même manière avec de grosses gousses d'ail.

Le bon remède

Le traitement d'hiver

L'application de produits à base d'huile (vendus sous le nom de « traitement d'hiver ») est très efficace pour détruire les œufs et les autres formes hivernantes des parasites animaux et des champignons. Cependant, ce traitement est éprouvant pour les arbres fruitiers et on ne l'effectuera donc qu'une fois tous les trois ans (et uniquement sur les arbres en bonne santé).

DANS LA MAISON

LA CHUTE DES FEUILLES

Toutes les plantes, même persistantes, perdent leurs feuilles… selon des rythmes divers. Donc, ne vous inquiétez pas si votre ficus ou votre caoutchouc en laisse tomber quelques-unes. Toutefois, cette chute, qui se produit surtout en hiver, doit rester modérée, et la plante doit conserver un aspect vigoureux. Si elle est importante, que des rameaux se dégarnissent et que votre ficus paraît terne et fatigué, c'est peut-être qu'il est trop arrosé. Prenez soin de vider la soucoupe après les apports d'eau. Il peut aussi s'agir d'un manque de lumière ou de la présence de courants d'air.

LE LONAS

Un agératum jaune d'or – c'est inhabituel non ? En fait, ce n'est pas un agératum, mais cela lui ressemble beaucoup. Cette plante, qui s'appelle *Lonas annua*, forme une touffe de 40 cm. Elle donne de nombreuses petites fleurs, réunies en boules.

13 DÉCEMBRE

Sainte Lucie

« Temps que Sainte-Lucie apporte • C'est janvier qui l'emporte »

LA BARBE DE BOUC

Cette belle vivace (*Aruncus dioicus*, 1,5 m) très vigoureuse se distingue en juin-juillet par ses inflorescences blanc crème, légères et soyeuses. Elle est très précieuse pour les massifs ombragés – bien qu'elle accepte aussi le plein soleil si le sol est frais. Je recommande aussi une espèce nettement plus petite, *Aruncus aethusifolius* (30 cm), qui présente les mêmes inflorescences, mais avec un feuillage très fin. On peut la cultiver en compagnie des fougères. Notez de la planter dès le prochain printemps.

Débuttez l'artichaut

La pourriture de l'artichaut est assez fréquente lorsque l'hiver est humide. Pour l'éviter, il faut débutter les pied en cas de pluies prolongées. Évitez les paillages de matières non décomposées autour de la plante.

Pour que le rouge de vos roses *soit plus intense, arrosez les rosiers avec une solution de sulfate de fer. C'est un produit anti-chlorose que l'on emploie aussi sur les rhododendrons et les azalées de jardin.*

DANS LA MAISON

LE DIEFFENBACHIA

Cette belle plante d'intérieur à feuillage ample a la mauvaise idée d'être toxique. Il vaut mieux s'abstenir de la cultiver quand on a de jeunes enfants – ou la mettre hors de leur portée. Lavez-vous bien les mains après avoir manipulé la plante, et ne les portez pas à vos yeux. Par ailleurs, on observe parfois une exsudation à l'extrémité des feuilles : ce n'est pas une maladie, mais une poussée de sève. Attention aux meubles et aux tapis car ça tache !

14 DÉCEMBRE

Sainte Odile

« Sainte-Odile sous la neige • A le gel pour cortège »

Défendre le prunier

Chez le prunier, les maladies virales ne sont pas très fréquentes – mais elles existent (virus de la Sharka, virus des taches annulaires). Elles se traduisent par des décolorations (marbrures) sur les feuilles et sur les fruits. Il n'existe aucun moyen de lutte curative. En prévention, il faut surtout combattre les pucerons qui sont les vecteurs de ces maladies graves.

L'arrosage d'hiver. Les lauriers, les buis et les conifères en bacs sont souvent un peu oubliés pendant l'hiver. Pourtant, ils continuent à végéter et ils ont toujours besoin d'eau. Malheureusement, leur feuillage fait un parapluie au-dessus du pot, et ils souffrent souvent de sécheresse. Vous les arroserez donc (modérément), sauf en période de gel.

Notes personnelles

....

....

....

....

....

....

....

....

LE GAZANIA

C'est une plante aimée des jardiniers pour sa très longue floraison estivale et pour ses couleurs chaudes. Une belle variété nouvelle : 'Day Break Bronze' (20 cm). Ses fleurs sont d'un rouge orangé flamboyant, et elles s'épanouissent précocement – dès juin si on la sème assez tôt. Par son port compact et sa bonne tenue, c'est un excellent choix pour les bordures et les grandes jardinières. Elle est très facile à réussir. Pensez-y dès maintenant, pendant que vous rêvez du printemps !

« En décembre beaucoup de neige • Récoltes protège »

Les vertus du gui

Si les braves druides gaulois le cueillaient, c'est qu'ils pensaient qu'il avait des vertus magiques, notamment celle de favoriser la fécondité. Quoi qu'il en soit, une compresse de feuilles de gui est efficace pour réduire les verrues et pour traiter les engelures.

N'oubliez pas de nettoyer souvent le vitrage des serres *car les plantes ont besoin de beaucoup de lumière. Les algues microscopiques qui se développent absorbent jusqu'à 30 % du rayonnement solaire.*

Découvrez... LE POIVRIER

Connaissez-vous le poivrier noir ? C'est une plante grimpante solide (1,5 m), décorative par ses grandes feuilles vert foncé, en forme de cœur. Et c'est aussi une excellente plante d'appartement, facile à entretenir. On peut même la cultiver à l'extérieur, en situation abritée, dans le Midi et en Corse. Toutefois, je ne vous promets pas que vous récolterez les baies noires – le poivre – pour épicer vos plats...

LA PLANTATION DES ROSIERS

Si le temps est doux et que le sol n'est pas détrempé, c'est une bonne période pour planter les rosiers à racines nues – sauf dans les régions ou janvier et février sont très rudes.

Le bon remède

La galéruque de la viorne

Si le feuillage d'une boule-de-neige ou d'une autre viorne (Viburnum) *a été percé de nombreux petits trous durant l'été, effectuez un traitement d'hiver sur l'écorce du tronc et des branches. Vous détruirez ainsi les œufs des responsables, les galéruques, qui sont des petits coléoptères.*

« Froid et neige en décembre • Donnent blé à revendre »

« **J'EN AI GROS SUR LA PATATE !** » : C'est évidemment en avoir gros sur le cœur. Est-ce la grosse pomme de terre, du type 'Bintje', ou la patate douce, qui est à l'origine de cette comparaison avec le cœur, je ne saurais le dire. En tout état de cause, la patate a beaucoup inspiré la langue populaire, depuis le célèbre « va donc hé patate ! », toujours en circulation dans les embouteillages parisiens, jusqu'au « nez en patate » et au « sac à patates ».

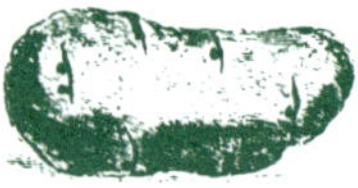

Pour faire luire les cuivres : *broyez un gros oignon et malaxez la pulpe avec un peu de terre ou de sable. Frottez vos objets en cuivre avec ce mélange avant de les polir : ils brilleront de tous leurs feux.*

Notes personnelles

Découvrez... **LA VIGNE DES KANGOUROUS**

Cissus antarctica est une espèce grimpante australienne qui se montre très résistante en appartement. Palissez-la sur un petit treillage intérieur, ou autour d'une baie ou d'une fenêtre. Installez-la dans un mélange de terreau (2/3) et de bonne terre de jardin, en ajoutant une poignée de fumure sèche (Or brun) et un peu de sable. Maintenez une bonne humidité par des bassinages, afin d'éviter les taches jaunes sur les feuilles.

« En décembre froid • Le laboureur a foi »

Les châtaignes

Les Limousins, grands dévoreurs de châtaignes, utilisaient autrefois un instrument spécial, très pratique, pour enlever la petite peau des châtaignes. Cela s'appelle un « échouvadou », et c'est une sorte de croix en bois. Il faut aussi une marmite ad hoc, en fonte, dans laquelle on place les châtaignes quand l'eau commence à bouillir. Ensuite, on tourne avec l'échouvadou, et les châtaignes s'épluchent sur les parois du récipient. On trouve peut-être encore cette invention, aussi géniale que le fil à couper le beurre, du côté de Limoges ou d'Uzerche !

Les vertus du jasmin

L'odeur du jasmin est-elle aphrodisiaque ? En tout cas, Cosme de Médicis, au XVIe siècle, a acheté un des premiers spécimens de la plante rapportée des Indes par Vasco de Gama, et l'a planté dans un jardin fermé à clé pour qu'on ne lui en vole pas de boutures. Cependant, un jeune jardinier réussit le larcin et fit fortune en vendant des rameaux fleuris, à Florence. Et pendant longtemps, le jour de leurs noces, les fiancés de Toscane se sont vu offrir l'odorante plante – pour la bonne cause, évidemment.

Notes personnelles

....

....

DANS LA MAISON

LES ORCHIDÉES *PHALAENOPSIS*

Malgré leur réputation de plantes difficiles, certaines orchidées s'adaptent fort bien en appartement. C'est le cas des orchidées *Phalaenopsis* qui refleurissent chaque année à l'intérieur (à une température hivernale de 18 °C). Arrosez-les une fois par semaine au maximum, avec une eau non calcaire, et apportez-leur un peu d'engrais « spécial orchidées ». Près d'une fenêtre bien exposée en hiver, et protégées du soleil direct par un voilage en été, elles donnent plusieurs tiges florales qui se succèdent.

18 DÉCEMBRE

Saint Gatien

« Décembre prend • Et jamais ne rend »

LE MUSCARI

Il est tout juste encore temps de planter ces très belles plantes bulbeuses (de 15 à 25 cm de hauteur) dont les petites fleurs, le plus souvent bleues, sont regroupées en grappes dressées et serrées ; elles sont faciles à cultiver et préfèrent les sols légers et le plein soleil – mais elles s'adaptent en sol ordinaire. Le plus bleu de tous, c'est *Muscari tubergenianum*, vraiment spectaculaire. Je recommande aussi la variété blanche (*M. botryoides* 'Album') et une espèce originale, à fleurs violacées d'aspect plumeux, *Muscari comosum plumosum*. Elle fleurit en mai, alors que les autres sont beaucoup plus précoces et donnent leurs fleurs en mars-avril.

Le bon remède

Les acariens

Les araignées rouges et jaunes causent des dégâts importants aux arbustes d'ornement et aux arbres fruitiers. Les traitements d'hiver aux huiles minérales sont très efficaces pour détruire leurs œufs. Il faut pulvériser sur le tronc et les grosses branches.

Notes personnelles

....

....

....

....

Découvrez…

L'HERBE AUX GOUTTEUX

Ses graines sont-elles efficaces contre la goutte ? Je n'en sais rien. En tout cas, c'est une plante couvre-sol qui supporte l'ombre dense et qui, comme telle, rend de singuliers services au jardinier, dans les sous-bois et les endroits bien ombragés. Vous rechercherez notamment une intéressante variété panachée : *Aegopodium podagria* 'Variegatum' (30 cm de hauteur), à feuillage vert pâle argenté, panaché de crème, qui éclaire les scènes de feuillages.

19 DÉCEMBRE

Saint Urbain

« Cueille tout à la Saint-Urbain • Car ce qui est à la vigne est au vilain »

La taille des arbres fruitiers

Continuez la taille trigemme sur les pommiers et les poiriers. Opérez dans les périodes de beau temps sec, quand la température est assez douce. En revanche, abstenez-vous quand il pleut et quand il gèle.

DANS LA MAISON

LES CACTÉES EN HIVER

Pour que ces plantes très séduisantes fleurissent, elles ont besoin de froid en hiver. Placez-les dans une serre non chauffée ou, à défaut, dans une pièce assez fraîche de la maison. La température idéale est de 10 °C. Ne leur donnez pas une seule goutte d'eau jusqu'en avril. Traitez de la même manière diverses succulentes, notamment les euphorbes.

LES ROSIERS, CÔTÉ BELGE

Certains rosiéristes, notamment en Belgique, préfèrent tailler les rosiers à cette époque, alors que la sève n'a pas commencé à monter dans les tiges. Elle est intéressante dans la mesure où elle évite à l'arbuste de gaspiller des forces dans la production d'organes que l'on va ensuite supprimer. En outre, elle donne une floraison plus précoce. Vous procéderez exactement de la même manière que pour la taille classique de février-mars. Vous la pratiquerez à peu près entre le 15 décembre et le 15 janvier (quand il ne gèle pas).

Gare au coup de froid ! *Vous venez d'acheter une belle plante d'intérieur, et vous la laissez dans la voiture une heure ou deux, pendant que vous faites d'autres courses... Mais ce laps de temps est suffisant, s'il fait froid, pour qu'elle soit touchée par le gel. Prenez des précautions en emballant soigneusement le pot et le feuillage – et ne tardez pas trop pour rentrez chez vous.*

20 DÉCEMBRE

Saints Abraham et Théophile

« De Théophile à Noël • Les jours allongent des pas d'une hirondelle »

Les hôtes du jardin : Les insectes en hiver

Quand il fait très froid, on pourrait croire que les insectes ont totalement disparu. En fait, il sont présents sous des formes diverses : œufs, larves et nymphes. Certains hivernent même sous la forme d'imagos (insectes adultes). Ils sont dans la terre, dans les déchets végétaux, dans l'écorce des arbres, dans les murs. Il suffit d'un peu de chaleur pour qu'ils reprennent leur activité et leur mue.

LES ARBUSTES EN BACS

Ceux cultivés en pots ou en bacs à l'extérieur souffrent souvent de la sécheresse durant l'hiver. La surface du pot n'est pas grande et recueille peu d'eau quand il pleut modérément, et la plante ne dispose d'aucune réserve en profondeur. Il ne faut donc pas craindre d'arroser durant l'hiver, à condition qu'il n'y ait pas de risque de gel. De même, il est souvent nécessaire d'arroser les plantes bulbeuses – tulipes ou crocus – que l'on a plantées en pots ou en jardinières à l'automne.

Notes personnelles

....

....

....

DANS LA MAISON

LE BANANIER

On trouve des graines chez différentes maisons grainetières, et le semis est assez facile à réussir. On peut opérer à différentes périodes – par exemple maintenant –, en pot, dans un bon terreau. A l'extérieur, certaines espèces (en particulier *Musa ensete* et *Musa basjoo*) résistent à un hiver moyen sous le climat de la région parisienne, en situation abritée et avec une épaisse couverture de feuilles. Pour la maison, je vous conseille le bananier 'Violacea' à très beau feuillage pourpré.

Hiver • Saint Pierre C.

« Si la première neige ne tient pas • De tout l'hiver elle ne prendra »

Le remplacement d'un fruitier

Lorsqu'un pommier est mort, ne le remplacez ni par un autre pommier ni par un poirier, mais par un pêcher, un prunier ou un cerisier. En effet, il faut alterner arbres à pépins et arbres à noyau : on évite ainsi la transmission des maladies par les insectes et les champignons demeurés dans le sol.

Si votre descente de gouttière *est obstruée par les feuilles et que survient une période de gel vif, la canalisation va éclater. Prévenez ce risque en effectuant régulièrement un nettoyage des gouttières de la maison, mais aussi de la serre et de l'abri de jardin, s'il y a lieu. Nettoyez aussi les écoulements au sol, c'est une bonne précaution pour ne pas être brusquement inondé.*

Le bon remède

Les lichens

Ils se développent sur les troncs des arbres fruitiers, et ils abritent de nombreuses formes hivernantes d'insectes. Vous les éliminerez en frottant avec une brosse métallique en cuivre (ou brosse à émousser). Certains préfèrent le gant à émousser, qui a tout à fait l'aspect d'un gant de cotte de mailles d'un chevalier du Moyen Age, ou l'émoussoir à dents, muni d'une lame incurvée et dentée.

'FRÉDÉRIC MISTRAL'®

Bravo à Meilland pour avoir dédié ce rosier à notre grand poète occitan. La rose est superbe, grosse et régulière, d'un rose carné délicat, et elle exhale un parfum fruité et subtil qui enchante le jardin. En outre, cette variété récente se montre extrêmement résistante aux maladies, en particulier aux taches noires.

Notes personnelles

Sainte Françoise-Xavière

« Hiver sec et été mouillé • Font ensemble grande pauvreté »

Les hôtes du jardin : Les oiseaux et le gui

Il est très difficile de se prémunir contre la dissémination du gui. En effet, celle-ci est assurée par les oiseaux qui mangent les baies et rejettent les graines sur les arbres, notamment par la fauvette, mais surtout par la grive. En revanche, la mésange bleue et le pigeon ramier, qui l'un et l'autre se nourrisent aussi les fruits du gui, digèrent les graines – et ne les rejettent donc pas.

Il faut absolument ramasser les feuilles mortes *qui s'amoncellent dans les bassins car elles représentent un danger mortel pour les plantes aquatiques, qu'elles risquent d'étouffer. Prenez un rectangle de grillage de 60 cm de long sur 40 cm de large, et enfoncez-le sur les dents de la fourche-bêche. Vous disposez ainsi d'une excellente épuisette à feuilles qui vous permettra de nettoyer rapidement votre bassin. Vous placerez, bien entendu, le produit de votre « pêche » sur le tas de compost.*

Le bon remède

Le bombyx du saule

Les chenilles (très urticantes) de ce papillon blanc passent l'hiver dans les replis de l'écorce des saules. Au printemps, elles causent de grands dégâts au feuillage. Effectuez un traitement d'hiver.

VIEUX BIDONS

Pour les bacs et les pots de terrasse, personnellement je préfère la terre cuite. C'est vrai que c'est assez cher, mais je considère qu'un bac peut durer de nombreuses années si on lui évite les chocs, et je trouve que ce matériau est très décoratif – et, en outre, préférable pour la culture de la majorité des plantes. Et je n'aime pas du tout les récipients en matière plastique. Pourtant, je ne suis pas sectaire en la matière. J'ai constaté que, dans certains pays, on utilise de vieux bidons de métal pour cultiver les géraniums ou les orangers. Eh bien, aussi étonnant que cela puisse paraître, un bidon même rouillé est loin d'être inesthétique – à condition que la plante qu'il contient soit bien entretenue et vigoureuse.

« Regarde le temps entre Noël et les Rois • C'est le temps de l'an que tu auras »

LE ROSIER

Traditionnellement, les rosiers à racines nues étaient vendus tels quels, sans emballage. Aujourd'hui, il sont souvent placés dans un emballage en matière plastique, et les racines sont protégées par une motte de tourbe qui évite le dessèchement. Regardez bien les arbustes qu'on vous propose. Choisissez des sujets qui présentent au moins trois branches de la grosseur d'un crayon, avec des racines saines et suffisamment nombreuses. Rejetez les rosiers dont les tiges sont molles ou présentent des taches noires. Et n'achetez pas non plus de rosiers qui ont déjà des pousses vertes – ils ont été stockés longtemps dans de mauvaises conditions !

Les haricots en grains *ne doivent pas être conservés trop longtemps : un an, c'est le maximum. Pour bien les digérer, il faut les manger avec la peau, et surtout ajouter des herbes aux plats, en particulier de l'ail, du persil, de la sarriette et de la sauge.*

Découvrez…

LE POMMIER À FLEURS

Avez-vous vu un pommier à fleurs en hiver, chargé de mille petits fruits colorés ? C'est un spectacle dont je ne me lasse pas. Il existe beaucoup de bonnes variétés classiques, par exemple 'Van Eseltine', à feuillage vert franc, fleurs roses et fruits jaunes. Mais les obtentions récentes de l'INRA (gamme Saphir) sont vraiment remarquables : elles résistent totalement aux maladies habituelles du genre : feu bactérien, tavelure et oïdium. 'Courtarou' Coccinella offre un feuillage vert (les jeunes pousses sont cuivrées) et de grandes fleurs simples rouge magenta, et 'Evereste' Perpetu a des boutons rouges et des fleurs blanches et des petits fruits orange striés de rouge. On peut d'ailleurs les consommer en gelée – ça amuse les enfants. En outre, ces petites pommes attirent les oiseaux et notamment les grives qui, comme le signale Minier (l'excellent pépiniériste de Beaufort-en-Vallée), « ensemencent sur l'arbre du gui, et font de ce *Malus* l'arbre de Noël du jardin ».

« A la Sainte-Adèle, sois certain • L'hiver est en chemin »

Les vertus de l'estragon

Marie-Antoinette se soignait à l'estragon. Chaque matin, sa dame d'honneur chaussait des gants de chevreau pour cueillir cinq feuilles que la reine prenait dans du jus de citron, à son petit déjeuner. On dit que la plante a une certaine efficacité contre les maux d'estomac. L'estragon a sans doute été introduit en Europe par les Mongols, au Moyen Age, et il est depuis l'un des favoris des jardins de plantes aromatiques.

Profitez de l'hiver pour rénover les clôtures *ou pour les poser. Si vous souhaitez gagner du temps et économiser vos forces, sachez qu'il existe une pince à chargeur, qui permet de poser très rapidement les agrafes à grillage, et qui, de ce fait, facilite beaucoup le travail. On la trouve dans les grandes surfaces de jardinage.*

Le barbecue en hiver

Si le vôtre est mobile, rentrez-le durant la mauvaise saison et profitez-en pour le nettoyer à fond et le rénover (utilisez une peinture noire haute température pour le foyer). Il faut procéder également au nettoyage poussé des barbecues en dur, pour éliminer les traces de graisse. Lorsque le foyer est entouré de murets assez hauts, le barbecue peut servir à brûler les déchets végétaux résultant des tailles et les feuilles.

CADEAU VÉGÉTAL

Qu'est-ce qu'on offre à un passionné de jardin pour Noël ? Un tablier de jardinier, un vrai de vrai... Une belle paire de sabots vernis, comme ceux de nos grands-mères... Mais si l'on vous demande votre avis, ou que vous écriviez une lettre au Père Noël, pourquoi ne pas suggérer un bel arbuste – un érable, un camélia ou un oranger du Mexique. Pensez-y si vous cherchez vous-même un cadeau pour un jardinier de vos amis. Vous accrocherez évidemment un gros nœud rouge dans ses rameaux pour lui donner un air de fête.

« Nuit de Noël sans lune • C'est une année à prunes »

Piment anti-rhume

Le piment rouge (celui qui donne le poivre de Cayenne) est, dit-on, efficace contre le rhume de cerveau. Il est en outre utilisé, en médecine, contre le zona. Mais pourquoi, direz-vous, les peuples des pays chauds mangent-ils du piment (je crois d'ailleurs que, sur ce sujet brûlant, les Mexicains sont imbattables) alors que ce fruit procure une forte sensation de chaleur dans la bouche ? C'est parce qu'il draine le sang et la chaleur du corps vers la peau, stimulant ainsi la sudation – et refroidissant le corps du même coup.

LA ROSE DE NOËL

Elle fleurit parfois dès novembre, et parfois encore elle se fait attendre jusqu'en janvier. Elle est plus belle quand on la cultive en petit groupe, par exemple en bordure de massif ou même dans une rocaille fraîche. Il faut l'installer dans un sol un peu humide, fertile et plutôt calcaire. N'oubliez pas de l'arroser durant l'été (espacement : 40 cm).

Quand les enfants grandissent *en âge et en sagesse, leurs jeux changent. Pensez à faire évoluer le jardin avec eux, par exemple à modifier les agrès du portique. N'oubliez pas non plus de supprimer les équipements qui ne servent plus car ils deviennent tristes et inesthétiques quand ils sont abandonnés. On peut aussi les transformer. Par exemple, un bac à sable (enterré) peut devenir un petit jardin de marais : on enlève le sable, on en tapisse le fond d'une bâche pour bassin, et on remplit de terre humifère, en mouillant. On y cultive par exemple l'iris des marais, des primevères (*Primula florindæ*), le majestueux lysichiton, ou la ligulaire* Stenocephala.

26 DÉCEMBRE

Saint Étienne

« Les jours croissent à la Saint-Étienne • D'une aiguillée de laine »

La plantation des fruitiers

Continuez à planter les arbres fruitiers à racines nues – en dehors des périodes de gel ou de fortes pluies qui détrempent le sol. Dans les régions froides, on peut mettre en place une protection sur le tronc.

Les appartements sont souvent un peu secs *pour les végétaux d'intérieur. Pour créer un microclimat humide autour de chaque plante, placez le pot sur une soucoupe profonde remplie de graviers ou de gros cailloux, et versez-y régulièrement de l'eau (celle-ci ne doit pas toucher la base du pot).*

Notes personnelles

....

....

....

....

Découvrez…

LES BRUYÈRES D'HIVER

La bruyère est décidément un genre inépuisable, une véritable providence pour le jardinier. C'est un petit arbuste gracieux et très solide que l'on peut employer en bordure et en jardinière aussi bien que pour couvrir des grandes surfaces. Parmi les bruyères d'hiver, j'aime beaucoup *Erica x darleyensis*, très robuste et vigoureuse, qui prospère aussi bien en sol calcaire qu'en sol acide. La plus connue de ses variétés, c'est sans doute 'Darley Dale', à feuillage vert foncé mais à jeunes pousses vert clair, et à fleurs rose lilacé de décembre à avril. Mais il y en a beaucoup d'autres. Je recommande notamment la très élégante 'Silberschmelze', à feuillage vert intense et à très abondante floraison blanche marquée de brun ; elle est remarquable en jardinière. Essayez aussi 'Jenny Porter', assez proche de 'Darley Dale' pour le feuillage, mais à fleurs d'un rose très clair, lumineux.

27 DÉCEMBRE

Saint Jean

« Pluie d'hiver à la Saint-Jean • Ôte noisettes et glands »

« JE L'AI ENVOYÉ SUR LES ROSES ! »
La rose a le plus souvent un sens positif dans la langue populaire, mais là, c'est sans doute aux épines qu'on fait allusion. En revanche, quand on est sur « un lit de roses », il n'est pas question d'épines ! C'est plutôt le paradis sur terre. Et c'est aussi une félicité de « cueillir la rose », puisque la reine des fleurs est souvent une métaphore de la virginité féminine.

DANS LA MAISON

LE TOLMIEA
Tolmiea menziezsii

Cette belle retombante est rustique, et on peut donc la conserver au jardin, mais c'est aussi une bonne plante d'intérieur, capable de résister dans les appartements chauffés. Elle forme une touffe de jolies feuilles vert clair, ressemblant à celles de l'érable. Particularité intéressante : elle produit de jeunes plantules à l'aisselle des feuilles ; on les prélève et on les place dans un pot pour qu'elles se développent. Arrosez modérément du printemps à l'automne, et un peu moins pendant l'hiver. Il faut une bonne lumière indirecte.

Le bon remède

Des élagages modérés

On est parfois tenté d'élaguer sévèrement un arbre dont la forme n'est pas satisfaisante, pour qu'il retrouve une nouvelle jeunesse. Cependant, il faut être prudent : évitez de déséquilibrer la charpente et n'oubliez pas que si l'on coupe une branche en quelques secondes, il faut plusieurs années pour qu'une autre repousse. Chez les fruitiers, un élagage trop important entraîne un refoulement de sève qui se traduit par la coulure des fleurs. Cependant, si l'arbre est vieux et fatigué, on peut pratiquer le ravalement.

« Canards qui volent haut • Annoncent hiver pour bientôt »

Les vertus de l'acore

La racine de cette plante a été beaucoup utilisée dans un but médicinal, notamment contre l'indigestion. L'acore est une plante proche du roseau, et elle pousse dans l'eau. On peut la recommander pour les grandes pièces d'eau qu'elle garnit joliment par son feuillage généreux qui rappelle celui de l'iris. En été, elle donne des épis jaunes (spadices).

'LÉONARD DE VINCI'®

Encore une belle réussite de Meilland, avec ce rosier récent à feuillage dense et sain, très résistant aux maladies. Il donne de belles fleurs ayant l'aspect de roses anciennes, très pleines, rose bengale, légèrement parfumées et résistant bien aux intempéries.

La plantation en sol meuble : *les arbres plantés dans les terres légères et meubles ont souvent tendance à s'enfoncer. Pour éviter cela, placez une roche ronde au fond du trou de plantation. Installez dessus le jeune arbre, en disposant les racines en parapluie. Ce support empêche l'enfoncement sans gêner le développement de l'arbre, quel qu'il soit.*

DANS LA MAISON

L'AMARYLLIS

Les gros bulbes de ces plantes exceptionnelles *(Hippaestrum)*, donnent des fleurs spectaculaires. On peut les cultiver sur carafe ou en pot. Mais donnez-leur beaucoup de lumière, sinon les tiges vont grandir démesurément et ne seront pas assez fortes pour soutenir les lourdes fleurs. Pensez aussi à les faire pivoter d'un quart de tour tous les deux jours, pour que les tiges restent bien droites.

29 DÉCEMBRE

Saint David

« Froid de Saint-David même s'il est court • Gèle le loup qui court »

Les hôtes du jardin : Les oiseaux

On donne souvent trop de nourriture aux oiseaux durant l'hiver, et ce n'est pas leur rendre service. En fait, il suffit de leur laisser des graines quand il y a beaucoup de neige et qu'il fait très froid. Quand le temps est meilleur, ils trouvent eux-mêmes leur subsistance, et c'est préférable.

Découvrez...

LE FOTHERGILLA

C'est toujours un bon moment pour planter les arbustes à feuilles caduques – à condition qu'il ne gèle pas et que le sol ne soit par trop mouillé. Le fothergilla (*F. major*, 2 à 3 m) se distingue par les couleurs automnales, du jaune au rouge, de ses larges feuilles (elle ressemblent à celles de l'aulne). En outre, tôt au printemps, dès avril en général, il donne une très belle floraison en épis blancs à étamines rosées, agréablement odorante. Un excellent choix pour les massifs d'arbustes.

Il gèle et vous voulez récolter quelques poireaux *pour la soupe... Arrosez-les légèrement et attendez quelques minutes. Écartez les deux feuilles extérieures de chaque poireau et enfoncez une aiguille à tricoter au milieu du fût. Tirez le feuillage avec l'aiguille : vous arrachez le poireau sans ses racines.*

JEUX D'ENFANTS

Une balançoire dans un arbre, c'est plus beau et plus amusant que sur un portique. Mais attention à la sécurité. Profitez de l'hiver pour vérifier l'état de la branche à laquelle vous la suspendez : elle doit être suffisamment grosse, parce que la traction qui lui est imposée quand un enfant se balance est importante. Contrôlez aussi qu'il n'y a pas de champignon dessus – signe de pourriture ! En outre, le terrain autour doit être bien dégagé : pas d'obstacles ni de pierres qui peuvent constituer un risque en cas de chute. Pas de plantes dangereuses non plus (épineux, espèces urticantes).

Notes personnelles

30 DÉCEMBRE

Saint Roger

« Saint-Roger souvent • Apporte les froids les plus grands »

« MA POMME, C'EST MOA-A-A-A ! »
Ça ne nous rajeunit pas, mais c'est une chanson fort sympathique de Maurice Chevalier, dans le pur style apache… En gros, ça signifie, je pense d'abord à moi, et ôte-toi d'là que j'm'y mette ! L'origine, c'est une image banale, la pomme représentant tout simplement la tête – comme beaucoup de fruits et de légumes plus ou moins arrondis. Pour désigner sa propre personne, on disait aussi, autrefois, « c'est bibi !», mais dans un sens un peu moins canaille.

Les vertus de la marjolaine

« Un bouquet de marjolaine … S'il fleurit je serai reine … » Mais pourquoi, la marjolaine ? Peut-être parce que la plante est aphrodisiaque — c'est Hippocrate qui le dit !

Les spécialistes des bonsaïs stockent l'eau *pour l'arrosage dans des jarres en grès en y jetant quelques poignées de tourbe. Vous pourrez utiliser cette recette pour toutes les plantes de la maison qui n'aiment pas l'eau calcaire qui sort du robinet.*

DÉSHERBEZ

Les premières pousses des narcisses ou des tulipes apparaissent souvent très tôt, dès février, ou même dès janvier. C'est donc maintenant qu'il faut désherber parce que plus tard vous risqueriez d'endommager ces pousses. Vos bulbeuses seront ainsi présentées dans les meilleures conditions.

Notes personnelles

....

....

« Des quatre vents soufflant à minuit pour la Saint-Sylvestre • Le vent de l'année sera celui qui reste »

Le choix des pros

Marcel Lecoufle, Orchidées *

Phalaenopsis schilleriana : Espèce des Philippines à recommander à tous les amateurs, en particulier aux débutants. Fleurs rose pâle, parfumées l'après-midi. Feuillage marbré particulièrement beau et original. Culture en intérieur (18 °C à 25 °C). Lumière abondante sans soleil direct aux heures chaudes. Humidité de 60 à 70 %. Floraison : février-mars.

Dendrobium kingianum : Ravissante espèce miniature originaire d'Australie, idéale pour tous ceux qui ont des conditions de culture fraîches. A cultiver à l'extérieur l'été et une partie de l'automne, avec beaucoup de lumière. Nombreuses fleurs violet pourpre estompé de blanc. Parfumé. Floraison : mars.

***Angraecum sesquipedale* ou 'Étoile de Madagascar'** : De toutes les orchidées malgaches, *Angraecum sesquipedale* est sans doute l'espèce la plus spectaculaire. Ses fleurs de texture cireuse sont blanc ivoire, parfumées la nuit, de grande taille (18 cm de diamètre), et sont prolongées par un extraordinaire éperon qui peut atteindre plus de 25 cm de long. Facile de culture, l'angraecum aime la lumière, supporte des températures moyennes de 15 °C à 25 °C, et demande une humidité ambiante de 70 à 80 %. Floraison : janvier-février.

Cymbidium lowianum : Espèce originaire de Birmanie. Plante au feuillage abondant, à cultiver à l'extérieur de mai à octobre. A exposer en pleine lumière tout en la protégeant du soleil direct aux heures chaudes de la journée. Facile et robuste, cette orchidée offre de nombreuses fleurs de très longue durée (deux à trois mois) aux couleurs vives et contrastées (vert et rouge) qui en font une espèce très appréciée.

* Voir le carnet d'adresses.

1er janvier

Jour de l'An

« Qui fait deux crêpes au jour de l'An • Toute l'année aura de l'argent »

Bonne année, bon jardin !

Découvrez…

L'INOPSODIUM

Voici une petite plante qui rend bien des service au jardin (un peu comme l'alysse odorant). En effet, elle pousse très rapidement et fleurit deux mois et demi après le semis. Elle est basse (10 cm) et forme de petits tapis de feuillage dense ; elle se couvre de nombreuses petites fleurs blanc lilacé, dégageant une odeur de miel. Je la recommande pour les rocailles et les murets de pierre sèche : il lui faut en effet un sol très bien drainé et le plein soleil.

LE PERCE-NEIGE

Elwesii

C'est l'un des champions toutes catégories pour la précocité de la floraison : il profite des épisodes de soleil du début janvier pour montrer le bout de son nez. Il est facile à cultiver et se ressème spontanément avec générosité. Consultez mes bonnes adresses à la fin du volume.

***Si vous avez l'esprit dispos malgré le réveillon**, ne manquez pas d'aller souhaiter la bonne année au jardin. Profitez-en pour étayer les branches d'arbres qui pourraient être brisées par le poids de la neige. S'il fait beau, vous aurez peut-être le plaisir de découvrir la jolie corolle d'un perce-neige.*

2 JANVIER

Saint Basile

« Si l'an arrive en nageant, • Passant, plains le paysan »

DANS LA MAISON

LES ORCHIDÉES

Pour les conserver longtemps en vase, placez-les à l'abri des courants d'air et du froid. Dans le vase, ne mettez que très peu d'eau et de préférence un peu tiède. Et prenez la précaution de recouper souvent la tige sur quelques millimètres, car l'extrémité pourrit rapidement. Ces conseils sont valables aussi pour les anthuriums et pour les autres fleurs exotiques à tige charnue.

LES ROSIERS ATTENDRONT BIEN

Vous recevez des rosiers alors que le temps est au gel et à la neige. Ne les déballez pas mais placez-les sous un abri de jardin ou un hangar. Vous les planterez au premier redoux.

L'achat d'un barbecue

C'est le moment de s'en préoccuper car il faut du temps pour préparer convenablement les beaux jours. Dans un barbecue mobile, le plus important, c'est la stabilité. Je trouve que les foyers haut placés et montés sur trois pattes sont dangereux, car ils se renversent assez facilement. Par ailleurs, vérifiez la commodité du système de réglage de hauteur de la grille. Et si vous voulez m'en croire : pas de barbecue à gaz ni à électricité ! Le principal intêret de la chose, c'est la cuisson au bois – comme nos ancêtres l'on fait de toute éternité, et jusqu'à une époque finalement très récente. Le grand Paul Bocuse disait justement qu'on reconnaît le vrai cuisinier à son habileté à faire griller une pièce de viande toute simple sur un feu de braise. Et le fait est que, quand c'est réussi, c'est du grand art !

Les noms botaniques des plantes *sont souvent bien compliqués : ils sont constitués de deux termes latins, un pour le genre et un pour l'espèce. Mais ils sont fort utiles, même pour le jardinier qui cherche avant tout à réussir un beau jardin, car ils représentent le seul moyen d'identifier une plante sans risque de confusion. En outre, la majorité des catalogues des bons pépiniéristes classent les végétaux d'après leur nom botanique – il faut donc se résoudre à s'y mettre !*

Sainte Geneviève

« Sainte-Geneviève ne sort point • Si Saint-Marcel (16 janvier) ne la rejoint »

En attendant les asperges

Préparez la plantation des griffes d'asperges – qui interviendra en mars – en creusant les tranchées, si le temps est suffisamment sec.

Il faut connaître la durée de la culture *entre le semis et la récolte pour mieux organiser son potager et planifier l'occupation du sol et les rotations.*
Ail : 90 à 120 jours ;
cardon : 80 à 150 jours ;
carotte : 80 à 150 jours ;
céleri : 145 jours ;
chicorée scarole : 85 à 110 jours ;
cresson de fontaine : 45 jours ;
épinard : 40 jours ;
oignon : 100 jours ;
pourpier : 60 jours ;
concombre : 60 à 90 jours ;
potiron : 110 jours ;
artichaut : 70 jours après le départ de la végétation.

DANS LA MAISON

LES GÉRANIUMS

Semés ce mois-ci ils donneront des fleurs dès le mois de juin. Ils portent les noms de 'Show Girl', 'Orange Appeal', 'Hallo', 'Multiboom'. Semez en caissette, dans un terreau à semis, près d'un radiateur. Recouvrez d'une plaque de verre que vous ôterez cinq ou six jours plus tard. Dès que les jeunes plantes apparaissent, placez à pleine lumière. Repiquez en godets quand les géraniums sont assez grands. Arrosez deux fois par semaine et apportez un peu d'engrais (tous les dix jours). Installez au jardin quand les derniers risques de gelée sont passés (début mai en région parisienne).

Notes personnelles

4 JANVIER

Saint Odilon

« Gelées de Saint-Odilon • Six semaines dureront »

Les oranges

Dans le Midi, c'est le moment de récolter les oranges qui arrivent à maturité. Effectuez une taille de nettoyage sur les arbres en aérant le centre pour que le soleil y pénètre. Effectuez un apport d'engrais pour arbre fruitier au pied de chaque oranger.

FORÇAGE TARDIF

Les jacinthes forcées pour la Noël finissent de fleurir, mais il est encore temps de préparer des bulbes qui fleuriront en février-mars. Et pensez à administrer une dose d'engrais pour plantes à fleurs lorsque les jeunes pousses sortiront : les fleurs seront plus belles et mieux colorées.

Il gèle, et l'allée qui conduit à la grille est verglassée. *Pour éviter les dérapages incontrôlés, jetez du sable, plutôt que du gros sel. Ce dernier est plus efficace, mais c'est aussi un désherbant, dangereux pour vos plantes vivaces.*

Le bon remède

Le bombyx cul-brun

Sur les érables, sur les pyracanthas et d'autres arbres et arbustes, on observe, en hiver, à l'extrémité des pousses, des sacs soyeux où sont pris des déchets de feuilles. C'est le cocon du bombyx cul-brun. La chenille, poilue et garnie de verrues orangées, dévore les feuilles au printemps avec une grande avidité, mais sans s'attaquer aux nervures. Il ne faut pas y toucher car elle est urticante. Portez des gants pour ramasser les nids, en cette saison, avant de les détruire.

5 JANVIER

Saint Edouard

« Beau temps aux Rois • Blé jusqu'au toit »

Découvrez... LE PAVOT D'ISLANDE 'PARTY FUN'

C'est un superbe hybride qui donne des fleurs plus grosses et plus nombreuses, avec de nombreux coloris – notamment de remarquables tons pastel, mais aussi des rouge, des jaune et des rose pur. C'est une variété à retenir pour les massifs comme pour les bouquets.

DANS LA MAISON

BÉGONIA PARTITA BONSAÏ

Cette plante d'intérieur étonnante a de petites feuilles et les fleurs classiques d'un bégonia (blanches), mais elle présente une souche tubéreuse et des tiges charnues qui lui donnent l'aspect d'un bonsaï. Elle est facile à cultiver et très décorative. On peut même la semer.

Profitez de l'hiver pour étudier les catalogues des pépiniéristes. *L'un des grands plaisirs du jardinage, c'est de découvrir des plantes nouvelles en les cultivant. Et la beauté d'un jardin tient beaucoup à la diversité végétale. Commandez ces catalogues chez les pépiniéristes dont vous trouverez les adresses à la fin de l'almanach. Ils vous les feront parvenir gratuitement ou contre quelques timbres.*

AU PIED DU MUR

Si vous plantez une grimpante ou un arbuste à palisser au pied d'un mur, badigeonnez d'abord celui-ci d'un lait de chaux additionné de bouillie bordelaise, afin d'éliminer les formes hivernantes des parasites. Et creusez le trou à une certaine distance de la base (une quarantaine de centimètres), afin d'éloigner les racines de la terre sèche et peu fertile (à cause des fondations) que l'on trouve immédiatement à la base de la maçonnerie.

Notes personnelles

....

....

« Journée claire de Sainte-Mélanie • Fait les tonneaux bien remplis »

« SOUFFLER LES POIS »
Cette expression n'est plus usitée, mais elle est charmante. Elle désignait le dormeur, en faisant allusion à sa respiration régulière, caractéristique.

PLANTES DE TERRE DE BRUYÈRE

Les pépinières vendent les camélias, rhododendrons et azalées pendant tout l'hiver, mais il est préférable d'attendre les premiers jours du printemps pour les acheter et les planter. En effet, à cette époque elles souffriraient du froid et repartiraient plus difficilement.

Afin d'éviter la germination des pommes de terre *conservées en cave, il faut remuer le tas de temps en temps si vous n'avez pas effectué de traitement antigerme. Profitez-en pour éliminer les tubercules présentant des signes de pourriture.*

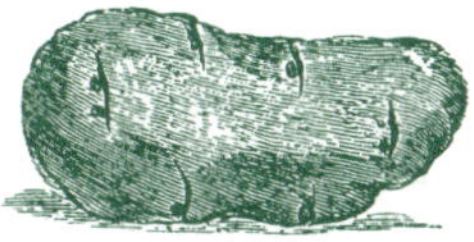

Découvrez...

LA NIGELLE AROMATIQUE

Elle est moins connue que la nigelle de Damas au feuillage léger et aux fleurs bleues. Elle lui ressemble, mais elle est plus petite et ses fleurs sont blanches (elles sont assez jolies pour être semées en massif). Elle donne des graines noires très aromatiques que l'on appelle « quatre-épices » et que l'on utilise pour les sauces, les viandes et les ragoûts.

7 JANVIER

Saint Raymond

« Les hivers les plus froids • Prennent vers les Rois

LA CAROTTE 'NANTAISE'

La carotte aime les climats tempérés et humides et les sols non caillouteux, légers, assez riches en humus, et peu battants (c'est-à-dire qui ne forment pas de croûte sous l'action des pluies). Ces exigences destinaient naturellement la carotte, cultivée en France depuis le XIVe siècle, à coloniser la région nantaise, le long de l'estuaire de la Loire. Je vous laisse juger si, en retour, ce précieux légume a rendu Nantaises et Nantais particulièrement aimables – et leur a donné des cuisses roses ! La carotte 'Nantaise' est une variété très ancienne, et depuis très longtemps, on ne la trouve plus dans les catalogues des grainetiers que sous sa forme « améliorée ». C'est une carotte précoce et demi-longue (comme celle 'de Carentan'), mesurant environ 16 cm de long, cylindrique et très colorée. Elle a donné de nombreuses races. La carotte 'Nantaise' à forcer est traditionnellement semée sous tunnel – également nantais ; on effectue un premier semis en octobre-novembre, pour une récolte d'avril-mai, et un second en janvier-février pour une production de mai-juin. La 'Nantaise améliorée' race Tim-Tom (obtention Vilmorin) donne une racine à cœur plus rouge et à chair de meilleure qualité. Dans les catalogues, on trouve la 'Nantaise améliorée' race Tantal, recommandée pour la production d'été, et la 'Nantaise 3' race Nanbro, pour les récoltes d'été et d'automne, à racine bien lisse et petit cœur, que l'on peut conserver en cave durant l'hiver. Et je vous conseille de ne pas peler vos carottes (récoltées assez jeunes), mais simplement de les gratter, ou de bien les brosser dans l'eau froide : en effet, la peau est particulièrement riche et nutritive.

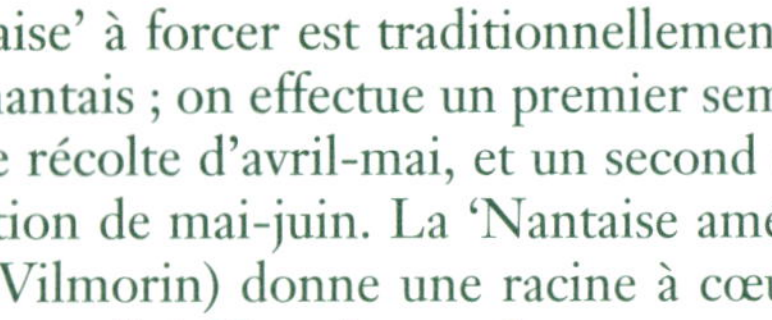

8 JANVIER

Saint Lucien

Début de l'an venteux • Fait l'an miséreux »

DANS LA MAISON

LE BAOBAB

C'est un arbre merveilleux par son impressionnante silhouette et son tronc énorme, et c'est l'une des seules espèces tropicales à feuillage caduc. En Afrique, il est sacré, et personne n'aurait l'idée de le mettre dans le feu (il brûle d'ailleurs fort mal). Mais ce que l'on sait moins, c'est qu'il résiste parfaitement à l'intérieur (il est évident de le sortir sur la terrasse de mai à début octobre). On peut trouver des graines, et le semis est assez facile. Évidemment, il ne faut pas être pressé, car la croissance est lente. Mais vous avez le temps d'en profiter : un baobab vit souvent plus de 1 000 ans !

LE CANNA

Si vous semez dès maintenant les cannas (en particulier la variété 'Tropical Rose', à fleurs rose vif), ils fleuriront dès la première année. Semez dans la serre, en terrine, sur un terreau léger, à une température de 18 °C environ.

Sur couche

La culture traditionnelle sur couche chaude est un peu délaissée aujourd'hui, mais elle est pourtant relativement facile et permet d'obtenir très tôt une première récolte de légumes. La couche chaude proprement dite est constituée uniquement de fumier de cheval. Elle maintient une température de 18 à 20 °C pendant plusieurs semaines. La couche tiède est faite d'un mélange de fumier de cheval (deux tiers) et de feuilles. Elle donne une température de 15 °C environ. Dans les deux cas, la couche est protégée par un châssis.

Vous venez de prendre possession d'un nouveau jardin. *Avant de choisir vos arbustes et vos vivaces, observez les jardins de vos voisins pour découvrir les espèces qui donnent les meilleurs résultats dans la région.*

Notes personnelles

....

....

....

....

« Mieux vaut rencontrer un chien enragé • Que limaçon en janvier »

SOUVENIRS D'AMOUR

C'est ainsi que Delbard a baptisé une remarquable collection de rosiers délicieusement romantiques, dans le style des anciens rosiers de France, avec des fleurs très pleines et des coloris exceptionnels. Il y a 'Souvenir de Marcel Proust', déjà très populaire, aux roses d'un jaune lumineux intense. Mais j'aime beaucoup 'Comtesse de Ségur' : « c'est la rose de Camille et de Madeleine au château de Fleurville », nous dit Delbard. C'est tout à fait ça, une rose rose soutenu, aux pétales regroupés en petits bouquets, qui réveille des souvenirs de petite enfance !

Le bon remède

La cicadelle bison

Cette sorte de petite cigale verte pond ses œufs sous l'écorce des arbres fruitiers, après y avoir fait une incision. L'insecte lui-même n'est guère nuisible, mais les blessures faites aux arbres peuvent entraîner la contamination par des champignons parasites. On détruit les œufs de la cicadelle par des traitements d'hiver aux huiles minérales.

Découvrez... LE SPART

On l'appelle comme ça parce que les tiges servent à faire des paniers – des ouvrages de sparterie. C'est une fort belle graminée, qui vient des rivages méditerranéens, mais qui résiste au froid. Elle mesure 80 cm et forme une petite touffe de feuilles vert émeraude. Les inflorescences argentées sont étonnantes, en forme de bec d'oiseau. Très bonne plante de sol sec, en particulier pour fixer les talus.

Des tomates en bouteilles. *Coupez la partie supérieure (goulot) d'une bouteille en plastique. Versez un peu de sable dans le fond, puis remplissez de 8 cm de terreau. Semez quelques graines et maintenez un peu humide. Au fur et à mesure du développement des plantes, ajoutez un peu de terreau, pour que les tiges s'enracinent. Avant le repiquage, fendez la bouteille au cutter et pincez les tiges.*

Saint Guillaume

« Beau temps de Saint-Guillaume • Donne plus de blé que de chaume »

Le bon remède

L'étanchéité de la serre

S'il y a des fuites, les pertes en calories peuvent être importantes. Pour les détecter, le plus simple consiste à utiliser une cartouche fumigène (on en trouve dans les magasins spécialisés et dans certaines grandes surfaces de jardinage). La fumée s'échappe par les fuites qu'il est donc facile de localiser. On les bouche avec du mastic.

LE MILLEPERTUIS

Les nombreuses espèces de millepertuis sont toutes remarquables par leur caractère extrêmement robuste et leur résistance à la sécheresse. Je recommande particulièrement une vivace de grande qualité, *Hypericum calycinum*, à feuillage persistant et à grandes fleurs jaune d'or, qui s'épanouissent de juin à août. C'est un couvre-sol à toute épreuve pour les talus et les jardins secs, à mi-ombre ou au soleil (très intéressant sous les arbustes).

La laitue sur couche

Sur couche chaude, semez quelques laitues pommées de printemps, et en particulier 'Gotte jaune d'or', à petite pomme vert blond. Vous repiquerez directement en place en février (sous protection), et vous récolterez en mars.

Les graines de certaines annuelles sont très fines, *en particulier celles du bégonia, du pétunia, de l'impatiens ou de l'agératum. Pour les semer plus facilement et pas trop dru, mélangez-les à du sable fin.*

11 JANVIER

Saint Paulin

« C'est pour la Saint-Paulin • Que les fous comptent les hirondelles autour d'Amiens »

Découvrez…

L'ESCALLONIA

Les arbustes à floraison estivale (qui doivent être taillés, répétons-le, en hiver) ne sont pas si nombreux, et celui-ci ne manque vraiment pas de grâce. Il est facile à cultiver en sol ordinaire assez poreux, et il aime les situations chaudes et ensoleillées. Ses atouts : il est persistant, à petites feuilles brillantes vert franc, et il donne une floraison séduisante, à petites fleurs roses, rouges ou blanches, de juin à août. Je recommande particulièrement la variété 'Langleyensis' (2 m de hauteur), à fleurs rose carminé, en petites grappes. C'est un excellent arbuste pour le bord de mer.

Pour nettoyer les mélanges terreux *que vous destinez à vos potées, en retirer les graines de mauvaises herbes et les spores de champignons parasites, le moyen le plus simple consiste à les ébouillanter. Cela ne diminue en rien leur fertilité. On peut aussi placer à four chaud pendant trois quarts d'heure les terrines de terre cuite remplies de mélange terreux.*

DANS LA MAISON

SEMIS DES CACTÉES

Ça étonne toujours les débutants, mais les cactées (de même que les plantes grasses de même type) sont assez faciles à obtenir par semis : en outre, la croissance est assez rapide. C'est une bonne formule pour obtenir des plantes nombreuses et de bonne tenue. Semez (en caissette) en serre ou en appartement, à cette époque, ou attendez la fin du printemps pour semer à l'extérieur. Semez notamment les *Echinocereus*, les *Opuntia* et les *Echinicactus*, mais aussi les *Lithops* (pierres vivantes) et les *Aloes*.

LA CANNE DE PROVENCE

J'aime beaucoup ce grand roseau, typique du paysage méditerranéen, très répandu dans les fonds humides. Vous pourrez en constituer de grosses touffes, à proximité des bassins, ou encore des brise-vent. Mais les chaumes, qui atteignent souvent quatre mètres, font aussi d'excellents tuteurs pour les delphiniums ou les haricots d'Espagne.

12 JANVIER

Sainte Tatiana

« Froid d'avant Saint-Hilaire • Gèle les rivières »

Les vertus de l'anis vert

Ses graines, à la saveur chaude et forte, entrent dans l'anisette en France, l'ouzo en Grèce, le raki en Turquie, l'aguardiente en Amérique latine, le kummel en Russie, l'ojen en Espagne. Je ne vous conseille pas ces breuvages parce que l'abus d'alcool est mauvais pour la santé, mais je vous signale simplement que les dites graines ont la réputation d'être dynamisantes et aphrodisiaques.

Découvrez... **L'ERINUS**

C'est une plante de nos montagnes, qu'on appelle aussi « Mandeline des Alpes » et qui pousse sur les rochers et les éboulis entre 1 000 et 2 500 m. Elle est fort belle dans les rocailles où elle forme de petits coussins denses de feuillage vert foncé (10 cm de haut). D'avril à juin, elle donne une grande abondance de petites fleurs bleu violacé, qui recouvre complètement les feuilles. Il existe aussi une bonne variété à fleurs rouge carminé, 'Dr Hahnie'. Cultivez-la en rocaille et sur les murets de pierre sèche. Elle se ressème souvent avec générosité.

La terrasse

Ne laissez surtout pas se détériorer les joints du dallage ou du carrelage de la terrasse. En effet, l'eau finit par s'infiltrer sous les dalles, les décolle et peut même les briser par fort gel. Passez une inspection de détail pour repérer tous les joints qui paraissent défectueux, et marquez-les d'un peu de peinture. Vous les réparerez aux beaux jours.

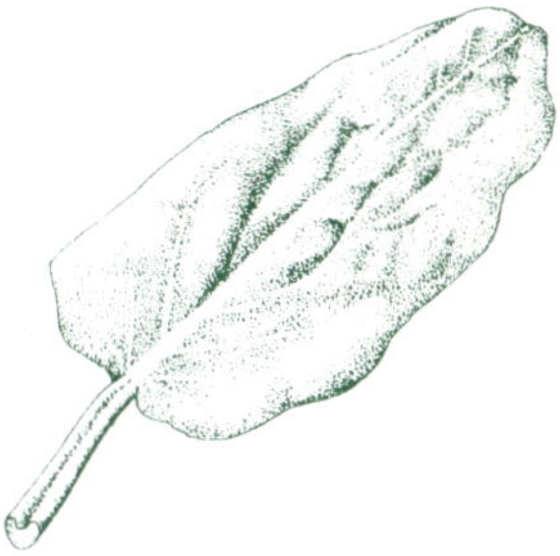

Pour que les poules donnent de beaux œufs *appétissants, au jaune très foncé, jetez des feuilles d'oseille dans le poulailler et incorporez-en aussi dans les pâtées.*

13 JANVIER

Saints Yvette et Hilaire

« Parfois à la Saint-Hilaire • Le vin gèle dans les verres »

Le bon remède

Bassin fissuré

Lorsque le béton d'un bassin est fissuré (ce qui peut arriver à la suite de gel), on conseille généralement d'appliquer un produit d'étanchéité, une sorte de goudron, qui pénètre dans les fissures. Cependant, je crois qu'il est préférable – c'est plus simple et plus sûr ! – de tapisser complètement le bassin avec une bâche spéciale en caoutchouc synthétique imputrescible ou en PVC. Ce matériel (qui, lui, ne risque pas de geler !) se vend au mètre, en largeurs de 4 ou 6 mm (ou même davantage). Au-dessous, étalez un feutre géotextile qui améliore la résistance de la bâche aux déchirures.

Découvrez… LE GENÊT 'ROYAL GOLD'

Les genêts sont vraiment des arbustes à chouchouter si l'on a un terrain sec et chaud. Ils fleurissent avec une grande générosité, et ils ne demandent pas beaucoup d'entretien. Celui-ci est la plus belle variété du genêt des teinturiers *(Genista tinctoria)*. Il forme une petite touffe élargie, de 60 cm environ. Ses rameaux sont vert franc et son feuillage vert foncé. Il donne ses fleurs jaune d'or, en grappes profuses de 8 cm, en été et souvent jusqu'en automne. C'est maintenant qu'il faut le planter, et aussi le tailler (assez sévèrement). Il vient fort bien en grande jardinière.

DAVID AUSTIN

S'il est un rosiériste qui mérite la canonisation, c'est bien lui. Cet Anglais a créé une collection extraordinaire (et le mot est faible) de rosiers qui allient la beauté somptueuse et le parfum des roses anciennes, et les qualités des roses modernes (floraison continue). On les appelle roses anglaises, et je crois que pas un seul jardin ne peut s'en passer.

C'est la bonne époque pour prélever les greffons *qui serviront pour les greffes de printemps. Choisissez des rameaux ayant la grosseur d'un crayon ; ils mesureront 30 à 50 cm de long. Faites-en de petits fagots en les liant avec une ficelle (en plaçant une étiquette pour les identifier). Enterrez-les dans du sable humide au pied d'un mur exposé au nord.*

14 JANVIER

Sainte Nina

« Entre le 10 et le 20 janvier • Les plus contents sont les drapiers »

Les petits pois ronds et ridés

Les pois ronds ne sont pas sucrés, mais ils résistent au froid ; on peut donc les semer très tôt, ou même les cultiver en bisannuels dans les régions à hiver doux. Parmi les meilleures variétés : 'Très hâtif d'Annonay' (nain), 'Serpette d'Auvergne amélioré' (ramant), 'Proval' (nain), 'Primavil' (nain), 'Express à longue cosse' (ramant). Quant aux pois à grains ridés, ils sont sucrés et de meilleure qualité nutritive ; on les sème quand il fait déjà chaud. Meilleures variétés : 'Sénateur' (demi-ramant), 'Kearly' (nain), 'Grando' (nain), 'Kelvil' (nain), 'Merveille de Kelvédon' (nain), 'Arkel' (nain), 'Télévision' (nain).

L'ACHILLÉE

On cultive surtout les espèces à fleurs jaunes, très belles et très lumineuses, irremplaçables dans les massifs d'été. Cependant, je conseille également les variétés à fleurs roses de l'achillée millefeuille, notamment 'Cerise Queen' (50 cm), à feuillage très découpé et à fleurs rouge pourpré, et 'Red Beauty' (70 cm), à fleurs rouge foncé. Ce sont des plantes faciles à réussir en sol ordinaire et en plein soleil, qui supportent parfaitement la sécheresse.

Profitez des périodes de beau temps pour labourer *au potager comme dans les massifs, si vous n'avez pas eu le temps de tout faire en automne. C'est le dernier moment pour enfouir le fumier car il a besoin d'au moins deux mois pour se décomposer complètement. Quand on l'incorpore plus tard, il entraîne des brûlures sur les racines des plantes.*

Le bon remède

La préparation de couche

Installez la couche chaude dans un endroit abrité (près d'un mur), en creusant sur 40 cm environ. Brassez le fumier frais en l'arrosant. Attendez qu'il commence à chauffer, et constituez alors la couche en entassant le fumier dans la tranchée, et en surélevant de 20 cm. Recouvrez de 15 cm de terre légère, puis posez dessus le châssis. Il faut attendre que la température redescende vers 22 °C – lorsque la couche a « jeté son feu » – pour commencer à semer.

15 JANVIER

Saint Rémi

« Souvent froid du 15 janvier • Réjouit les charbonniers »

Découvrez...

L'ANTHÉMIS 'E.C. BUXTON'

C'est peut-être la meilleure variété du genre. Elle donne en effet de très nombreuses fleurs jaune citron, extrêmement lumineuses, de juin à septembre. Elle forme une belle touffe de 60 cm de hauteur et il faut espacer les pieds de 40 à 50 cm au moment de la plantation. (Cultivez-la en sol sec et plutôt maigre (en effet, cette belle plante est moins florifère en sol riche).

Protégez les semis. *Mêlez un peu de cendre de bois à du soufre sublimé, et saupoudrez-en finement les terrines ou la pépinière que vous venez d'ensemencer. Vous éviterez ainsi les maladies (notamment la fonte des semis) et les parasites (puces de terre).*

Notes personnelles

....

....

....

....

LE VINAIGRE DES QUATRE VOLEURS

La scène se passe à Marseille, au temps de la Grande Peste. Quatre malandrins avaient trouvé un remède efficace contre la maladie, ce qui leur permettait de détrousser les cadavres en toute quiétude. Je ne sais si cette anecdote est exacte, mais le vinaigre (le remède miracle de l'histoire) est en tout cas très parfumé. On le prépare avec beaucoup de plantes : romarin, fleurs de sauge, fleurs de lavande, ail, rue et clous de girofle. On fait macérer le tout dans du vinaigre de vin pendant une ou deux semaines, puis on filtre avant de consommer.

LE CAMÉLIA

Les camélias qui ont terminé leur floraison ne sont pas très décoratifs car les fleurs fanées restent sur les rameaux. Il faut les supprimer une à une. Vous n'aurez pas ce problème si vous cultivez les variétés *Sasanqua* et *Williamsii*, parce que leurs fleurs fanées tombent naturellement.

Saint Marcel

« A la Saint-Marcel mets ton manteau • Tu ne l'ôteras pas de sitôt »

DANS LA MAISON

SAUVEZ LES CACTUS

On a souvent tendance à trop les arroser – ce qui entraîne rapidement la pourriture des racines. Si cet accident arrive à un cactus cierge, coupez la partie saine de la tige, à l'aide d'une lame désinfectée. Saupoudrez la plaie de soufre en poudre ou de charbon de bois pilé. Laissez cicatriser. Placez ensuite sur du sable ou sur du terreau à semis, à température chaude, en arrosant très légèrement. La portion de tige va s'enraciner.

Pour obtenir une floraison précoce *de vos plantes vivaces (ou bisannuelles), empotez-les et rentrez-les dans une serre ou dans une véranda (assez fraîche). Elles fleuriront avec plusieurs semaines d'avance et vous les utiliserez pour la décoration des fenêtres et des balcons.*

Le bon remède

La graphiose de l'orme

Cette maladie qui a causé de très graves dégâts en Europe se traduit par un brusque affaissement du feuillage après le départ de la végétation : l'arbre est condamné, et il faut l'arracher. Cependant, il existe une variété résistant à la maladie : il s'agit de Resista *'Sapporo Gold 2', découvert aux États-Unis et testé par l'INRA. C'est un bel arbre érigé et buissonnant atteignant 10 m de haut, à feuilles ovales et allongées, devenant jaunes en automne. Sa croissance est assez rapide.*

PERGOLAS

C'est l'époque de la taille des rosiers grimpants et de nombreuses autres grimpantes à floraison estivale. Profitez-en pour décrocher les branches et pour vérifier l'état de la pergola. Si nécessaire, remplacez les parties endommagées ou touchées par la pourriture, et appliquez un produit de traitement pour menuiseries extérieures.

17 JANVIER

Sainte Roseline

« Mieux vaut feu au grenier • Qu'herbe verte en janvier »

Le ravalement des fruitiers

Les vieux arbres fruitiers se trouvent souvent bien d'un élagage qui leur permet de renouveler leur charpente. Mais ne pratiquez pas l'opération en une seule fois, sous peine de déclencher une montée de sève qui entraînerait la chute prématurée des fruits et l'épuisement de l'arbre. Étalez le ravalement sur trois ou quatre ans, et élaguez en fin d'automne ou en hiver en coupant les branches charpentières non loin du tronc. N'oubliez pas de protéger soigneusement les plaies avec du goudron de Norvège.

En cas de période de temps particulièrement doux, *pensez à découvrir les plantes vivaces et les arbustes que vous avez protégés en automne par une litière de feuilles ou un film plastique. Ils s'aèrent et évitent ainsi les maladies. Mais n'oubliez pas de les recouvrir à nouveau si la météo annonce un coup de froid.*

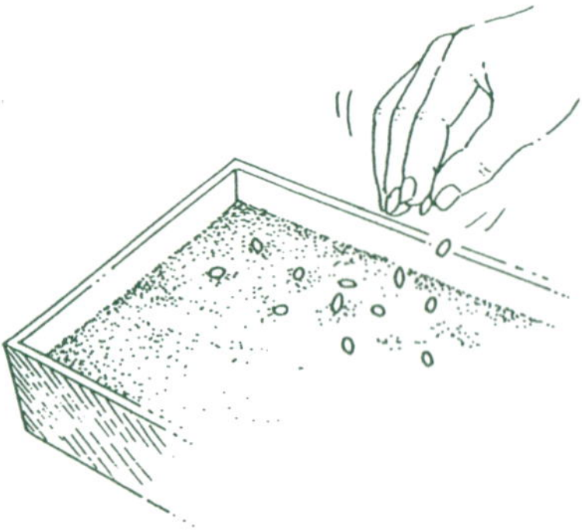

LE SEMIS EN CAISSETTE

Pour semer les annuelles à massif en caissette, remplissez celle-ci de compost. Ensuite, arrosez largement et laissez égoutter, avant d'effectuer le semis. En effet, en arrosant après avoir semé vous risqueriez de déranger les graines et d'obtenir une levée peu homogène !

Tentez les fèves

Dans les régions à climat doux, on peut tenter un premier semis de fèves. Retenez en particulier la fève 'd'Aguadulce', à très longue cosse et à grain blanc, devenant brun en séchant. Semez en lignes espacées de 30 cm, à une profondeur de 7 ou 8 cm.

18 JANVIER

Sainte Prisca

« Neige et pluie à la Sainte-Prisca • Humide tout l'an sera »

(1)

(2)

(3)

Le marcottage en l'air

C'est une bonne méthode pour multiplier les vieux ficus, yuccas, dracœnas, et les plantes d'appartement du même type, quand elles se dégarnissent. Entaillez l'écorce de la tige ou d'un rameau, un peu en dessous du bouquet de feuilles terminal (1). Entourez l'incision d'un manchon constitué d'un mélange de mousse, de sable et de tourbe (2), en le maintenant à l'aide d'une bande de matière plastique (3). N'arrosez presque plus la plante : rapidement, des petites racines vont se développer dans le manchon. Lorsqu'elles seront bien visibles, sevrez la marcotte et empotez-la.

L'expérience du tri des déchets à domicile a été tentée dans diverses villes. Elle nécessite trois poubelles par ménage : une pour les rebuts recyclables, l'autre pour les irrécupérables, et la troisième pour tout ce qui peut être composté. Nul doute que c'est la bonne voie pour résoudre le problème des ordures ménagères. Je vous conseille d'effectuer dès aujourd'hui ce tri, au moins pour toutes les matières décomposables – depuis les croûtes de fromage jusqu'aux os et aux épluchures. Ces dernières enrichiront votre tas de compost et fertiliseront votre jardin.

Notes personnelles

....

....

....

....

19 JANVIER

Saint Marius

« Du 19 janvier méfie-toi, • De l'an c'est l'un des plus froids »

Pompes de surface

Ces modèles de pompe ne sont pas destinées à rester en place en permanence. Il ne faut donc pas oublier de les rentrer, à l'abri du gel, pendant l'hiver. Par ailleurs, n'utilisez pas les pompes de surface pour vidanger les eaux sales, chargées en particules ; en effet, ce type de pompe est conçu uniquement pour les eaux claires.

DANS LA MAISON

DES GRAINES GERMÉES

Divers grainetiers proposent des graines à consommer germées : alfalfa, blé, fenugrec, lin, moutarde, mungo, soja… Vous les ferez germer facilement dans un germoir en terre cuite ou en matière plastique. Il suffit de quelques jours pour obtenir des graines germées bourrées de vitamines et de protéines, excellentes dans les salades ou en accompagnement.

CONCOMBRE AU VINAIGRE

Pour vous éviter de semer à la fois du concombre et du cornichon, voici une bonne recette. En effet, les tranches de concombre conservées au vinaigre sont excellentes pour les sandwichs ou pour accompagner la charcuterie. Coupez un concombre pas trop mûr en tranches de grosseur moyenne et faites-les bouillir dans du vinaigre, en ajoutant un peu d'eau, de l'ail, du sel, une ou deux feuilles de laurier et surtout des graines d'aneth. Laissez reposer quinze jours au réfrigérateur.

L'AGÉRATUM ROSE

Cette variété s'appelle 'Pinkie Improved' ; c'est une plante compacte (20 cm), à fleurs d'un rose très vif. Un agératum superbe pour les jardinières, qu'on peut associer au blanc 'White Hawaï'.

Pour lutter contre les pucerons noirs *de la fève et du haricot semez généreusement de l'aneth entre les lignes.*

« Neige ou gel pour Saint-Sébastien, • Mauvaise herbe ne revient »

« T'AS D'L'ARTICHE MON POTE ? »
Qu'on en ait ou qu'on n'en ait pas, on sait ce que c'est que l'artiche ! Mais quel rapport avec l'artichaut ? C'est tout simplement qu'une tête d'artichaut a beaucoup de feuilles, et en argot, l'artiche, c'est devenu un porte feuilles, c'est-à-dire un portefeuille, puis les billets eux-mêmes. Ce délicieux légume est aussi l'emblème des cœurs sensibles et émotifs, des « cœurs d'artichauts », mais l'expression est cette fois un hommage au caractère tendre et fondant des fonds que l'on déguste en vinaigrette.

LE LILAS D'ÉTÉ

Procédez à la taille annuelle du lagerstrœmia en rabattant tous les rameaux qui ont fleuri l'année précédente, et en dégageant le centre. Sur les sujets élevés sur tige, taillez plus sévèrement en raccourcissant les pousses à trois ou quatre yeux.

Le bon remède

Les cloportes

Ces crustacés terrestres, de couleur grise, sont nuisibles dans les caves, les silos et les fruitiers, où l'on conserve les fruits et les légumes. Ils fréquentent également les serres et les châssis. Ils sont actifs la nuit et dévorent les jeunes plantules et les tiges qui touchent le sol. Le jour, ils se cachent sous les pots ou dans les tas de feuilles. Une bonne recette pour les supprimer : mélangez bien 1 kg de racines fraîches d'angélique à une cuillerée à soupe d'essence de térébenthine. Répandez cette substance dans les endroits fréquentés par les cloportes, qui vont rapidement disparaître.

« Quand les mouches dansent en janvier • Épargne ton foin et ferme le grenier »

S'il fait trop mauvais pour aller au jardin, *occupez-vous de la cabane à outils ou de l'abri. Passez en revue les produits de traitement et débarrassez-vous de ceux qui sont trop vieux. Faites l'inventaire des sachets de graines qui vous restent, en vérifiant qu'ils ne sont pas trop anciens (certaines graines perdent vite leur pouvoir germinatif). Vous pourrez ainsi programmer vos achats de graines pour la saison prochaine.*

Une couche sourde

Il n'est pas toujours facile de se procurer du fumier de cheval frais pour constituer une couche chaude. En revanche, une couche sourde ne pose pas de problème. Elle est faite de compost de jardin ou de fumier animal (ou d'un mélange des deux), entassé sur une épaisseur de 40 ou 50 cm, que l'on recouvre de 15 cm de bonne terre ; on place ensuite un châssis. La couche sourde donne une température moins élevée que la couche chaude, mais elle est tout de même très précieuse pour semer le melon ou le concombre qui, l'un et l'autre, aiment bien une chaleur de fond.

Découvrez...

LA SCUTELLAIRE

Thierry Denis, le bon pépiniériste morvandiau, qui sait aussi bien écrire sur ses plantes que les cultiver, vante les mérites de cette scutellaire (*Scutellaria incana*, 60 cm de haut) à feuillage bleuté et à floraison bleue, en épis. Il ajoute que c'est une des rares fleurs bleues à s'épanouir en plein été – et c'est très vrai – et propose de cultiver quelques pieds en compagnie de coréopsis et de *Knautia macedonica*. C'est une plante très rustique, qui se plaît en sol ordinaire (même argileux et lourd), et qui pousse en plein soleil ou à ombre légère.

DÉPLACER LES VIVACES

Les plantes vivaces rustiques (solidagos, rudbeckias, hostas, héléniums, coréopsis) peuvent être déplacées durant tout l'hiver, alors qu'elles sont en période de dormance. Creusez bien tout autour et sous la motte, pour transplanter la plante tout entière, sans l'endommager. Pour diviser les souches, il est préférable d'attendre mars.

« A la Saint-Vincent la glace perd ses dents • Ou les retrouve pour longtemps »

Découvrez…

LA BAUME COQUE

C'est une plante pour les jardins de senteurs, dont les grandes feuilles allongées, vert glauque, exhalent une odeur très caractéristique de mélisse et de menthe (on l'appelle d'ailleurs aussi « menthe coque »). Cette vivace forme une touffe de 60 à 80 cm de haut, très étalée, tapissante ; elle porte des fleurs jaunes en été, mais assez discrètes. Elle vaut d'être cultivée dans les jardins sauvages et aussi au potager, pour sa bonne odeur. Elle éloigne beaucoup d'insectes parasites, et l'on peut glisser des feuilles séchées entre les pages des vieux

'GLAMIS CASTLE'

Une des roses anglaises que je préfère ! C'est un petit arbuste de 80 cm de haut, à grandes fleurs blanc pur, très pleines, en coupe, dégageant un puissant parfum de myrrhe.

De nombreuses plantes d'intérieur préfèrent une terre plutôt acide. *C'est le cas des bégonias, des fougères, des billbergias et de bien d'autres. Un arrosage avec l'eau du robinet, souvent dure – c'est-à-dire très calcaire – leur est préjudiciable à la longue. L'idéal, c'est bien sûr d'utiliser l'eau de pluie. A défaut, stockez l'eau du robinet dans des bouteilles, pour la laisser reposer au moins 24 heures : elle est alors nettement plus douce.*

DANS LA MAISON

L'AVOCAT

A la vue d'un noyau d'avocat, les jardiniers ont parfois du mal à résister à la tentation de le faire germer. Cela part d'un bon sentiment, mais on obtient souvent un bouquet de feuilles au bout d'un vrai manche à balai. Pour éviter cet inconvénient, placez le jeune avocatier en pleine lumière. Quand il a quelques mois, n'hésitez pas à trancher la tige à mi-hauteur. Il repartira fort bien et restera compact.

23 JANVIER

Saint Barnard

« Lendemain de Saint-Vincent ensoleillé • Laisse le vigneron émerveillé »

Le bon remède

L'élagage

Pour couper une grosse branche, effectuez une première coupe, de haut en bas, à environ 50 cm du tronc. Ensuite, vous couperez le moignon restant au ras du tronc, de bas en haut. Vous éviterez ainsi les éclatements du bois et les déchirures de l'écorce (écales). Prenez soin de couper toutes les branches à élaguer, quel que soit leur diamètre, au ras du tronc ou de la charpentière ; les chicots sont à prohiber car ils constituent des nids à parasites et à maladies.

Il existe des produits antialgues qui tuent les algues microscopiques dans l'eau des piscines, évitant ce qu'on appelle le phénomène de l'eau verte. Mais attention, n'utilisez pas les antialgues pour piscine dans les bassins d'ornement, car ils sont dangereux pour les végétaux et les poissons. Vous aurez donc recours à un produit de traitement sans danger pour le biosystème (il existe plusieurs marques).

SEMIS SOUS VERRE

Les caissettes de semis d'annuelles seront recouvertes d'une plaque de verre, qui permet de conserver l'humidité. Mais vous devrez la retourner et l'essuyer tous les jours, afin de prévenir les effets de la condensation sur les semis.

Promesse de pommes de terre

Pour effectuer une première récolte de pommes de terre précoces (par exemple 'Belle de Fontenay') dès avril ou mai, plantez quelques tubercules sous châssis, en protégeant avec une bonne couche de paille.

Notes personnelles

....

....

....

....

« Autant de beaux jours en janvier, • Autant de mauvais seront en mai »

La carotte et le radis

Sur couche et sous châssis, semez les premières carottes, à une température d'au moins 15 °C, dans une terre légère et riche. Mais deux jours avant vous aurez semé des radis et quand ils auront levé vous pourrez commencer à ouvrir le châssis. Meilleures variétés : 'Nantaise à forcer', 'Suko'.

LES BULBES D'ÉTÉ

Vérifiez périodiquement l'état des bulbes d'été (bégonias, dahlias, cannas) que vous conservez en cagette ou dans la tourbe (et dans un local frais mais non gélif). Éliminez ceux qui sont atteints par la pourriture ou desséchés. Un léger poudrage au fongicide leur permet de mieux résister.

ANGÉLIQUE CONFITE

Cette plante est vraiment très belle dans les jardins sauvages et en arrière-plan de massif. Elle est d'ailleurs assez couramment cultivée, mais peu de gens font confire ses tiges. Je vous conseille pourtant d'essayer car on obtient de l'angélique confite beaucoup plus parfumée que celle que l'on peut acheter toute préparée. Pour cela, il faut recouvrir les tiges (500 g) fraîchement cueillies d'eau bouillante salée et les laisser reposer un jour ou deux avant de les peler. Ensuite, on porte doucement à ébullition un demi-litre de sucre en poudre dans la même quantité d'eau ; on ajoute les tiges d'angélique et le jus d'un citron, et on fait cuire pendant vingt minutes. Puis on laisse reposer durant quelques jours dans un lieu frais avant de mettre en bocal. Un vrai délice !

Le bon remède

La fonte

On appelle ainsi un champignon qui entraîne la moisissure rapide des semis, surtout en caissette, sous serre et sous châssis. Pour prévenir son attaque, ne semez pas trop dru (éclaircissez si nécessaire), et aérez les semis dès la levée.

Conversion de saint Paul

« Si en ce jour il pleut, • Vigneron, au vin dis adieu »

Le bon remède

Le tuteur

Lors de la plantation des jeunes arbres, en particulier des fruitiers, choisissez un solide tuteur (par exemple en châtaignier qui résiste bien à la pourriture), et enfoncez-le de 80 cm. Il doit arriver jusqu'au départ des branches charpentières. Placez-le de préférence du côté des vents dominants. Liez le tronc au tuteur à trois niveaux, avec un lien spécial acheté en jardinerie. Mais laissez-le lâche. Vous resserrerez après quelques semaines, quand le sol se sera tassé.

Dans un verre d'eau. De nombreuses plantes d'intérieur (le bégonia par exemple) et même d'extérieur s'enracinent facilement dans un verre d'eau. Mais repiquez-les en terre dès qu'elles ont quelques racines. En effet, quand elles restent dans l'eau, les racines qu'elles développent sont différentes de celles qui poussent dans le sol, et la reprise est ensuite plus difficile.

DES ROSES FRUITÉES

Delbard a eu la bonne idée de présenter une collection de rosiers « Grands parfums ». Pour faire un beau voyage au pays des senteurs, je vous conseille : 'Grand siècle'® (rose carné, nuances de framboise et de pomme), 'Fêtes galantes'® (odeur de framboise), 'Louksor'® (jaune de chrome, nuance de pomme, zeste de citron), 'Grand Nord'® (blanc pur, touche de violette, pointe de pomme), 'Le Rouge et le Noir'® (rouge velouté touché de noir, bouffée de vanille), 'Tendresse'® (rose tendre ocre, senteur de poire).

Notes personnelles

....

....

« Les cadeaux que fait janvier • On les paye cher en février »

LE JARDIN EN MOUVEMENT

Lorsque l'on cherche à créer un bel ensemble de plantes annuelles, de vivaces et d'arbustes, il est très difficile de contrôler tous les facteurs – dates de floraison, couleurs, hauteurs, exigences culturales... Cependant, il existe une manière fort simple de résoudre ce problème, c'est de le supprimer en s'en remettant au hasard, ou à la main de la nature qui, très souvent, fait bien les choses.

Le jardin en mouvement, c'est un jardin où les plantes sont libres de s'arranger entre elles, de se ressemer et de s'étaler comme elles l'entendent. Le chèvrefeuille épouse le rosier grimpant, les clématites rampantes se mêlent aux œnothères pour former de larges tapis fleuris, et des graminées diverses constituent de grosses touffes balancées par le vent.

Et pourtant, ce jardin en liberté, où les plantes évoluent comme bon leur semble, n'est pas un rêve de jardinier paresseux : il faut intervenir parce qu'il ne s'agit pas de laisser se développer un fouillis inextricable. Tout l'art consiste à s'en remettre à la nature, tout en contrôlant et en sélectionnant discrètement, en limitant le développement de telle plante, en favorisant telle autre, en introduisant de nouvelles espèces.

Chaque saison et chaque année, le jardin change de visage – les digitales fleurissent une fois dans un coin, puis se ressèment un peu plus loin, les géraniums vivaces sont un peu étouffés par les euphorbes dans leur emplacement primitif, mais ils s'installent à quelques mètres de là pour former une belle colonie...

Bien entendu, les conditions de sol et d'exposition, la configuration du terrain, ainsi que les éléments préexistants (arbres, pièces d'eau, rochers) décident de l'aspect général et du style de tel jardin en liberté. Cependant, on privilégie les plantes robustes et rustiques, qui se ressèment facilement, en particulier les espèces indigènes. On peut visiter un bel exemple de jardin en mouvement au merveilleux parc André-Citroën, à Paris.

27 JANVIER

Sainte Angèle

« Souvent janvier le frileux • Gèle la merlette sur ses œufs »

RECALER LES VIVACES

Les alternances de gel, de redoux et de pluie déchaussent les plantes vivaces, notamment celles qui se trouvent en bordure de massif, sur les pentes des rocailles, ou qui ont été récemment repiquées. Remettez-les en place à l'aide de la bêche, en tassant le sol autour du pied et en plaçant des pierres assez lourdes aux endroits les plus exposés.

Le sécateur à enclume, *qui présente une large contre-lame plate, doit être réservé pour les coupes grossières, les petits élagages et la suppression du bois mort. Pour la taille des arbustes, il est préférable d'utiliser un sécateur à lames tirantes, c'est-à-dire muni d'une lame convexe coupante et d'une grosse contre-lame concave non coupante. La seconde doit toujours être tournée vers l'extrémité du rameau, qu'elle soutient pendant la coupe.*

Notes personnelles

....

....

Pas japonais

Si la voie d'accès à la pelouse est étroite, l'herbe va être piétinée régulièrement, et elle sera rase et terne. Pour l'éviter, la meilleure solution consiste à mettre en place un pas japonais, c'est-à-dire quelques dalles, régulièrement espacées, posées sur un lit de sable.

Découvrez... LA COBÉE

Quelle plante exceptionnelle ! Elle vient du Mexique et dans ce pays c'est un arbuste. Sa vitesse de croissance est remarquable et elle s'accroche d'elle-même pratiquement sur tous les supports – jusqu'à 4 à 5 m de hauteur en une seule saison. Son feuillage est beau, foncé et fourni, et ses fleurs en grandes clochettes sont vraiment superbes. Son seul défaut : elle fleurit très tard sous le climat de Paris, et même pas du tout quand l'arrière-saison est froide. Pour bien profiter de ses fleurs, semez-la tôt, dès mars sous véranda ou serre, donnez-lui beaucoup de lumière et apportez-lui de l'engrais « fleurs » très régulièrement. Installez-la sur un mur bien exposé. Dans le Midi, la cobée passe souvent l'hiver et repart au printemps suivant.

28 JANVIER

Saint Thomas d'Aquin

« Les vents de fin janvier • Remplissent ou vident le grenier »

***Alarme de piscine :** il s'agit d'une sirène flottante qui se déclenche lorsque quelque chose de plus de 4 ou 5 kg au moins tombe dans la piscine. C'est une bonne protection si le bassin se trouve près de la maison, parce que vous êtes averti en cas de chute d'un enfant dans l'eau. Toutefois, il faut être conscient que ce n'est pas une protection absolue, et je crois que le filet ou la barrière sont préférables.*

DANS LA MAISON

DES POTS EN TERRE OU EN PLASTIQUE

Vous avez le choix entre deux types de matériaux pour les pots de vos plantes d'intérieur. La terre cuite est plus décorative et permet une meilleure aération du substrat de culture – mais il faut arroser très régulièrement. La matière plastique conserve beaucoup mieux l'humidité.

Les poireaux forcés

'Jaune gros du Poitou', 'Géant de Suisse', 'Géant précoce', 'Gros long de mai', 'de Genneviliers' – ce sont les meilleurs poireaux pour semer très précocement, sur couche chaude.

JARDINS MONOCHROMES

Des plantes de toutes les couleurs, c'est souvent très joli pour une platebande d'été ou pour un jardin de style champêtre, un jardin de curé. Mais parfois aussi, on obtient un chaos de couleurs, une véritable cacophonie visuelle, qui n'est pas très heureuse. Les jardins monochromes sont maintenant assez répandus. Les Anglais adorent ça, et je crois qu'ils n'ont pas tort. Un jardin jaune, par exemple, devant un pavillon et en plein soleil, c'est vraiment spectaculaire. En outre, c'est assez facile à réussir. Les paysagistes ont créé beaucoup de ces jardins monochromes depuis quelques années.

La protection des semis

Quand vous semez vos pois ou vos fèves, les oiseaux, sur les arbres, vous observent d'un œil goguenard et attendent que vous ayez le dos tourné pour se précipiter au festin. Mon grand-père, pour défendre les précieuses graines, les trempait dans de la paraffine liquide avant de les semer. On peut aussi les tremper dans du pétrole ou dans du minium en poudre (ce n'est aucunement toxique pour les légumes qui en sortiront).

« Pour Saint-Gildas, le temps • Annonce celui du printemps »

DANS LA MAISON

L'ANANAS

Amusez-vous, et amusez les enfants, en faisant pousser un ananas à l'intérieur. Il suffit de couper la couronne de feuillage d'un bel ananas acheté au marché, avec la première rangée d'écailles du fruit. Plantez jusqu'à la base des feuilles dans un mélange de tourbe et de sable : les pousses apparaîtront bientôt. Vous obtiendrez une jolie petite plante, mais ne comptez pas sur une récolte ! Il faut d'ailleurs savoir que l'ananas n'est pas un fruit, mais un réceptacle charnu : dans les pays tropicaux, les fleurs apparaissent sur les écailles, quand l'ananas est bien mûr.

Un film opaque

Un film de plastique blanc ou noir est une bonne protection pour les souches des plantes vivaces peu rustiques (acanthe, artemisia, pentstemon, liriope, sauge grahamii, *gunnera, mazus, helxine, pourpier vivace* (Delosperma). *Évitez les bâches transparentes qui entraînent des réchauffements brusques du sol quand il y a du soleil, et donc des alternances de gel et de dégel, préjudiciables aux racines.*

LES BÉGONIAS

Vous bouturerez facilement les bégonias *rex* et 'Croix de fer', et d'autres bégonias à grandes feuilles, ainsi que le saintpaulia, en prélevant une belle feuille, dont vous ferez tremper la tige dans l'eau. Des radicelles se développeront en deux ou trois semaines. Empotez alors la feuille et arrosez bien durant les premiers mois.

Votre stock de pommes de terre risque d'être touché par le gel *s'il fait très froid. Prenez des précautions en couvrant le tas de toiles de jute ou d'un film plastique isolant. Découvrez-le dès que la menace est passée, afin d'éviter le développement de la pourriture.*

*

* *

Soutènement. *Après de fortes pluies ou après la fonte des neiges, contrôlez l'état des murets de soutènement, qui doivent supporter une pression accrue. Si une partie paraît menacée d'effondrement, allégez le poids qu'elle supporte en creusant en contreparement.*

« Prends garde à Sainte-Martine, • Souvent l'hiver y reprend dès matines »

HARICOTS EN PICKLES

Je suis d'accord avec vous, les Anglais ne sont pas irréprochables sur le chapitre de la cuisine, mais ils sont en tout cas les maîtres des *pickles*, c'est-à-dire des légumes au vinaigre. C'est une bonne idée de préparer de cette manière de gros haricots verts, que l'on coupe en tronçons. N'oubliez pas quelques gousses d'ail et un peu d'aneth. C'est très bon dans les sandwichs.

Du thym pour la nuit

Un herboriste anglais du XVIIe siècle, Culpeper, affirme que l'odeur du thym évite les cauchemars. Essayez d'en glisser quelques brins dans votre oreiller pour avoir des rêves parfumés et méditerranéens. Par ailleurs, l'infusion est excellente contre toutes les formes de toux ; on peut aussi la conseiller en bain de bouche, dans les cas de gencives infectées.

Le pois rond est moins frileux

Le pois à grain rond résiste mieux au froid que celui à grain ridé. Pour le forçage sur couche le meilleur est le 'Nain très hâtif' ('d'Annonay'), à cosse droite. Vous récolterez dès mai ou juin.

'THE PILGRIM'

Peut-être la plus belle rose anglaise jaune. Elle est énorme, d'un jaune pur qui évolue vers le jaune pâle, avec des pétales regroupés en rosette et un agréable parfum. L'arbuste atteint 1 m.

Si vous avez effectué des semis sur couche*, il faut surveiller la température sous le châssis. La conjonction de la chaleur venant du sol et de celle du rayonnement solaire, quand il fait beau, peut être dangereuse pour les plantes. Lorsque le thermomètre atteint 25 °C, ouvrez le châssis.*

Le bon remède

Les limaces

Dans les serres et sous les châssis, les limaces causent souvent de gros dommages. Pour les dissuader, répandez de la cendre de bois autour des pots et des terrines. Et ne négligez pas le ramassage, efficace s'il est systématique.

Le choix des pros

Jean-Yves Poiroux, Plantes vivaces de rocaille et semi-rustiques *

***Agapanthus* 'Tinker Bell' :** Son feuillage est élégament strié de vert et de blanc et la floraison bleu tendre (plus naine que la tubéreuse bleue courante). Elle peut être utilisée en bordure de massif ou en composition de feuillage au soleil ou à mi-ombre en sol drainé.

***Verbena* 'Muriel' *(obtention Poiroux)* :** Cette verveine au parfum vanillé se développe rapidement jusqu'à 50 cm en hauteur sur 1,50 m de largeur. Elle est de couleur bleu-violet et se comporte comme une plante vivace en sol drainé en hiver, même sec l'été. Au soleil ou à mi-ombre. Elle est merveilleuse utilisée comme couvre-sol ou en bac sur terrasse.

***Pennisetum setaceum* 'Rubrum' :** Cette graminée, appelée aussi « herbe fontaine », est bien nommée pour son port gracieux. Son feuillage pourpre et ses épis rose carminé sont remarquables. Peu rustique, elle se plaît dans les massifs abrités, en sol drainé ou en pot que l'on rentre l'hiver. On la rabat en mars. Elle a été primée lors des journées de Courson en 1994.

***Baptisia australis* :** Cette plante vivace rustique tient du lupin avec ses inflorescences bleu indigo en juin-juillet. Son feuillage toujours sain est bleuté. Résistante à la sécheresse et au calcaire, elle culmine à 1 m et s'installe doucement pour former de belles touffes avec le temps.

***Geranium incanum* 'Multifidum' :** Curieux géranium qui ne ressemble pas à ses congénères avec son feuillage de fenouil à revers argenté et à fleurs bleu veiné d'avril à octobre. C'est un bon couvre-sol dans les sols légers, sablonneux ou caillouteux qui peut cascader dans les bacs et jardinières. Il supporte des froids de l'ordre de - 10 °C.

* Voir le carnet d'adresses.

1er février

Sainte Ella

« Février venteux • Été venteux »

Lutter contre les engelures

Vous avez travaillé au jardin malgré le froid et vous avez attrapé des engelures. Pour vous soigner, râpez des pommes de terre crues, ajoutez un peu d'huile d'olive et appliquez le tout en cataplasme. Le traitement est aussi valable pour les brûlures et les gerçures.

Les plantes d'intérieur sont casanières. Elles s'adaptent graduellement aux conditions de lumière et de chaleur qui leur sont faites. Mais en général, elles n'aiment pas être déplacées. C'est particulièrement vrai des cactus de Noël et de Pâques (Schlumbergera) : ils perdent leurs boutons floraux si vous les changez de place.

Il faut planifier le travail de nettoyage *général du jardin destiné à lui donner un beau visage dès les premiers jours du printemps. Si vous avez une rocaille, je vous conseille de commencer par là, car les bulbeuses et les alpines sont souvent très précoces, et il faut être prêt avant les premières fleurs.*

Notes personnelles

LE POIS DE SENTEUR

Il résiste assez bien au froid. Si vous avez oublié d'en semer en automne, tentez votre chance maintenant, en plaçant quelques graines en godets et sous châssis. Si la levée est rapide, vous obtiendrez des fleurs précocement, c'est-à-dire en mai-juin.

« Pluie sur la chandelle • Mouillée sera la javelle »

Les vertus de la bardane

Vous connaissez cette plante, même si son nom ne vous dit rien, pour avoir pesté contre ses petites boules hérissées qui se collent au pantalon et aux chaussettes, quand on marche dans la campagne – on l'appelle aussi « herbe aux gratterons » ou « herbe aux teigneux ». C'est une espèce médicinale qui, en infusion, est utilisée pour nettoyer la peau et traiter l'eczéma. Son titre de gloire : elle a inspiré Georges De Mestral, qui a inventé la fermeture Velcro après avoir examiné les inflorescences au microscope.

La neige

En montagne, lorsque la couche de neige atteint 1 m, la différence de température entre la surface et la terre est de l'ordre de 10 à 20 °C. En effet, la neige constitue un excellent isolant, et c'est donc une chance pour les plantes un peu frileuses. En outre, la neige, conjuguée au gel, fait le ménage au jardin en détruisant la « vermine », c'est-à-dire beaucoup de parasites. Quand elle fond, à la fin de l'hiver, elle apporte aux végétaux l'eau et les oligo-éléments dont ils ont besoin au début de leur croissance. Il n'est donc pas question de débarrasser le potager de son manteau d'hermine !

Notes personnelles

....

....

....

Découvrez... LA BÉLOINE

C'est une plante pour jardins secs à caractère un peu sauvage. Elle forme de jolis groupes avec ses fleurs roses ou rouge pourpré, qui s'épanouissent en été. Mais c'est aussi une bonne espèce médicinale, et le médecin d'un empereur romain citait quarante-trois maladies pour lesquelles il la prescrivait. Plus modestement, vous pourrez essayer l'infusion contre les maux de tête.

Des noisettes fraîches. Noix et noisettes, après quelques mois de conservation, sont un peu sèches. Laissez-les tremper durant une nuit dans un bol de lait, au réfrigérateur : elles retrouveront leur belle fraîcheur d'automne.

3 FÉVRIER

Saint Blaise

« Ni pluie ni neige à la Saint-Blaise • En mars le froid en prendra à son aise »

« J'AI PLUS UN RADIS ! »
Cela arrive à tout le monde, et le radis désigne depuis longtemps des choses de peu de valeur et une très petite somme d'argent. Certains disent aussi : « M'écrase pas les radis ! », délicate allusion à leurs orteils.

'GOLDEN WINGS'

Ce n'est pas un rosier ancien, mais il en a tout à fait l'aspect. Il offre de grandes roses simples, de 10 cm de large, d'un jaune très doux, à étamines ocre jaune. Il est parfumé et il fleurit tout l'été. C'est l'un des rosiers les plus élégants que je connaisse.

La coupe des branches doit toujours être effectuée perpendiculairement à ces dernières, qu'elle soit faite à la scie manuelle ou à la tronçonneuse. Toutefois, il vaut mieux couper légèrement en biais les branches verticales afin d'éviter que l'eau de pluie ne pénètre dans la plaie.

Découvrez... L'EUCRYPHIA

Voilà un bel et grand arbuste, à cultiver dans les régions chaudes. Il survit cependant sous le climat de la région parisienne avec un bon paillage pendant l'hiver. Il mérite d'être retenu pour son feuillage persistant, vert à revers argenté. En été, jusqu'en septembre, il donne des fleurs blanches, simples, ressemblant à des églantines, d'un beau blanc rosé. Cultivez-le à mi-ombre, en sol frais, plutôt acide.

Les semis

Qu'il s'agisse de fleurs ou de légumes, ne semez pas trop tôt, même les variétés données comme rustiques et très hâtives. Si la température est trop basse, la levée sera irrégulière et les plantes resteront malingres et fragiles. Pour mieux apprécier le bon moment, achetez un thermomètre de couche que vous enfoncerez dans le sol pour connaître sa température : vous l'utiliserez sous les châssis comme au jardin.

Sainte Véronique

« Vent du jour après Saint-Blaise • C'est pour l'hiver un nouveau bail »

L'ARTICHAUT 'GROS VERT DE LAON'

Originaire du bassin méditerranéen, l'artichaut n'aime pas beaucoup le froid. Cependant, cette variété, ancienne mais toujours très cultivée, prospère au pied de la célèbre butte du chef-lieu de l'Aisne, où les hivers sont parfois assez rigoureux. C'est l'artichaut qu'il faut cultiver dans toutes les régions du nord de la Loire. Il donne de grosses pommes vert cru, à fond large, charnu et savoureux. Savez-vous que l'on peut fort bien semer l'artichaut en février-mars, sous châssis ou en serre, à raison de deux ou trois graines par godet ? Après la levée, ne conservez que le plant le plus beau du godet et repiquez en mai. Vous aurez une récolte dès la première année. En semant en avril-mai, en place, vous récolterez l'année suivante. Les pieds issus de semis sont robustes et productifs. Toutefois, on multiplie le plus souvent par œilletonnage. On prélève les rejetons en mars-avril, pour les repiquer. Espacez de 80 cm à 1 m. Cette plante aime les terres saines et profondes, assez bien drainées, ameublies en profondeur. Elle n'aime guère l'humidité hivernale ni la sécheresse estivale.

Pression de pompe

Beaucoup de jardiniers achètent une pompe en fonction du débit des arroseurs qu'ils comptent utiliser, et de leur nombre, mais ils oublient de tenir compte de la distance entre le point de puisage et le point d'arrosage. Or, une grande longueur de tuyau diminue notablement la pression. Il est donc préférable d'acheter une pompe de pression nettement supérieure aux besoins calculés des arroseurs.

Effectuer un désherbage *sur les parcelles labourées en automne n'est pas une opération superflue. Ce n'est pas parce qu'il fait froid que toutes les plantes sont en sommeil. Certaines continuent à se développer, et notamment des mauvaises herbes tenaces, telle la renoncule. C'est donc une bonne idée de pratiquer un désherbage. Enlevez toute la racine de la renoncule.*

« Eau qui court à la Sainte-Agathe • Met beaucoup de lait dans la baratte »

LES ANNUELLES À MASSIF

Celles qui ont été récemment plantées sont très fragiles et doivent être surveillées de près Contrôlez la température, ventilez la serre et aérez chaque fois que le temps le permet. Il est prudent d'effectuer des pulvérisations préventives d'insecticide (notamment contre la mouche blanche) et de fongicide. Et n'oubliez pas que, même en hiver, le soleil peut être assez fort pour brûler les jeunes feuilles.

Les terrines de semis. *Il est difficile de maintenir humide la couche supérieure des terrines où l'on a effectué des semis délicats. Un bon moyen consiste à appliquer du papier buvard sur la terre. On pulvérise un peu d'eau quand celui-ci commence à s'assécher et on le maintient en place jusqu'au moment où la levée est effective.*

Notes personnelles

....

....

....

Par sculptures, *je ne parle pas ici des célèbres « nains de jardin », qui ont leurs farouches partisans et leurs détracteurs ironiques, mais des statues traditionnelles, en pierre. Je trouve en effet que lorsqu'elles sont bien choisies et qu'elles correspondent au style du jardin, elles apportent, disons, un supplément d'âme, un charme très particulier. Les Italiens, à la Renaissance, ont su les utiliser avec beaucoup d'art : des personnages en pierre, pleins de mystère, émergent à peine des feuillages, comme des divinités de la Nature, discrètes mais puissantes. J'ai constaté aussi que les œuvres de beaucoup de sculpteurs contemporains révèlent souvent toute leur beauté au sein d'un jardin, qu'elles complètent en même temps avec bonheur.*

Le bon remède

Le parement à la serpe

Lorsque vous coupez une branche à l'aide d'une scie manuelle ou d'une tronçonneuse, il est indispensable de parer la plaie à la serpe. En effet, les coups de serpe ferment les pores du bois qui, ainsi, résiste mieux à la pénétration des champignons parasites.

6 FÉVRIER

Saint Gaston

« De l'hiver la plus forte gelée • Arrive souvent au 6 de février »

DANS LA MAISON

LES LIS FORCÉS

Pour décorer la maison à cette époque, forcez les lis – c'est très facile ! Dans un grand pot, enterrez trois ou quatre bulbes, sous 10 cm de terre fertile et légère, et arrosez. Placez celui-ci dans un local frais et obscur, une cave par exemple. Quand les jeunes pousses ont quelques centimètres, rentrez le pot en appartement, près d'une fenêtre. Arrosez régulièrement. Les lis fleuriront six semaines plus tard environ.

Le bon remède

La fonte des semis

Cette maladie entraîne la moisissure et la destruction des semis faits en caissettes, sous abri. Pour la prévenir, effectuez des pulvérisations de fongicide (thirame ou zinèbe) et aérez largement vos caissettes dès la levée.

REMONTER LA ROCAILLE

Les fortes pluies d'hiver et la fonte des neiges entraînent vers le bas la terre des rocailles et des pentes. Dès que le temps le permet, remontez-la à la bêche (en ajoutant éventuellement un peu de terreau), et placez des pierres aux endroits stratégiques, pour mieux la retenir et prévenir l'érosion.

Les tomates précoces

Semez les tomates précoces, en terrine et sous serre (ou sous véranda), à une température de 20 °C environ. Meilleures variétés : 'Fournaise' F1, 'Montfavet' F1, 'Monte Carlo' F1, 'Saint-Pierre'.

La neige *risque d'entraîner des brûlures en s'accumulant sur les rameaux et le feuillage des camélias, des rhododendrons et des azalées. Après une forte chute, prenez la précaution de secouer les rameaux pour faire tomber la neige, mais avec précaution, car ils sont fragiles, tout particulièrement quand il gèle.*

7 FÉVRIER

Sainte Eugénie

« Dans la grasse Normandie • A Sainte-Eugénie semailles finies »

VINAIGRE DE FLEURS DE CIBOULETTE

Habituellement, on supprime les fleurs de la ciboulette pour favoriser le feuillage. Mais laissez-les s'épanouir pour l'occasion et cueillez-les quand elles arrivent à maturité. Il en faut environ un demi-litre pour un litre de vinaigre de vin (ou blanc) ; faites mariner dans une terrine pendant deux ou trois semaines, puis filtrez et mettez en bouteilles. La saveur est moins forte que si l'on emploie des feuilles, mais plus délicate.

Les carottes hâtives

'Suko' est l'une des carottes les plus hâtives. Elle est tendre, très sucrée et savoureuse. On la récolte sous forme de carotte « baby », quand elle a 6 ou 7 cm de long. Vous la retiendrez aussi pour les semis tardifs.

Le terreau à semis *vendu en jardinerie est excellent mais assez cher. Préparez vous-même le mélange terreux pour vos semis d'annuelles : 1/3 de tourbe, 1/3 de terreau et 1/3 de sable de rivière.*

LA PELOUSE EN HIVER

Le mois est rude pour les pelouses – elles subissent des alternances de gel, de neige, de forte pluie. Évitez de les piétiner : le sol deviendrait dur, surtout s'il est argileux. Attendez les premiers beaux jours pour ratisser, aérer, rouler et commencer les traitements.

Tondeuse sur cousin d'air

C'est un engin séduisant, léger et facile à utiliser, ne demandant que peu d'effort. Il plaît beaucoup à la clientèle féminine. Cependant, je trouve qu'il a des défauts assez gênants. Tout d'abord, il est très bruyant. Ensuite, le réglage de la hauteur de coupe est assez limité : il n'est pas possible de tondre haut, ce qui est pourtant nécessaire sur les pelouses jeunes et sur les prairies champêtres.

Notes personnelles

....

....

....

....

8 FÉVRIER

Sainte Jacqueline

« Du vent du nord à Sainte-Jacqueline • La froidure est pour tout l'an de bon augure »

La taille des fruitiers

Elle doit être pratiquée ce mois-ci. Supprimez systématiquement les ra-meaux qui présentent des taches suspectes, des colorations anormales ou des coussinets duveteux – ce sont souvent des formes hivernantes des champignons parasites. C'est particulièrement important sur les pommiers qui ont été touchés par l'oïdium. Brûlez les déchets de taille.

Si vous avez chez vous une vigne, *prenez soin de bien conserver les déchets de taille (puisque c'est l'époque). Mettez les sarments à l'abri dans le bûcher : vous les utiliserez, aux beaux jours, pour griller la viande au barbecue. Je ne sais pourquoi, mais les sarments de vigne donnent un goût inimitable et délicieux à la viande. Je connais d'ailleurs quelques bons vignerons du Bordelais qui excellent dans l'art de la grillade. Il faudra que je vous en reparle.*

L'ail dès maintenant

Si votre sol est argileux et imperméable, plantez l'ail en ce moment et jusqu'à fin mars. Placez les gousses la pointe en bas, à 3 cm de profondeur, en lignes distantes de 30 cm, en espaçant de 12 cm sur le rang. Choisissez les gousses extérieures de la tête, plus gonflées que celles de l'intérieur. Préférez par ailleurs l'ail rose, plus résistant à l'humidité que l'ail blanc.

Découvrez... LE MARRUBE

Relativement peu cultivée, cette plante vivace est remarquable pour son feuillage argenté, et je la conseille pour les rocailles et les jardins secs (elle est excellente en couvre-sol). Le marrube commun, ou marrube blanc *(Marrubium vulgare)* est une espèce indigè
qui ne manque pas de charme
est utilisée en plante méd
comme laxatif (les feuille
amères) et aussi contr
les bronchites. On
ment d'autres e
bium cylleneum
rondes et l
grisâtre,
(20 cm), ave
laineux très a
fleurs lilacées en

9 FÉVRIER

Sainte Apolline

« Si le jour de Sainte-Apolline est glacé • Sois sûr que l'été sera mouillé »

Les groseilliers et framboisiers

Lors de la taille de ces arbres à petits fruits, soumettez à l'arcure les tiges les plus longues, en les attachant sur un tuteur ou sur le mur. Elles donneront des fruits un peu avant les autres.

Découvrez…

L'ENKIANTHUS

Ce n'est pas le plus connu des arbustes de terre de bruyère, mais il mérite d'être largement cultivé (il ressemble à l'andromède). Il est remarquable par son feuillage caduc, vert foncé durant l'été et prenant de superbes teintes rouge orangé en automne. Au printemps, en mai, il offre de belles grappes de petites clochettes jaune orangé. C'est le moment de le planter, du moins s'il ne gèle pas.

Un antimouche blanche. *Le parasite cause des dégâts dans les serres. Pour le dissuader, cultivez le faux-coqueret (Nicandra physalodes). Avec un feuillage léger, il donne en été des fleurs en trompette, bleu violacé à gorge blanche, suivies de petits fruits ronds, côtelés et verts, devenant bruns à maturité. Il faut le semer dans la serre en février-mars.*

Le bon remède

La rouille

Les outils rouillés pénètrent mal la terre et transmettent des maladies. Dans un coin de l'abri de jardin, placez une caisse remplie de sable imprégné d'huile de vidange et plantez-y le fer de la bêche ou de la binette entre deux usages. Il se graissera ainsi de lui-même.

LES HAIES CADUQUES

Elles sont dégarnies et vous pouvez en profiter pour les nettoyer. Coupez les branches mortes et éliminez sans pitié les semis spontanés d'érable et de frêne, qui risquent de les étouffer. En revanche, laissez les feuilles mortes qui se sont accumulées au pied : en se décomposant, elles apporteront de l'humus et fertiliseront le sol. Respectez les nids d'oiseaux ; ils auront peut-être de nouveaux hôtes au printemps.

« Regarde de la lune ses cent premières heures • S'il n'en mouille aucune c'est belle lune entière »

Le blanchiment des arbres fruitiers

Ce procédé ancien mérite toujours d'être pratiqué. On blanchit notamment, et jusqu'à la fourche, les cerisiers, les pêchers et les pruniers. On détruit ainsi des larves d'insectes et on évite que les parasites ne remontent le long du tronc au printemps. En outre, le blanchiment dissuade également les lapins et autres rongeurs de s'attaquer à l'écorce.

PISSENLIT CUIT

C'est une excellente salade d'hiver que le pissenlit ; il est riche en vitamines et on le dit excellent pour le foie. Mais on peut aussi le déguster cuit. Je vous conseille de le préparer à la vapeur, avec un oignon finement émincé ; servez-le avec une vinaigrette à base d'huile d'olive – et ajoutez quelques belles olives noires.

Le bon remède

Un sol acide

Les plantes sont plus ou moins sensibles à l'acidité du sol selon que celui-ci est argileux ou siliceux. Dans une terre très sableuse, on cultive sans problème le chou avec un pH de 6. En revanche, pour la même culture, il faut chauler une terre lourde présentant un pH de 7.

Découvrez... LA FICOÏDE

Cette plante vient des pays chauds, mais on l'appelle « ficoïde glaciale » car son feuillage semble couvert de gouttelettes de givre. C'est une espèce décorative en bordure, mais aussi un bon légume : on mange ses feuilles, un peu charnues, cuites à l'eau ou à la vapeur, pas trop longtemps, pour qu'elles ne se désagrègent pas. Semez la ficoïde maintenant (jusqu'en mars), en godets (4 ou 5 graines), à une température de 18 °C environ. Mettez en place quand les gelées ne sont plus à craindre, en espaçant de 30 cm. On peut aussi semer en place, en mai. La croissance est rapide.

Notes personnelles

....

....

....

11 FÉVRIER

Notre Dame de Lourdes

« Pluie de février • C'est de l'eau dans un panier »

La taille de l'actinidia

Sur les sujets femelles, rabattez les rameaux latéraux à deux yeux au-dessus de l'emplacement du dernier fruit porté. Et rabattez au-dessus d'un œil dormant et près de la branche charpentière les rameaux de trois ans. Effectuez une taille sévère des sujets mâles.

Découvrez... L'AGASTACHE

C'est un peu la menthe de la Grande Prairie de l'Ouest américain : les Creeks et les Chippewas l'utilisaient comme plante médicinale et se rafraîchissaient de son infusion. Celle-ci est en effet excellente, avec une saveur qu'on peut situer entre la menthe et la réglisse. En outre, c'est une belle plante qui atteint 1 m de haut et qui dégage une odeur de réglisse très nette ; elle donne de belles fleurs lavande, en épis, durant l'été. Beaucoup de qualités, vous le voyez. Conclusion : à cultiver absolument au jardin d'aromates et dans les massifs.

Des tomates plus productives

Pour obtenir des tomates plus vigoureuses et plus productives, au moment du repiquage enterrez la tige jusqu'aux premières feuilles : vous obtiendrez un enracinement plus dense.

Pompes

Avant d'acheter une pompe de surface pour arroser en utilisant l'eau d'un bassin, il faut mesurer la déclivité entre le point de pompage et le point le plus élevé d'utilisation (c'est-à-dire, dans la majorité des cas, le point le plus élevé du terrain). Par ailleurs, si vous utilisez une lance d'arrosage, il faut rajouter au moins 1 m (hauteur entre le sol et votre main). La hauteur de refoulement des pompes de surface que l'on trouve en grande surface est comprise entre 2 et 7 m.

Protégez les greffes. Vous venez de poser des greffons en fente ou en couronne, mais Son Excellence le merle, persuadé que vous lui avez installé un perchoir, vient se jucher dessus... et les brise net. Pour éviter ce malheur, il suffit de placer autour de la greffe deux ou trois rameaux, en les fixant bien avec le raphia. Les oiseaux pourront s'y percher sans toucher le greffon.

12 FÉVRIER

Saint Félix

« Beaux jours de janvier • Trompent l'homme en février »

Sécurité autour de la piscine

Aux États-Unis, j'ai pu constater qu'on fait attention à la sécurité des enfants. On entoure les piscines de barrières basses qui empêchent les petits de s'approcher. Chez nous, on ferait bien de s'en inspirer, car les accidents sont encore trop fréquents. Un solide filet tendu sur le bassin constitue aussi une bonne protection, surtout en hiver, quand la piscine n'est pas vidée. Et si elle l'est, il faut aussi penser à une protection pour éviter les chutes.

L'échalote, pointe en l'air !

C'est le moment de planter l'échalote ('Cuisse de poulet', 'de Jersey' ou 'Poire' – mais pas la grise), dans une terre légère et bien drainée, non fumée récemment. Enfoncez les caïeux pointe en l'air, à 2 cm de profondeur, en lignes distantes de 30 cm, à raison de 6 ou 7 au mètre. En cas de forte pluie de printemps, déchaussez les caïeux pour qu'ils sortent presque complètement du sol.
Vous récolterez cinq mois plus tard.

LES ROSIERS DE BOURBON

Ce sont des rosiers anciens, à floraison continuelle, au feuillage clair, donnant des roses en forme de coupe, le plus souvent doubles ou très doubles, puissamment parfumées. Ils ont, entre autres, une grande qualité : ils se plaisent à mi-ombre. Parmi les plus beaux, 'Honorine de Brabant', petit arbuste presque grimpant (1,8 m), à fleurs assez grosses, rose lilas pâle strié de pourpre (idéal sur un mur à mi-ombre). Taillez assez sévèrement les rosiers de Bourbon, à la fin de l'hiver.

Du polystyrène expansé. *Cette matière en granulés est utilisée pour l'isolation. Mais on peut aussi la récupérer dans des emballages (elle sert à caler les appareils fragiles), voire des caisses à poisson. Vous en ajouterez quelques poignées au mélange terreux destiné aux plantes en pots. Le polystyrène est souple et évite le tassement de la terre par les arrosages répétés. Les racines respireront mieux et se développeront ainsi plus vigoureusement.*

13 FÉVRIER

Sainte Béatrice

« De Sainte-Béatrice la sombre journée • Annonce beaucoup de pluie pour l'année »

Découvrez...

LES CLOCHETTES D'IRLANDE

Cette plante annuelle *(Molucella laevis)* est bien connue des fleuristes et je vous la recommande pour vos bouquets ; mais je la trouve également charmante dans les plates-bandes et les bordures, pour accompagner les espèces d'été traditionnelles. Elle donne des épis de fleurs originales, vert bouteille, de très longue durée.

Pierre vieillie

Les éléments en pierre reconstituée, qu'il s'agisse de fontaines, d'auges, de vasques, de balconnières ou de bacs, ne sont, à mon avis, pas très décoratifs quand ils sont neufs. Cependant, après quelques saisons passées au jardin, ils se couvrent de mousses et de lichens, et prennent l'aspect, fort romantique, de la pierre vieillie. Pour accélérer ce vieillissement, on peut badigeonner la pierre reconstituée de yaourt – la recette paraît bizarre, mais ça marche.

Accélérez les carottes

La levée des carottes est assez lente. Pour accélérer celle-ci, enveloppez les graines dans un linge et enfouissez-le sous une bonne couche de terre ou de sable humide pendant trois ou quatre jours. Ensuite, semez-les sans tarder.

Des taches blanchâtres ? *Sur le feuillage des plantes d'appartement et de serre, ces taches – ou efflorescences – sont dues au bassinage à l'eau excessivement calcaire. Pour les éviter, utilisez l'eau de pluie, ou additionnez, par litre d'eau de pulvérisation, une cuillerée à soupe de vinaigre de vin.*

LE PERCE-NEIGE

Contrairement aux autres bulbeuses, les perce-neige peuvent être plantés en pleine végétation, quand ils sont en fleur. Vous pouvez donc les acheter en godets dans les jardineries et chez les pépiniéristes. C'est aussi le bon moment pour les transplanter : prélevez toute la touffe, avec sa motte.

« A la Saint-Valentin • La roue gèle avant le moulin »

Construction de muret

Pour soutenir un massif ou une levée de terre, un muret de pierre est sans doute la solution la plus décorative, car on peut ensuite installer des plantes dans les joints, pour en faire un muret fleuri. Cependant, il faut que l'eau s'écoule parfaitement en contreparement du muret. En le construisant, vous placerez donc, en arrière, une bonne quantité de mâchefer, de gravier ou de sable graveleux.

A quoi sert le chlore dans une piscine ? Essentiellement à éliminer les micro-organismes qui se développent rapidement dans l'eau. Toutefois, la teneur en chlore ne doit pas dépasser 1 mg/l. Notez que les galets à dissolution lente doivent être déposés dans le panier des skimmers, dans un diffuseur flottant ou dans le groupe de filtration, mais qu'il ne faut en aucun cas les jeter directement dans l'eau. Par ailleurs, certaines sociétés proposent des produits équivalents, mais sans chlore.

Le chou cabus

Sur couche et sous châssis, semez les premiers choux cabus.
Vous les repiquerez en mars-avril, pour les récolter à partir de juin.
Meilleures variétés : 'Express', 'Très hâtif d'Étampes', 'Marché de Copenhague', 'Hispi' F1, 'Garant' F1.

L'HELLÉBORE

La rose de Noël est la plus connue des hellébores. Mais il en existe bien d'autres, qui fleurissent en hiver, en particulier le pied de griffon *(Helleborus foetidus)*, à belles fleurs vert clair marquées de brun, en clochettes et en grappes. Découvrez aussi *Helleborus argustifolius* (60 cm), à feuillage bleuté et fleurs verdâtres en grosses grappes. Tous les hellébores aiment la mi-ombre et les sols frais, fertiles, plutôt calcaires.

15 FÉVRIER

Saints Claude et Faustin

« Pluie de Saint-Claude endort l'hiver • Et réveille les vers »

Les cerisiers et les pruniers

Il est d'ores et déjà possible de pratiquer la greffe en fente sur ces arbres fruitiers. N'oubliez pas de protéger les greffons contre les oiseaux en plaçant deux petites branches un peu plus hautes (elles seront maintenues par la ligature de la greffe).

Découvrez…

LE GAULTHERIA

Les rhododendrons sont beaucoup plus beaux quand ils sont entourés d'autres arbustes, fleurissant à la même époque. C'est le cas du *Gaultheria shallon* qui, lui aussi, aime la terre de bruyère et la mi-ombre. Ce petit persistant qui atteint 1 m de haut, présente une silhouette très étalée. Son feuillage est léger et brillant, vert foncé, et il offre d'avril à juillet une floraison vraiment charmante et délicate, avec de petites fleurs blanc rosé, en clochettes, réunies en grappes denses (jusqu'à 12 cm de long). En été, il porte de petites baies bleues, appréciées des oiseaux.

Une pige bien pratique. *A la peinture ou au feutre indélébile, faites un trait tous les 10 cm sur le manche du râteau. Vous disposerez ainsi en permanence d'une pige qui vous sera utile pour espacer les plants lors des repiquages.*

Semoir improvisé

Pour les graines très fines (bégonia, pétunia, lobélia) à semer en caissette, improvisez un semoir avec une vieille salière - évidemment bien nettoyée. Mélangez les graines à du sable fin.

LES SEMIS PRÉCOCES D'ANNUELLES

En région méditerranéenne, semez dès cette époque de nombreuses annuelles, sous châssis ou en serre. Après les avoir repiquées en godets et endurcies, vous les installerez dans les massifs dès mars-avril. Essayez par exemple le cosmos, la coloquinte, la célosie, le godétia, le zinnia, le haricot d'Espagne, le némésia, le rudbéckia.

« Neige de Saint-Onésime • Met la récolte à l'abîme »

Les hôtes du jardin : Encore les oiseaux

C'est le dernier moment pour placer les nichoirs destinés aux oiseaux. N'attendez pas mars car les couples ont déjà fixé leur territoire et vous n'aboutiriez qu'à exacerber les conflits de frontière. Placez-les à différentes hauteurs – les troglodytes nichent près du sol, les mésanges à plus de 2 m et les sittelles à hauteur d'homme. Recherchez les endroits difficilement accessibles aux chats. Fixez solidement les nichoirs, pour qu'ils restent stables malgré le vent. Orientez l'entrée du nichoir vers l'est.

LA TAILLE PRÉCOCE DU ROSIER

La taille peut être pratiquée dès maintenant dans le Midi. Sauf exception, on peut considérer que les pousses qui vont se développer ne risqueront rien du froid. Une taille précoce permet évidemment d'obtenir des fleurs beaucoup plus tôt.

Les haubans

Les jeunes arbres et arbustes déjà en place et ayant besoin d'être tuteurés, ou les sujets plantés en conteneur, seront protégés contre le vent pas des haubans. Il s'agit de trois cordes, que l'on attache sur des piquets solidement fichés en terre. Liez-les au tronc, aux deux tiers de sa hauteur, en utilisant des ligatures munies de caoutchouc qui évitent les blessures à l'écorce.

Découvrez...

LE HOUBLON

Bien connue dans les régions où l'on produit de la bière, cette plante grimpante vigoureuse peut être cultivée partout pour son feuillage décoratif ; c'est aussi un bon couvre-sol pour les endroits frais (il existe d'ailleurs une belle variété à feuillage doré, 'Aureus'). Outre son utilisation pour le brassage, le houblon est aussi une espèce médicinale ; les cônes permettent de préparer une infusion calmante, recommandée en cas d'indigestion. On la conseille aussi comme tisane du soir, contre les insommies. D'ailleurs, en Allemagne, on bourrait parfois les oreillers de houblon pour avoir un sommeil paisible et peuplé de beaux rêves.

« Si l'hiver n'a pas fait son devoir • Il le fera en février au plus tard »

Les vertus de la sauge sclarée

Autrefois, en Allemagne, on utilisait un distillat de sauge sclarée pour donner au vin blanc un goût de muscat. Et la plante a aussi été employée, à la place du houblon, pour préparer la bière.

FLEUR BLEUE

Fleur bleue. Vous connaissez la chanson... Il n'y a rien de plus romantique que les fleurs bleues. Pourquoi ne pas consacrer à cette couleur une partie de votre jardin, ou même la totalité s'il n'est pas grand ? Un jardin bleu, c'est toujours très élégant et très raffiné. Et puis ça donne l'occasion de cultiver de splendides arbustes (que vous pouvez planter maintenant). Choisissez par exemple les céanothes (il y en a beaucoup, de printemps comme d'été), les seringats, les buddléias, les hibiscus, les hébés, les callicarpas, les caryoptéris et, bien sûr, les lavandes et les hortensias. N'oubliez pas non plus le superbe pérowskia.

En sol acide

Contrairement à ce que l'on dit parfois, il est parfaitement possible de cultiver de nombreuses plantes potagères en sol acide. Toutefois, il convient d'effectuer des apports réguliers d'humus, sous la forme de compost ou de fumure animale. Voici les plantes qui s'accommodent le mieux d'une tendance acide (pH compris entre 6 et 6,5) : asperge, aubergine, carotte, ciboulette, courge, concombre, fenouil, fraisier, mâche, navet, oignon, oseille, patience, poivron, pomme de terre, tétragone, tomate.

Notes personnelles

....

....

....

....

....

....

....

« Mieux vaut loup dans le troupeau • Que mois de février trop beau »

Découvrez...

L'ŒILLET D'INDE 'TESSY GOLD'

Cette variété hybride entre un œillet d'Inde et une rose d'Inde donne une grande abondance de fleurs simples, jaune orangé, de juin à octobre. Elle est compacte, elle résiste très bien à la pluie et aux maladies, et elle est facile à cultiver. Utilisez-la pour les bordures et les jardinières.

Le bon remède

Les acariens

Ils portent le nom impressionnant de « tétranyque tisserand », et on les appelle aussi « araignées rouges » ou « araignées jaunes ». Ce sont en effet de très petites araignées, qui s'installent durablement dans les serres et sur les plantes d'appartement pendant la mauvaise saison. Il n'est pas facile de les repérer : le feuillage des plantes, dont ils sucent la sève, jaunit et dépérit. On distingue souvent quelques fils soyeux au revers des feuilles. La meilleure des préventions consiste à bassiner régulièrement les feuillages. Si vous avez identifié le parasite, effectuez des poudrages de soufre sublimé.

PLANTES DANS LES MURETS

Lorsque les sédums ou les saxifrages colonisent un muret de pierre sèche, le résultat est très décoratif et sans danger. En revanche, lorsqu'un arbuste s'installe entre deux moellons, la maçonnerie peut être mise en péril par les racines, qui s'enfoncent et déplacent les blocs. Il est donc préférable d'arracher les buddléias, les houx ou les érables qui se développent sans avoir été invités.

Les oiseaux apprécient votre potager. *Les bouteilles en verre blanc remplies d'eau, entre les rangs de culture au potager, c'est efficace contre les merles et les moineaux qui causent des dégâts aux jeunes plants et aux semis. On peut aussi utiliser des affolants, c'est-à-dire des plaques de métal suspendues, qui bruissent et crépitent, et reflètent les rayons du soleil (les amusantes têtes de chat dont les yeux sont des boules de verre brillantes en sont une variante) – ou encore des tournants, c'est-à-dire des petits moulins à vent peints de couleurs vives. Mais dans ce domaine, rien ne vaut les filets protecteurs.*

Saint Gabin

« Si février n'a pas ses bourrasques • Tout le reste de l'an sera fantasque »

L'oseille épinard

Cet excellent légume, que l'on appelle aussi épinard perpétuel, ou patience, doit être semé tôt. Faites tremper les graines 24 heures et semez-les dans une terre meuble. On sème en général en place, mais parfois aussi en pépinière. La levée est lente. Éclaircissez ou repiquez à 30 cm d'espacement.
Vous récolterez feuille à feuille, toute l'année. C'est une plante vivace (comme l'oseille), qui reste en place plusieurs années.

***Les feuilles mortes** qui protègent les touffes des plantes vivaces seront écartées pendant la journée lorsque brille le soleil d'hiver. Cela sera particulièrement bénéfique aux plantes frileuses telles que acanthe, pentstemon, liriope, commelina, euphorbe, lavatère. On évite ainsi que ne s'installent les maladies et on assainit les souches. Profitez-en, éventuellement, pour ramasser les limaces.*

Notes personnelles

....

....

FLEURS EN SALADE

De nombreuses fleurs sont comestibles et décorent très joliment vos salades de printemps et d'été. Les meilleures, pour le goût comme pour les couleurs, sont la capucine, le souci, la bourrache, la violette et la pensée, le pavot et le périlla (fleurs blanches). Pensez-y dès maintenant pour les semer en temps et en heure.

LE GÉRANIUM ET LE FUCHSIA

Les géraniums et les fuchsias que vous avez conservés sous abri durant l'hiver se montrent un peu paresseux pour refleurir au printemps suivant. Afin de les encourager, effectuez des apports réguliers – tous les quatre ou cinq jours – d'engrais liquide pour plantes à fleurs, riche en potasse et en acide phosphorique (K-P). Observez une pause de quinze jours dans les apports en juillet, puis reprenez-les.

20 FÉVRIER

Sainte Aimée

« En février vent mauvais • Tue le merle dans son nid »

'FRAU DAGMAR HASTRUP'

Faites-moi plaisir et découvrez ce prodige d'élégance. C'est un rosier ancien, hybride de *Rosa rugosa,* à fleurs simples (comme des églantines) rose clair, à étamines ivoire. Il fleurit toute la saison et donne, en automne, des fruits rouge cramoisi. Il mesure 60 cm à 1,2 m de hauteur, il est très étalé, et vous pourrez l'utiliser en couvre-sol ou en haie basse.

Les fèves

Ces plantes attirent les pucerons qui, du même coup, délaissent les autres plantes du potager. Vous pouvez donc semer une ou plusieurs rangées à proximité des espèces sensibles, en particulier du haricot. Placez une graine tous les 15 cm. Vous arracherez les pieds quand ils seront complètement envahis de pucerons. Et s'ils sont épargnés par les parasites, vous les jetterez sur le tas de compost car c'est un excellent engrais vert.

Notes personnelles

....

....

Découvrez...

LA FLEUR LÉOPARD

Cette plante asiatique est peu connue, mais elle mérite d'être découverte pour ses fleurs étoilées, à six pétales bien détachés et abondamment tigrés, dans les tons du jaune, de l'orangé, du violet et du rose. C'est une bulbeuse mais on l'obtient par semis effectué sous abri, en février ou mars, en caissette. On la repique en godets et on la met en place en mai. Elle fleurit en été. En automne, on déterre les petits bulbes que l'on conserve pendant l'hiver dans un local obscur et frais, à l'abri du gel. On les replante en mai.

Semez la ciboulette

Elle résiste au froid et vous pouvez la semer dès maintenant (sauf dans les régions fraîches). Semez clair, sur une terre fine et bien drainée. Plombez avec le dos du râteau et conservez le sol frais. Vous effectuerez votre première récolte début mai. On peut également semer en pépinière bien exposée, et repiquer deux mois plus tard.

21 FÉVRIER

Saint Pierre Damien

« Valentin, Faustin et Damien • Font tout geler sur leur chemin »

Les vertus de l'eau de la Reine de Hongrie

C'est une reine qui vivait au XIIIe siècle ; vieille et ridée, pouvant à peine remuer les membres, elle a essayé une lotion conseillée par un vieil ermite... et elle a retrouvé sa souplesse et son teint de jeune fille. Il paraît même qu'un beau garçon en est tombé amoureux. Le secret de cette eau, c'est le romarin. On la prépare à partir d'eau-de-vie dans laquelle on fait macérer des sommités fleuries de romarin et quelques feuilles de sauge ; il faut ensuite distiller le tout et ajouter une pincée de gingembre.

En fait, il existe une grande variété de jardins méditerranéens – *il suffit de se promener en Provence, en Espagne et en Italie pour le constater. Mais pour donner à un jardin un caractère qui évoque les rivages de la Grande Bleue, c'est assez facile. Il faut prévoir une terrasse suffisamment vaste, en la dallant de préférence de terre cuite ou de carrelage bicolore, et un bassin, car l'eau est indispensable. Il faut aussi quelques silhouettes typiques – des palmiers et bien entendu des cyprès colonnaires. Beaucoup de plantes seront cultivées en pot, sur la terrasse, notamment les Citrus, les agaves et beaucoup de succulentes.*

Le poireau sous châssis

C'est le bon moment pour effectuer les premiers semis de poireau. Semez clair sur une terre fine, enrichie de cendre de bois tamisée. Plombez avec une petite planchette. Arrosez modérément.
Protégez le châssis en cas de froid vif. Vous repiquerez en mars pour récoltez en été.
Meilleures variétés : 'Gros long d'été', 'd'Elbeuf'.

LA CLÉMATITE

C'est le moment de tailler les clématites qui fleurissent en été. Vous pouvez les rabattre sévèrement si elles sont encombrantes, ou simplement les raccourcir. Ne touchez pas à celles qui fleurissent au printemps (en particulier à la clématite des montagnes), sous peine de compromettre la floraison.

22 FÉVRIER

Sainte Isabelle

« A Sainte-Isabelle soleil au matin • Annonce bon an pour le grain »

La vigne

Sur les vieilles vignes, les coursonnes se sont éloignées des branches charpentières. Effectuez une taille de restauration en supprimant les vieilles coursonnes au profit de nouveaux rameaux, issus d'un œil ayant percé à leur base. Rabattez ces derniers à trois ou quatre yeux.

L'IPHEION

Cette plante bulbeuse est souvent en fleur à cette époque, si le soleil veut bien se montrer. *Ipheion uniflorum* se caractérise par un feuillage foncé, de feuilles rubanées très étalées, et de belles fleurs étoilées, bleu lilacé. Elle a besoin d'un sol très bien drainé et d'une exposition chaude.

Le bon remède

L'altise

On l'appelle aussi « puce des jardins » et c'est un parasite très actif, notamment sur les choux. Une infusion ou une décoction de feuilles et de tiges d'absinthe est efficace. Comptez 500 grammes de plante fraîche pour 10 litres d'eau, et pulvérisez à plusieurs reprises sur les choux. On dit aussi que quelques pieds de tomate dissuadent cet insecte.

DANS LA MAISON

L'ALOÈS

Parmi les aloès cultivés en plantes d'intérieur, le plus connu est le bec de perroquet *(Aloe variegata)*, à feuilles triangulaires disposées sur trois rangs, panachées de vert foncé et de vert clair ; il donne assez facilement des fleurs rose corail, à la fin de l'hiver ou au printemps. Comme les autres plantes du genre *(A. barbadensis, A. striata)*, cet aloès demande une lumière vive toute l'année et des arrosages réguliers mais sans excès, du printemps à l'automne. Pendant la saison froide, placez-le de préférence dans une pièce un peu fraîche.

Notes personnelles

....

....

« Qui d'une année ne touche à son jardin • Durant sept ans s'en plaint »

FLEURS DE BOURRACHE EN DESSERT

La bourrache est sans doute l'une des plus belles plantes condimentaires, et pour ma part je trouve que ses feuilles ont une saveur extrêmement fine (elle rappelle celle du concombre). Mais on peut aussi cueillir les belles fleurs bleues pour les faire glacer. Il faut les laver, et attendre qu'elles sèchent. Ensuite, on ajoute 1 cuillerée d'eau à un blanc d'œuf que l'on bat bien. On fait tremper les fleurs dans le blanc en saupoudrant de sucre. On laisse simplement sécher sur une planche. C'est excellent et c'est décoratif.

***Les taupes** creusent sans trêve, et c'est évidemment un vrai malheur pour les pelouses. Mais la terre de taupinière, finement émiettée et légère, recherchée depuis longtemps par les pêcheurs pour leurs amorces, est également excellente pour les repiquages des jeunes plants en godets et pour recouvrir les graines que vous venez de semer.*

Découvrez...

L'IRIS DES MARAIS

C'est l'une des meilleures plantes pour les bassins et les lieux humides, avec son beau feuillage et ses fleurs jaunes. J'en recommande particulièrement deux variétés nouvelles : 'Roy Davidson', à très grandes fleurs (8 cm de diamètre), jaune veiné de brun, qui fleurit beaucoup plus longuement que l'espèce sauvage, et 'Gerard Derby', à grandes fleurs bleu vif teinté de violet, extrêmement florifère. Commandez-les maintenant pour les planter en mars-avril.

POUR AVANCER LE FORSYTHIA

Celui qu'on appelle aussi « mimosa de Paris » allume ses feux dès mars. Cependant, pour décorer la maison de ses fleurs jaunes quelques semaines plus tôt, vous couperez des rameaux alors que les bourgeons commencent à gonfler. Placez-les à l'intérieur et au chaud, dans un grand vase rempli d'eau un peu tiède ; les fleurs vont rapidement s'épanouir.

24 FÉVRIER

Saints Modeste et Matthias

« A la Saint-Matthias le corbeau s'en va • Six semaines passées le coucou sera là »

BRUYÈRE MÉDITERRANÉENNE

C'est un joli buisson, nettement plus grand que les bruyères classiques puisqu'il forme une touffe de 60 à 80 cm de hauteur. D'aspect un peu irrégulier, il porte un feuillage léger, d'un beau vert soutenu. Surtout, il donne son élégante floraison rose lilacé, en longues grappes, de février à avril. Il est assez rustique, mais il vaut mieux le cultiver dans les régions chaudes ou en situation bien abritée.

La nature du sol

Sans procéder à une analyse, on la reconnaît notamment par sa couleur. Les sols calcaires sont en général blanchâtres, les sols riches en humus sont noirs, les sols argileux, rougeâtres. La flore naturelle permet de se faire une idée du caractère acide ou calcaire d'un sol. Cependant, il faut se garder de conclure trop vite. On n'est certain de la tendance acide que si l'on relève la présence de nombreuses plantes acidophiles, en même temps que l'absence de toute espèce calcicole (aimant le calcaire).

Découvrez... LE PANAIS

Ce légume ancien est très apprécié dans les pays du Nord. Sa racine blanche est très parfumée, un peu anisée, et excellente dans le pot-au-feu et dans les soupes. On peut aussi la râper pour les entrées de crudités. On cultive le panais à peu près comme la carotte ; semez-le de mars à mai, directement en place, en lignes espacées de 30 cm dans un sol meuble et bien travaillé. Après la levée, éclaircissez à 20 cm. Dans les régions où l'hiver est clément, on peut même semer en septembre pour une récolte de printemps. La variété traditionnelle, c'est le 'Demi-long de Guernesey', mais il existe aujourd'hui des hybrides très productifs tels 'White Gem', ou encore 'Javelin', à racine très allongée.

Les graines de certaines plantes sont très dures, *notamment celles du persil, de la betterave, de l'épinard, de la tétragone et de la bette. Avant de les semer, laissez-les tremper toute une nuit, ou même un jour ou deux, dans de l'eau un peu tiède. La levée interviendra dix jours plus tard.*

25 FÉVRIER

Saint Roméo

« Qui taille sa vigne en février • Mettra plus de raisin dans son panier »

L'oignon, dès que possible

Commencez à semer dès que les grands froids ne sont plus à craindre. Pour éviter le ver, quelques jours avant le semis, épandez du gros sel sur le sol (1 kg pour 50 m^2). Notez qu'on ne couche les tiges des oignons que lorsque l'année est très pluvieuse, afin que l'humidité n'empêche pas la maturation.

On oublie facilement le nom des plantes, *surtout quand il est en latin. L'étiquette est donc souvent indispensable. L'ennui, c'est qu'elle s'efface assez rapidement, même quand on a utilisé, comme il convient, un feutre ou un crayon indélébile. Pour éviter cela, trempez l'étiquette, une fois écrite, dans de la paraffine fondue au bain-marie. Laissez-la égoutter, puis accrochez-la ou plantez-la là où il faut.*

Notes personnelles

....

....

....

....

Découvrez... **LE TELOXYS**

Cette plante curieuse (*Teloxys aristata* 'Seaform') est intéressante pour les bouquets. C'est une annuelle que l'on sème en avril-mai, dans un coin discret du jardin ou au potager. Quand elle se développe, elle n'a rien de particulier – on dirait une mauvaise herbe. Cependant, à la fin de l'été, elle se colore en rouge. On la coupe alors à la base et on l'utilise (fraîche ou sèche) comme mousse décorative pour masquer la base des bouquets.

LE VISCARIA 'ANGE'

Une annuelle tellement facile qu'il est dommage de s'en priver. Elle est proche des lychnis et forme un coussin étalé de 25 cm de haut. Elle donne une floraison très abondante de fleurs pastel, roses, lavande et blanches. Semez-la dès maintenant, en place, notamment dans les régions à hiver doux, pour une floraison à partir de juin, ou attendez avril pour avoir des fleurs en juillet-août. Excellente en bordure et en jardinière. Elle a besoin de soleil et d'un sol ordinaire.

« Février plein de douceur • Annonce mars écorcheur »

T'AS PLUS D'CRESSON SU'L'CAILLOU ! C'est vrai que le cresson pousse dru, et fait naturellement penser à une chevelure généreuse. Mais dans les bistrots parisiens, où l'on parlait plus volontiers au-dessous de la ceinture qu'au-dessous de la casquette, on a vite glissé d'une toison à l'autre. « J'ai zieuté son cresson », ça évoquait la vision furtive d'un joli jardinet théoriquement privé.

Talus récents : la terre fraîchement remuée *est peu stabilisée et particulièrement à la merci de l'érosion. Pour protéger et décorer le talus, le gazon est une bonne solution, mais le semis peut être délicat – les graines sont souvent emportées par les pluies. Je vous conseille plutôt le gazon en plaques : il suffit de fixer chaque plaque avec deux piquets de bois, en partie haute : ils jouent le rôle de clous ! Autre solution (et sans doute la meilleure), le filet métallique ou plastique, plaqué sur le sol et fixé, dans les mailles duquel on plante des couvre-sol.*

Le bon remède

La hernie du chou

Si la terre de votre potager est un peu acide, vos choux risquent fort d'être touchés par la hernie. Pour éviter cette maladie qui produit un fort épaississement du collet, épandez un peu de chaux, autour de chaque plant, au moment du repiquage.

LES GLYCINES

Comment les tailler ? Beaucoup de jardiniers s'angoissent à ce propos. En fait, on peut fort bien s'abstenir de le faire : la glycine fleurit et prospère sans problème. Toutefois, pour obtenir une floraison plus dense, vous pouvez effectuer une taille en fin d'hiver, lorsque les grappes sont déjà visibles, en supprimant les rameaux très allongés – à moins que vous ne souhaitiez voir la plante s'étendre. Ensuite, vous raccourcirez à trois ou quatre yeux les pousses secondaires ; en effet, les fleurs se forment le plus souvent près du bois, un peu comme chez les poiriers.

« Février sans pluie ni giboulée • Rend ennuyeuse toute l'année »

Les oignons de couleur

Effectuez le premier semis (à condition que le temps ne soit pas trop froid), directement en place, en lignes espacées de 30 cm. Plombez avec le dos du râteau. Voici mes variétés préférées.
Parmi les jaunes : 'de Lescure', à bulbe aplati, pour les régions chaudes (le meilleur pour le Sud-Ouest) ; 'de Mulhouse', à gros bulbe aplati jaune citron, surtout pour la production de l'oignon grelot à repiquer ; 'Gros de Valence' ('Espagnol'), à gros bulbe rond jaune clair ; 'Paille des Vertus', à bulbe aplati et à bon rendement ; 'Rayé de Milan' ('Ramata di Milano'), à bulbe jaune cuivré rayé, en forme de toupie.
Parmi les rouges : 'de Brunswick', à bulbe aplati assez foncé, rouge-brun, de bonne conservation ; 'de Florence', à bulbe allongé rouge foncé, très sucré et savoureux ; 'de Genève', à bulbe aplati ; 'Piroska', à bulbe rond rouge soutenu, pour la conservation ; 'Rouge pâle de Niort', à bulbe aplati, pour la conservation hivernale.

Des soies de porc au potager. *Contre les escargots, les limaces et les vers blancs, placez des soies de porc entre les rangs de haricots, de carottes, de laitues ou de chicorées. Après la récolte, vous les enfouirez en retournant le sol. Où se procurer des soies de porc ? Chez le charcutier bien entendu.*

Notes personnelles

....

....

....

....

'MADAME HARDY'

J'ai un faible pour les roses blanches, je l'avoue, et j'aime 'Madame Hardy'. Ce rosier de Damas assez vigoureux, de 1,5 m, n'est pas remontant, c'est vrai, mais quelle floraison en juin-juillet ! Des fleurs pleines, prodigieuses de délicatesse, simplement ornées au centre d'un petit œil vert ! Le parfum est à l'unisson, et le feuillage est clair et brillant. 'Madame Hardy' a été obtenu par Monsieur Hardy, qui officiait vers 1830 au jardin des Plantes de Paris.

Le choix des pros

Pépinière Fragrance *

***Clethra alnifolia paniculata* :** Un arbuste au beau feuillage, magnifiquement doré l'automne ; une floraison superbe de présence et de parfum en plein été. Complète les massifs de rhododendrons en prolongeant l'effet décoratif grâce à sa floraison estivale. En terrain acide et frais ; en mi-ombre ou au soleil. C3 (plant de 3 ans).

***Choisya ternata* :** L'oranger du Mexique, un arbuste indispensable avec son feuillage persistant, aromatique et des floraisons blanches parfumées qui peuvent remonter jusqu'en automne. Pour les sols riches, drainés et toutes expositions. C4 60/80.

***Daphne odora aureomarginata* :** Un petit arbuste encore méconnu. Ses fleurs rosées s'épanouissent l'hiver en dégageant un parfum incroyable réunissant ceux de l'œillet et de la jacinthe. A mettre au soleil ou à mi-ombre, en terrain drainé. C4 (plant de 4 ans).

***Viburnum bodnantense* 'Dawn' :** Une viorne très vigoureuse et rustique. Sa floraison rosée, entre novembre et février, dégage un parfum vanillé, tenace et charmeur. Pour tous les sols, supporte très bien le calcaire ; à mi-ombre ou au soleil. 60/90 (plant de 3 ans).

***Trachelospermum jasminoïdes* :** Le jasmin étoilé, un grimpant, intéressant pour son feuillage persistant, sa longue floraison blanche d'été très parfumée. Pour le plein soleil, en situation abritée, dans les sols légers et bien drainés. 80/90 (plant de 3 ans).

* Voir le carnet d'adresses.

1er mars

Saint Aubin

« Pluie de Saint-Aubin • Fait l'eau plus chère que le vin »

La greffe en fente sur les fruitiers

Avant le printemps et la reprise de la végétation, il faut terminer la greffe en fente, en particulier sur les cerisiers, pruniers et abricotiers. Vous aurez récolté les greffons en décembre ou janvier, avant d'en faire de petits fagots et de les enterrer au pied d'un mur au nord. Juste avant de greffer, rafraîchissez le greffon à la serpette.

Greffe en fente simple

Greffe en fente double

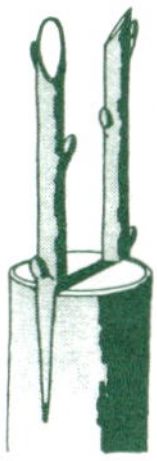

Lune de pluie. Lorsque la lune est belle mais pâle, et qu'elle est entourée d'un cercle bien distinct, il y a de fortes chances pour qu'il pleuve le lendemain (surtout si le vent a tourné). En outre, avant la pluie, les bruits éloignés parviennent beaucoup plus distinctement. En revanche, si vous distinguez parfaitement les taches de la lune (ou « le bonhomme dans la lune » comme on disait autrefois), vous pouvez, dit-on communément, sortir le tuyau d'arrosage.

Notes personnelles

2 MARS

Saint Charles le Bon

« Pluie ou vent ce jour • Sont là pour quarante jours »

Découvrez... LE RÉSÉDA

Cette annuelle au parfum puissant et si caractéristique était très largement cultivée au siècle dernier, mais elle a connu une longue éclipse, sans doute parce que ses fleurs ne sont pas très spectaculaires. Pour ma part, je ne sais pas résister à son charme délicieusement romantique et à sa senteur généreuse. Elle est très facile à cultiver puisqu'on la sème en pleine terre en avril-mai. Il existe une très belle variété blanche, 'Alba', qui mérite une place dans tous les jardins. Essayez-la !

Le bon remède

L'élagage

*Un arbuste ou un jeune arbre
qui paraît avoir gelé,
après un hiver rigoureux,
peut réserver des surprises.
Ne vous hâtez donc pas
de l'arracher ou de le couper.
Attendez que le temps se soit bien
réchauffé et que la sève ait
recommencé à circuler :
vous constaterez l'apparition
de bourgeons et de jeunes
pousses sur des parties
qui semblaient mortes.
Vous pouvez alors élaguer
et tailler les parties nécrosées –
sans oublier de protéger
les plaies.*

RUDBÉCKIA ANNUEL

C'est une des fleurs d'été les plus lumineuses, remarquable par sa longue durée et sa résistance à la sécheresse. Je recommande particulièrement une variété étonnante, 'Yeux Irlandais' (60 cm) qui donne une multitude de fleurs jaune d'or à cœur vert clair ; elle est excellente pour les massifs comme pour les bouquets. Pour les bordures, vous choisirez 'Toto' (25 cm), compacte et solide, à feuillage vert vif mettant en valeur l'abondante floraison jaune d'or à cœur brun. Semez en mars-avril sous abri, repiquez et mettez en place en mai. Vous pouvez aussi semer directement en pleine terre en avril-mai, mais la floraison sera alors un peu décalée.

Découvrez une variété étonnante *d'eschscholtzia double, 'Apricot Chiffon', à fleurs doubles et bicolores, jaune crème et orange corail. Elle mesure 20 cm et on la sème en avril, en place, en terrain sec et au soleil. Procurez-vous des graines maintenant !*

« Pour la Saint-Guénolé • Ferme au taureau le pré »

SANG DE NAVET ! : Allez savoir pourquoi, le navet a une valeur péjorative – et depuis longtemps puisque on la relève dès la fin du XIIIe, dans le français populaire. Les exemples ne manquent pas, depuis « sang de navet » et « pet de navet », jusqu'au très élégant « fleur de nave »…

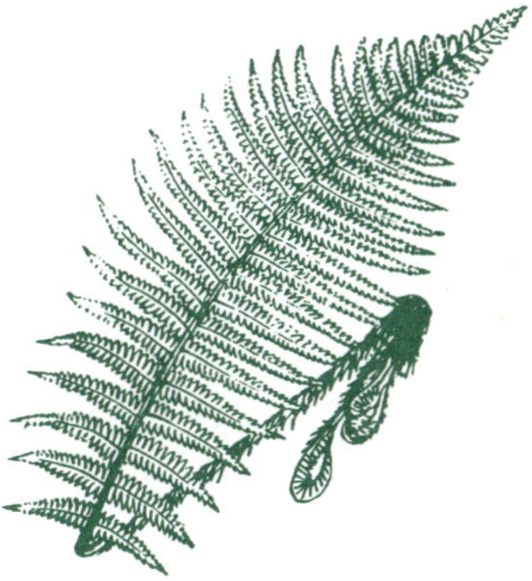

LE LIERRE TERRESTRE

On le considère parfois comme une mauvaise herbe car il arrive qu'il envahisse les pelouses. Mais c'est un couvre-sol tapissant, imbattable pour les coins d'ombre, sur les sols humifères et frais. Ses feuilles rondes, vert mat, sont très couvrantes, et il donne de petits épis violets au printemps. Comptez cinq à six pieds au mètre carré pour obtenir un bel effet.

Le semis d'annuelles. *Mélangez les graines de plantes annuelles avec un peu de fongicide (thirame). Vous éviterez ainsi la fonte des semis, et en même temps, vous pouvez semer moins dru.*

Le bon remède

Un sol acide

On peut avoir une idée de la nature d'un sol en examinant la flore naturelle qui s'y développe. En sol acide, on trouve notamment les espèces suivantes : agrostis des chiens, ajonc, bruyère, fougère, jonc rude, luzule des bois, myrtillier, pédiculaire, petite oseille, prèle, pulicaire, saxifrage, véronique officinale et violette des chiens. Les régions où pousse le châtaignier (notamment le Massif central et la Bretagne) présentent aussi un sol acide.

Saints Casimir et Adrien

« Pour la Saint-Adrien • Le froid ne compte pas pour rien »

LE NAVET DE NANCY

L'humoriste américain Mark Twain décrit longuement à ses lecteurs jardiniers comment il faut secouer l'arbre pour en faire tomber les navets ! Ces explications sont sans doute superflues car ce légume est cultivé dans presque tous les potagers. Un beau navet bien frais et bien ferme, à chair bien blanche, lentement confit au beurre ou bien tout cru et râpé, croyez-moi, c'est tonique et revitalisant, et il n'y a pas de légume qui fleure aussi bon le terroir et la belle campagne. Et ça donne tout autre chose que du sang de navet ! Il est très digeste et, dit-on, efficace contre l'eczéma et l'acné. J'aime bien le navet blanc 'de Croissy', à racine demi-longue, et le navet jaune 'Petrowski', mais parmi les navets classiques ronds et blancs à collet rouge violacé, je préfère celui 'de Nancy' à celui 'de Milan'. Ce dernier est plus aplati, et son collet est plus rouge, mais la chair du navet 'de Nancy', à racine bien ronde et collet nettement violet, est à mon avis plus fine et plus parfumée. C'est une variété assez hâtive et de bon rendement. On peut la semer au printemps, de mars à juin, pour la récolter environ deux mois plus tard, mais on la sème le plus souvent en juillet-août, directement en place, en lignes distantes de 20 cm environ. Après la levée, quand les plants ont deux ou trois feuilles, on éclaircit à 10 cm. Il faut biner et sarcler régulièrement, et surtout ne pas laisser le sol se dessécher complètement car cela rend les navets fibreux et durs. On les arrache de septembre à novembre, pour la consommation immédiate ou même pour la conservation : il faut alors les laisser ressuyer sur place une journée ; ensuite, on les débarrasse de leur terre avant de couper les feuilles au-desus du collet. On place alors les navets dans du sable sec, en cave ou en silo.

5 MARS

Saint Olive

« Si mars n'a pas assez de pluie • Tout l'an en garde l'envie »

LE RICIN PROVIDENTIEL

Cette plante est une providence pour le jardinier : elle pousse vite et donne un feuillage spectaculaire, exotique, pour les fonds de massif et les écrans temporaires. La variété la plus grande, 'Zanzibar' (2 m et plus) est superbe par son feuillage vert brillant. 'Carmencita' est moins grande (1,5 m), mais elle se distingue par un feuillage bronze et par de jolies inflorescences rouge vif assez précoces.

L'arroche pour le plaisir

Rouges ou vertes, les grandes feuilles de l'arroche sont délicieuses après cuisson – elles sont à la fois douces et parfumées. Faites un semis par mois jusqu'en août : ainsi, vous récolterez de la fin du printemps au début de l'hiver. Semez en lignes distantes de 50 cm, en terre fertile et assez fraîche. Éclaircissez pour conserver trois pieds au mètre sur le rang. Arrosez régulièrement. Vous récolterez les feuilles adultes après trois ou quatre mois.

C'est le moment de diviser les plantes vivaces *– qui repartent en végétation, souvent très vigoureusement. Divisez notamment les achillées, les asters, les centaurées, les érigérons, les hostas, les rudbéckias, les solidagos (verges d'or). Ce traitement favorise le renouvellement de la végétation et permet d'obtenir une floraison plus belle. Jetez le centre lignifié des souches.*

Le bon remède

Contre l'acidification du sol

La terre intensément sollicitée par une succession de plantes potagères sur plusieurs années a tendance à devenir plus acide, surtout quand elle est lourde et humide. C'est pourquoi un chaulage effectué à l'automne, tous les trois ans, est bénéfique, même lorsque le sol d'origine est neutre ou très légèrement calcaire.

6 MARS

Sainte Colette

« A la Sainte-Colette souvent • De l'alouette on entend le chant »

LE BON MOMENT POUR TAILLER LE ROSIER

On conseille souvent de tailler vers le 15 mars sous les climats comme celui de la région parisienne. Les rosiers donnent alors leurs premières fleurs un peu avant la mi-juin – ou même dès le début de juin. Mais dans la banlieue parisienne, où le climat est nettement plus chaud que, disons, dans la plaine de la Brie, ou encore dans une ville comme, par exemple, Rouen, on peut fort bien tailler dès le début du mois de mars. Et si la planète continue à se réchauffer, on finira peut-être par tailler en janvier à Paris !

Le persil si souvent...

La graine de persil est fort capricieuse – on prétend qu'elle va sept fois en enfer avant de germer ! Dans le Centre, on disait autrefois que semer du persil portait malheur, sauf aux simples d'esprit.
On a affirmé aussi qu'il fallait uniquement semer le vendredi saint – ou le 14 juillet en version républicaine. Quoi qu'il en soit, prenez la précaution de faire tremper les graines pendant une journée ou deux avant de les semer.
Vous pouvez effectuer dès maintenant un premier semis de persil en bordure, de préférence dans un sol léger et fertile. Recouvrez les graines d'une fine couche de terreau et tassez bien.

***Les lapins et autres rongeurs** s'attaquent à l'écorce des jeunes arbres qui, souvent, ne résiste pas à ce traitement. Protégez la base du tronc en l'entourant d'un cylindre en grillage. On trouve des grillages spéciaux (utilisés couramment par les forestiers) dans certaines jardineries.*

DANS LA MAISON

LE PALMIER

De petites taches oblongues, brunes et cireuses, au revers des feuilles de votre palmier ! Ce sont les cochenilles. Traitez dès que possible à l'aide d'un insecticide de contact spécifique, que vous achèterez en jardinerie, ou d'un insecticide systémique.

« Au début ou à sa fin • Mars montre son venin »

Le crosne, c'est trop !

C'est un de mes péchés mignons ! J'adore le crosne, quand il est cuit doucement, à l'étouffée. J'en cultive tous les ans. Achetez les tubercules en ce moment chez votre grainetier et plantez-les dans un sol à la fois riche, sain, léger et bien drainé, à raison de trois crosnes par poquet de 10 cm, en espaçant de 40 cm en tous sens. Pendant la culture, arrosez – mais ne binez qu'avec précaution pour ne pas toucher les racines. Buttez légèrement en début d'été. Récoltez en novembre, quand le feuillage jaunit.

Pour éviter le ver et la mouche des légumes, *une bonne recette de ma Saintonge : mélanger des grains de poivre à la semence. C'est efficace et ça ne pollue pas.*

LA CAPUCINE GARDE DE LA CLOQUE

Si elle attire les pucerons, la capucine paraît aussi avoir un effet préventif sur la cloque du pêcher. On peut donc semer une variété grimpante sous les arbres, qui se comportera en couvre-sol.

Découvrez...

LE KNIPHOFIA 'LITTLE MAID'

Certains trouvent le kniphofia (qu'on appelait autrefois « tritoma ») trop apprêté. Moi j'aime bien ses gros épis cylindriques, souvent bicolores, orangé et rouge, ou orangé et jaune. 'Little Maid' est entièrement jaune, d'un jaune paille assez doux, très élégant. C'est une remarquable plante de terrain assez sec mais fertile, même calcaire, qui se comporte très bien en bord de mer. En plein soleil, essayez de l'associer à l'agapanthe bleue, vous m'en direz des nouvelles.

8 MARS

Saint Jean de Dieu

« De la Saint-Jean à la Saint-Grégoire • Vent et giboulées font notre désespoir »

Découvrez… LES ARABIS

On connaît surtout la corbeille d'argent *(Arabis caucasica)*, plante sympathique à généreuse floraison blanche. Cependant, il existe beaucoup d'autres espèces remarquables, toutes très basses, souvent tapissantes, à cultiver en rocaille et sur murets de pierre sèche. Retenez en particulier *Arabis carduchorum*, qui forme de nombreuses petites rosettes de feuilles et fleurit précocement – dès le 15 mars dans les régions chaudes. Elle donne de nombreuses petites fleurs blanches. *Arabis blepharophylla* forme également des rosettes, mais ses feuilles sont plus épaisses. Ses fleurs rose pourpré s'épanouissent en avril-mai.

***Après avoir taillé les rosiers**, ramassez les déchets et brûlez-les : ils sont souvent porteurs de germes de maladies, et il ne faut pas les laisser traîner (d'autant plus qu'ils piquent et font saigner !).*

L'ALONSOA

C'est une belle péruvienne qui mérite d'être davantage utilisée dans les massifs. La plus belle espèce, à mon avis, c'est *Alonsoa warscewiczii*, mesurant 40 à 50 cm, à tiges grêles et larges fleurs rouge vif à centre jaune, de juillet aux gelées. On sème en mars-avril, sous abri, et on repique en mai.

Des oignons bien trempés

Si vous repiquez les oignonets, c'est-à-dire les petits bulbes d'oignon, prenez la précaution de les faire tremper dans l'eau chaude à 50 °C pendant une vingtaine de minutes. C'est efficace contre le thrips et d'autres parasites. Adoptez la même stratégie pour l'échalote.

Notes personnelles

....

....

Sainte Françoise

« Quand au mois de mars il pleut • Veille à ferrer tes bœufs »

Découvrez... L'EUPHORBE PANACHÉE

Je vous la recommande chaudement. Elle est facile à cultiver (semis en place en avril) et elle donne une grosse touffe de feuillage de 80 cm de haut, panaché de vert amande et de blanc pur – l'effet est très réussi dans les massifs et aussi dans les bouquets. En plus, cette espèce *(Euphorbia marginata)* éloigne les taupes et les mulots. Mais n'oubliez pas que l'euphorbe est une plante toxique par sa sève.

LE NICANDRA

On cultive cette plante très originale en annuelle, en la semant en mars-avril, sous serre chauffée, avant de la repiquer en mai, en situation chaude. Elle forme une belle touffe (50 cm), et donne des fleurs en entonnoir, bleu violacé, suivies de fruits décoratifs, verts et côtelés. Elle présente la particularité de repousser les mouches blanches (ce qui est très intéressant dans les serres et même sur les terrasses).

Le retour des limaces est d'actualité*. Si le temps se réchauffe et qu'il pleut, ces gastéropodes redeviennent rapidement très actifs. Commencez sans retard la lutte par le ramassage systématique.*

Le bon remède

Arroser sur un talus

L'eau s'y écoule très rapidement sans mouiller le sol, et il est difficile d'arroser les arbustes récemment plantés. L'arrosage au pot est une bonne solution. En amont, enterrez un pot jusqu'au bord ou une bouteille en plastique retournée et sans fond, et remplissez d'eau périodiquement. Autre solution : en aval, au moment de la plantation et à 30 ou 40 cm du tronc, enterrez un solide film plastique, verticalement, sur une profondeur de 30 cm ; ménagez ensuite une cuvette au pied de la plante.

Notes personnelles

10 MARS

Saint Vivien

« Des gelées de Saint-Vivien • On tarde à en voir la fin »

L'épinard

C'est le moment de semer les variétés de printemps, en particulier 'Monstrueux de Viroflay', à grandes feuilles, ou les hybrides modernes ('Lagos', 'Alpha') qui résistent bien aux maladies classiques de cette plante, le mildiou et le virus du concombre.

Le bon remède

Reconnaître un sol calcaire

Voici quelques plantes dont la présence permet de reconnaître un sol calcaire : adonis de printemps, ancolie, angélique, bouton d'or, cardère, chardon doré, cirse laineux, colchique, coquelicot, coucou, douce-amère, eupatoire, filipendule, fraisier sauvage, genévrier, genêt des teinturiers, gentiane, géranium sanguin, germandrée, grande ciguë, gueule-de-loup, lin vivace, luzerne, marjolaine, mauve, monnaie-du-pape, mouron, œil de bœuf, ortie, pigamon, pissenlit, quintefeuille, sauge des prés, scabieuse, valériane, violette des bois, vipérine.

LES SEMIS SPONTANÉS

Beaucoup de plantes bisannuelles se ressèment spontanément un peu partout dans le jardin. C'est le cas du myosotis, de la monnaie-du-pape, de la giroflée, de la digitale, de la pâquerette, de la primevère, de la rose trémière. Ramassez les jeunes pieds, avec la motte, pour les regrouper dans les massifs et les bordures. Mais pour les espèces à racines pivotantes (giroflée, monnaie-du-pape, rose trémière), il faut s'y prendre qaund les sujets sont encore très jeunes.

Avant de tailler vos rosiers*, désinfectez le sécateur à l'alcool, vous éviterez ainsi de propager des maladies. Moi, je passe les lames à la flamme d'un briquet quand je change de rosier. C'est peut-être excessif, mais si ça peut éviter les taches noires ou l'oïdium, ce n'est pas du luxe.*

11 MARS

Saints Rosine et Euloge

« Bon fermier à la Saint-Euloge • Voit les jeunes lapins à l'auge »

Découvrez... LE LEGOUSIA

Sans être collectionneur ni chercher l'extraordinaire à tout prix, je trouve qu'un des plaisirs du jardinage, c'est de découvrir des plantes nouvelles. En voici une qui n'est pas facile à trouver, du moins pour l'instant. Elle est proche du miroir de Vénus, une petite annuelle à fleurs bleues qui pousse dans les blés de chez nous. Elle s'appelle *Legousia pentagonia* et elle mesure 30 à 40 cm de hauteur et d'étalement. Elle donne une profusion de fleurs bleu violacé à cœur blanc, étalées en étoiles, qui font penser aux campanules. Semez cette annuelle en mars sous abri pour qu'elle fleurisse au début de l'été, ou fin avril à l'extérieur, en place pour une floraison en août.

Les feuilles d'ortie constituent un excellent engrais vert. *Fauchez-les, laissez-les sécher sur place quelques jours, et enterrez-les au fond du trou de repiquage de vos tomates – en les recouvrant toutefois d'un peu de terre. Elles vont s'y décomposer en attendant la mise en place des tomates à la mi-mai.*

ROSIER : LA BONNE TAILLE

On conseille souvent de tailler assez sévèrement les rosiers buissons à massifs – à deux ou trois yeux. Mais c'est assez souvent trop court. Il faut tenir compte de la vigueur. On taille court un rosier peu vigoureux, précisément pour qu'il prenne de la force. Mais il faut tailler assez long un rosier vigoureux, à quatre, cinq ou même six yeux : on évite ainsi qu'il ne s'emballe.

La scorsonère plus grosse

On la cultive souvent comme le salsifis, en la semant en mars-avril pour la récolter en automne. Mais on peut également récolter la seconde année, afin d'obtenir des racines plus grosses : il faut alors pincer les tiges florales à leur apparition. Autre possibilité : le semis en août, avec une récolte au bout d'un an.
Meilleure variété : 'Duplex', très savoureuse, à peau bien noire et chair blanche.

12 MARS

Saints Justine et Grégoire

« Pluie à la Saint-Grégoire • C'est autant d'eau que de vin à boire »

LA BIGNONE

On taille cette plante un peu comme la glycine. Une fois que la charpente est constituée, rabattez, en fin d'hiver, les rameaux très allongés et les pousses secondaires.

Le bon remède

La rouille du haricot

Cette maladie forme des pustules jaunâtres sur les feuilles et les gousses du haricot, principalement sur les variétés grimpantes. Elle apparaît surtout à la fin de l'été, quand il fait chaud et humide, mais le champignon hiverne sur le sol durant l'hiver. Pour éviter la contagion d'une année sur l'autre, effectuez en cette saison des pulvérisations d'une décoction de prêle ou d'un fongicide de sol sur la planche du potager où vous souhaitez cultiver les haricots.

DANS LA MAISON

LES PLANTES GRASSES

Les crassulas, et notamment *C. obliqua*, mais aussi de nombreuses plantes grasses à feuilles charnues (*Cotyledon*, *Echeveria*, *Kalanchoe*, *Sedum*) se multiplient facilement par bouturage de feuilles. Prélevez quelques feuilles saines et bien gonflées, en les détachant à la main, avec la base. Placez-les sur un mélange sableux, ou même sur du sable pur : seule la base doit être enfouie (légèrement). Bassinez souvent et placez dans un endroit chaud. Après quelques semaines, de petites plantes apparaissent à la base des feuilles. Mais on peut également multiplier *Crassula obliqua* en prélevant des boutures de tête (portion de tige avec quelques feuilles).

Notes personnelles

....

....

....

....

....

....

Saint Rodrigue

« Quand le soleil est embrumé le jeudi • La semaine ne passe pas sans pluie »

Prévoyez les couleurs de votre jardin. *Dans un massif, si vous cultivez sans précaution des fleurs de toutes les couleurs, vous obtiendrez un chaos peu agréable ou même douloureux pour l'œil. Pour être certain de ne pas se tromper, il faut choisir une couleur dominante à laquelle on associe une ou deux autres couleurs, en harmonie. Méfiez-vous des contrastes trop violents, surtout à l'ombre.*

Le bon remède

Un système d'arrosage enterré

Pour réaliser une installation de ce type, il faut que le débit du robinet soit suffisant. Mesurez-le en notant le temps nécessaire pour remplir un arrosoir de 10 litres. Vous fournirez ce chiffre au fabricant ou au revendeur du système d'arrosage. Si le débit est insuffisant pour la surface à arroser (c'est le cas dès que le jardin dépasse quelques centaines de mètres carrés), on crée des circuits parallèles, de manière à arroser successivement les différentes parties du jardin.

PROTÉGER LE SEMIS DE GAZON

Après avoir dispersé la semence de gazon, ratissé et arrosé en pluie fine, étalez sur le sol des feuilles de papier journal en les maintenant par des pierres. Vous en tirerez deux avantages : les graines lèveront de manière plus régulière, et les oiseaux ne pourront pas s'y attaquer. Arrosez souvent les feuilles en petite pluie très fine. Ôtez les feuilles le sixième jour après le semis.

Plein d'oseille !

Pour obtenir de nombreux pieds, semez l'oseille en pépinière – les grainetiers proposent surtout des graines d'oseille 'Large de Belleville', la plus cultivée. Recouvrez les graines de 1 cm de terreau, plombez et arrosez en pluie pour maintenir le sol frais. Repiquez les plants en bordure de planche quand ils ont quelques feuilles. Espacez-les de 30 cm pour ne pas entraver leur développement.

Notes personnelles

....

....

14 MARS

Sainte Mathilde

« Quand l'amandier fleurit en février • Ne compte que sur un seul panier
Mais quand en mars il fleurit • Tous les sacs seront remplis »

Découvrez...

LE ZALUZIANSKYA

Cette plante sud-africaine, que l'on cultive en annuelle (*Zaluzianskya capensis* 'Midnight Candy'), est relativement peu connue. C'est pourtant l'une des plus parfumées que l'on puisse trouver. Elle forme une petite touffe de 30 cm de hauteur, et offre des boutons rouges et des fleurs blanc pur – ce qui donne un effet bicolore très gai. Ces dernières s'ouvrent, en fin de journée, quand le soleil se couche, et elles répandent alors un parfum très suave et très puissant dans la nuit d'été. On la sème sous abri en mars (repiquage en mai), ou directement en pleine terre, en place, en avril-mai (prévoyez une protection contre les dernières gelées qui sont à craindre jusqu'au 10 mai sous le climat de la région parisienne).

Le bon remède

Un grillage avertisseur

Si vous enterrez des canalisations d'arrosage, n'oubliez pas de placer sur les tranchées, à une quinzaine de centimètres de profondeur, un grillage spécial qui vous évitera d'endommager l'installation lors du travail du sol. Respectez la même règle pour toutes les canalisations – d'eau ou d'électricité.

OSEZ LES ANNUELLES

Les espèces rustiques se sèment théoriquement en avril (sous un climat comme celui de Paris). Cependant, on peut les semer maintenant, si le temps n'est pas calamiteux, sous châssis froid. Semez en godets le cosmos, le lupin et l'amarante, car ils n'aiment pas être repiqués.

Une tomate savoureuse

Elle s'appelle 'Merveille du jardinier', et c'est sans doute l'une des meilleures tomates que l'on puisse cultiver. Elle n'est pas grosse – peut-être le double d'une tomate cerise – mais elle est bourrée de saveur, et son rendement est très satisfaisant. Vous la cultiverez aussi bien en pleine terre qu'en serre.

15 MARS

Sainte Louise

« C'est à la mi-mars • Que le coucou se cache dans les épinards »

BRAVES BISANNUELLES

C'est le moment de repiquer les bisannuelles (œillet de poète, giroflée, myosotis) qui ont passé l'hiver en pépinière ou sous châssis. Préparez les plates-bandes en ameublissant à la griffe ou à la binette, et supprimez les mauvaises herbes. En même temps, apportez un engrais azoté (type 16-8-8) : grâce à lui, les plantes repartiront plus vigoureusement.

Les artichauts

C'est le moment de multiplier les artichauts. Prélevez les œilletons vigoureux et bien enracinés, apparus au pied des anciennes touffes. Pralinez les racines en les trempant dans une boue fertile. Habillez les plants en raccourcissant les feuilles. Plantez les œilletons par deux, dans une terre meuble, ameublie en profondeur et enrichie par une bonne fumure aux labours d'automne. Disposez-les en quinconce en les espaçant de 80 cm à 1 m. Après la reprise, ne conservez que le plant le plus vigoureux.

Le bon remède

Les programmateurs antivol

Les systèmes d'arrosage enterré sont aujourd'hui généralisés, en particulier dans le sud de la France où, sans eux, arroser deviendrait vite une corvée. Le programmateur – souvent placé dans un endroit facile d'accès – est un appareil qui coûte cher et qui peut tenter les voleurs. Heureusement, certains fabricants proposent des programmateurs munis d'une bague antivol.

Notes personnelles

....

....

....

....

....

....

16 MARS

Sainte Bénédicte

« Mars poussiéreux • Rend le bouvier orgueilleux »

Découvrez… **LA BETTERAVE D'ORNEMENT**

Ce n'est pas une plaisanterie ! Cette variété de betterave, appelée 'Bullsblood' (40 cm) est utilisée en massif pour ses longues feuilles dressées vert pourpré – très belles aussi en garniture de bouquet. La culture est facile puisqu'on sème cette annuelle en place, en avril.

TAILLEZ LES ROSIERS GRIMPANTS REMONTANTS

On les taille maintenant, comme les rosiers à massifs. Il suffit de supprimer les plus vieilles branches, celles dont l'écorce est brune et qui se montrent peu vigoureuses et peu florifères. On les coupe au niveau du sol, ou juste au-dessus d'une pousse vigoureuse s'il y en a une près de la base. Il faut aussi raccourcir un peu les pousses secondaires. Palissez les nouvelles pousses (horizontalement ou en arc de cercle). Et brûlez les déchets.

Les limaces aiment la bière. *On sait d'une soucoupe remplie de bière, enterrée dans le sol jusqu'aux bords, est un piège très efficace. L'ennui, c'est que les grands carabes, prédateurs de chenilles et même de limaces, s'y noient aussi. Vous utiliserez donc ce type de piège avec modération.*

DANS LA MAISON

LE RUDBÉCKIA 'TOTO'

Belle nouveauté basse et compacte (25 cm), à feuillage vert foncé et fleurs jaune d'or lumineux, de 5 cm de diamètre. C'est une plante idéale pour les pots, les jardinières et les bordures. A semer sous abri en mars-avril.

« Qui sème ses pois à la Saint-Patrice • En récoltera tout son caprice »

TU COMMENCES À M'COURIR SUR L'HARICOT ! : Pour comprendre, il faut penser aux haricots en grains, aux haricots blancs : ici, ce sont les orteils. Tu commences à m'courir sur l'haricot : j'en ai marre qu'tu m'écrases les arpions… C'est aussi des grains qu'il s'agit quand on se lamente de n'avoir gagné que « des haricots » !, ou parce que « c'est la fin des haricots »! Mais il s'agit là des haricots qu'on utilisait comme enjeu, à défaut d'argent, pour les cartes ou les dés.

LA BIGNONE

Il existe deux types de bignone. Celle à grandes fleurs *(Campsis grandiflora)* atteint 5 à 6 m de haut, et elle donne des fleurs rouge orangé de 8 à 10 cm de diamètre ; elle a besoin d'être palissée sur un support. La bignone de Virginie *(Campsis radicans)* pousse ses tiges jusqu'à 10 m ; elle se distingue aussi par ses crampons qui lui permettent de s'accrocher au mur, comme le lierre. Elle produit des fleurs nombreuses mais un peu moins larges – orangées, rouges ou jaunes, selon les variétés. Toutes demandent le plein soleil. C'est le moment de les planter.

Poivrons et piments

Dans les régions méridionales, semez les poivrons et les piments sous châssis. Vous les repiquerez en place quand ils auront quelques feuilles, en les espaçant de 80 cm en tous sens.

Le bon remède

Un engrais minéral

Certains engrais ont tendance à aggraver le caractère acide du sol. C'est le cas, parmi les engrais azotés, du sulfate d'ammoniaque. En revanche, dans ce même type de terre, les roches volcaniques constituent un excellent engrais minéral.

L'ÉPINARD 'MONSTRUEUX DE VIROFLAY'

Depuis le temps où de nombreux maraîchers y cultivaient les légumes pour approvisionner les marchés parisiens, Viroflay a bien changé, mais c'est toujours une ville agréable, à deux pas de Versailles, tranquille et résidentielle, où les amateurs de beaux jardins sont légion. On l'aura deviné, l'épinard 'Monstrueux de Viroflay' se distingue par de très grandes feuilles et un feuillage abondant. Cette variété ancienne (elle figure au catalogue Vilmorin depuis 1880) n'est plus guère cultivée par les maraîchers, parce qu'elle ne résiste pas très bien à certaines maladies à virus, mais elle demeure excellente pour les potagers d'amateurs. Cet épinard très savoureux n'est pas très résistant au froid (pour l'hiver, on lui préférera 'Géant d'hiver'), mais on peut le semer en mars ou début avril, en situation chaude et bien exposée, et en lignes distantes de 10 à 20 cm, pour récolter en mai (un mois et demi à deux mois après le semis). C'est également une bonne variété d'automne, pour les semis de la fin du mois d'août et de début septembre : on peut ainsi effectuer deux coupes avant les froids. Dans les régions fraîches, on peut également semer cet épinard entre avril et août, en situation fraîche et ombragée (mais personnellement, je préfère cultiver d'autres plantes durant la période de chaleur, en particulier l'arroche). A propos des épinards, dans son *Dictionnaire des idées reçues*, Flaubert fait dire à M. Prudhomme : « Je ne les aime pas, j'en suis bien aise, car si je les aimais, j'en mangerais et je ne les puis souffrir. » Opposons à cette forte pensée la maxime du Dr. C. Davenport qui a vécu, en pleine santé, jusqu'à 111 ans : « De la joie de vivre, une respiration profonde et beaucoup d'épinards !»

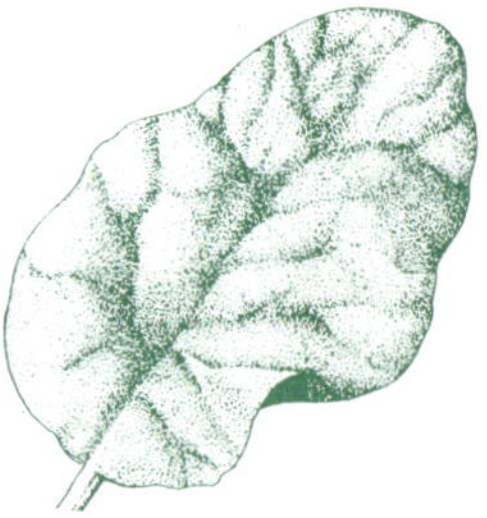

« Beau temps de Saint-Joseph • Annonce été bref »

LES BULBES D'ÉTÉ

C'est le moment de mettre en végétation les bulbes d'été, en particulier les bégonias tubéreux, les dahlias, les cannas. Plantez-les en pots, dans un mélange de terreau, de sable et de bonne terre de jardin, et placez-les dans un local chauffé, en arrosant modérément. Quand les premières pousses apparaîtront, il faudra placer les pots en pleine lumière, et endurcir les plantes en les sortant et en les aérant. Vous les mettrez en place en mai, après les dernières gelées.

Bégonia tubéreux

Dahlia

Un pied dégarni. *De nombreuses plantes d'intérieur sont touchées par ce phénomène. C'est le cas de nombreux ficus, du tilleul d'appartement, du brassia, et en général des végétaux présentant un tronc. Pour qu'ils retrouvent un port compact, il faut tout simplement les tailler, en coupant le haut de la tige et, éventuellement, en rabattant les rameaux. On favorise ainsi le développement des yeux dormant près de la base. Utilisez les déchets de taille pour bouturer.*

Au pied les artichauts !

Ne pulvérisez ou ne versez aucun produit toxique (insecticide, fongicide ou même engrais) sur les artichauts lorsque les têtes commencent à se former – au pied si vous voulez, mais pas sur le feuillage. En effet, le produit s'infiltre et reste dans dans les bractées de la tête, et il est alors très difficile de l'éliminer, même en lavant l'artichaut à grande eau.

« Jamais pluie de printemps • N'a passé pour mauvais temps »

LE PAVOT À BOUQUETS

Faciles à cultiver, les pavots annuels sont superbes pour leurs grosses fleurs, mais il existe aussi des variétés estimées pour leurs fruits, leurs grosses capsules, que l'on emploie dans les bouquets secs. C'est le cas du 'Géant', qui donne en outre de belles fleurs rouges. A semer au soleil et en sol léger, en avril-mai.

Le bon remède

Les asperseurs

Pour l'arrosage enterré, les asperseurs classiques permettent d'arroser un cercle de 2,5 à 4 m de rayon (20 à 50 m²). Cependant, pour les grandes pelouses, il existe aussi des turbo-asperseurs capables de couvrir un rayon de plus de 10 m. Mais ces deux types d'appareils ne peuvent coexister sur le même circuit. Pour chaque poste, on peut réduire l'angle d'arrosage à l'aide d'une bague réglable.

Repiquez la tomate

C'est le moment de repiquer les tomates précoces semées en terrine, sous serre, en février. Repiquez chaque plant en godet individuel, en l'enfonçant dans la terre jusqu'aux premières feuilles.

Notes personnelles

....

....

....

....

On ne taille presque pas les grands rosiers *(qu'on appelle parfois « paysagers »). Ils trouvent d'eux-mêmes une forme régulière et harmonieuse. Contentez-vous de les nettoyer et de supprimer un peu de vieux bois au centre pour aérer.*

Sainte Clémence

« Merle de Sainte-Clémence • Réjouit le mouton et sa panse »

La plantation des fruitiers

C'est le dernier moment pour effectuer la plantation des arbres fruitiers à racines nues. N'oubliez pas de mettre en place un solide tuteur, mais attendez deux ou trois semaines avant de poser les liens définitifs, afin que la terre se soit tassée.

Des concombres en jardinières !

'Bush Champion' et 'Petita' sont des variétés de concombre qui forment une touffe compacte : elles sont non coureuses.
Cela signifie qu'elles ne demandent pas de taille. On peut même les cultiver en pot ou en jardinière. 'Bush Champion' donne des fruits assez gros, vert foncé, à chair douce, et 'Petita' des mini-concombres.

Découvrez...

L'AMARANTOÏDE

Cette charmante annuelle (*Gomphrena globosa*, 15 à 25 cm de haut), facile à cultiver, donne de nombreuses fleurs blanches, en entonnoir, très parfumées, qui ressemblent à celles d'un datura ; elles sont bien mises en valeur par un beau feuillage ample, vert franc. Il faut la semer en mars sous abri chauffé, pour la repiquer ensuite en situation chaude et bien ensoleillée, après un repiquage intermédiaire en godets individuels.

LE TEMPS DES ANNUELLES

Semez dès cette époque des annuelles à fleurs dans les régions à climat doux : pavot, pied-d'alouette, julienne de Mahon, muflier, phlox annuel, soleil, souci, lavatère annuelle, ficoïde, eschscholtzia, clarkia, lupin, belle-de-nuit, belle-de-jour...

Notes personnelles

....

....

« Bonne ou mauvaise poirette • Il faut que mars la trouve faite »

Le bon remède

L'ail contre la cloque

Lorsque les feuilles du pêcher (ou de l'amandier, ou de l'abricotier) s'épaississent et se boursouflent, en prenant une couleur rougeâtre, c'est que l'arbre est atteint de la cloque. Autrefois, pour prévenir cette maladie, les jardiniers plantaient de l'ail en couronne, à l'aplomb des branches charpentières. Mais lorsque l'arbre est atteint, éliminez au maximum les feuilles touchées. Effectuez en outre des pulvérisations de bouillie bordelaise lors du débourrement des bourgeons puis de la chute des pétales au printemps, et au début du jaunissement des feuilles en automne.

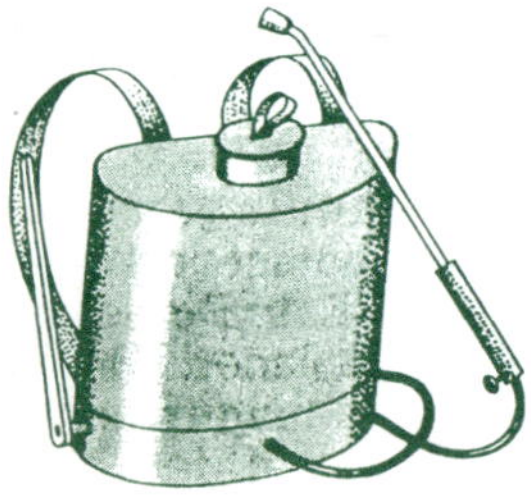

Notes personnelles

....

....

....

Découvrez... L'ÉRYSIMUM

Cette plante *(Erysimum perovskianum)* ressemble beaucoup aux giroflées – dont elle est d'ailleurs voisine du point de vue botanique. Elle donne de superbes fleurs jaune d'or, très parfumées (et il existe une variété à fleurs blanches, 'Little Kiss'). On peut la cultiver en annuelle, en la semant bientôt (en avril), ou en bisannuelle, pour obtenir une floraison précoce. Elle est facile à réussir et mérite d'être essayée.

LA CENTAURÉE

Le bleuet double (annuel) est très facile à obtenir, par semis en place en avril. Outre le bleu classique, il y a des couleurs intéressantes pour les massifs et les bouquets : 'Red Boy', rouge carmin, 'Black Boy', marron très foncé.

Vérifiez le palissage des arbres en espalier

et la solidité des tuteurs et des haubans. C'est le printemps joli... Mais attention, le changement de saison s'accompagne souvent de violents coups de vent redoutables pour les plantations.

« Mars sec et beau • Remplit cuves et tonneaux »

Les hôtes du jardin : Les oiseaux

Baumaux, le bon grainetier, a la bonne idée de proposer un mélange de graines qu'il a appelé « oiseaux chantants ». Il s'agit de plantes qui poussent facilement, tels le millet, le tournesol et le sorgho, et qui attirent dans le jardin de nombreuses espèces d'oiseaux charmeurs et utiles.

VINAIGRE DE SAUGE

C'est souverain pour calmer les piqûres d'insectes. Pour le préparer, il faut 100 g de feuilles de sauge fraîches. Faites-les macérer durant une semaine dans un litre de vinaigre de cidre. Agitez et filtrez, et appliquez-le en compresse en cas de piqûre.

Les ligatures. *N'utilisez pas de fil de fer pour lier le tronc des jeunes arbres au tuteur. Pour éviter de blesser l'écorce, vous aurez recours à des liens découpés dans une vieille chambre à air de vélo, dans une étoffe forte (vieux jean) ou dans le plastique d'un sac d'engrais. Autre bonne solution : les liens spécialement conçus à cet effet que vous trouverez en jardinerie.*

LE TABAC BLOND DE VIRGINIE

Je ne vous conseille pas de fumer ses feuilles – bien que cela soit possible –, un jardinier ne fume pas ! Mais le feuillage est superbe dans les massifs : il forme de grosses touffes de 1,5 m de haut, avec des inflorescences blanc rosé en été. Semez en mars-avril, sous abri et repiquez en mai.

24 MARS

Sainte Catherine de Suède

« Au 24 mars gelée • Ôte poire au poirier »

L'ANCOLIE EN POMPONS

La variété 'Nora Barlow' (80 cm) ne ressemble pas à l'ancolie classique, si ce n'est par son beau feuillage bleuté. En effet, elle donne des fleurs en pompons d'aspect hérissé, vraiment charmantes, légères et nombreuses ; elles sont bicolores, rose carmin et blanc crème, et s'épanouissent en mai-juin. Elle fleurit aussi bien à mi-ombre qu'au soleil, en sol plutôt frais. Espacez les pieds de 40 à 50 cm.

Le bon remède

Le chaulage

« La chaux enrichit le père et ruine le fils », dit un vieux proverbe. N'essayez pas de corriger en une seule fois une tendance acide du sol. La première récolte serait très belle, mais les suivantes catastrophiques car les réserves en humus seraient épuisées. Il faut donc chauler modérément un sol acide, une fois par an. Sur un sol légèrement acide, effectuez simplement un chaulage d'entretien tous les trois ans. En outre, la dose doit être moins importante en sol sableux qu'en sol lourd.

Découvrez... LA RUE

Les jardiniers bio utilisent la rue pour lutter contre les pucerons – il faut faire macérer 100 à 200 g de feuilles dans un litre d'eau pendant deux semaines. Mais cette plante au feuillage léger, à l'odeur âcre et aux fleurs jaunes, est aussi une condimentaire : les jeunes feuilles parfument les viandes, le gibier et certaines sauces (mais à petite dose). Personnellement, je trouve qu'elle est surtout intéressante dans les massifs, pour son beau feuillage persistant, de couleur bleu argent, et aussi pour sa floraison estivale. Elle convient très bien pour garnir le pied des rosiers. On peut l'acheter en godet, mais elle vient bien aussi par semis effectué au printemps, en pépinière abritée.

Attention, ne chaulez pas *en même temps que vous apportez une fumure organique car l'action de cette dernière serait nulle. En général, on fume en automne, au moment des labours, et on chaule plutôt au printemps.*

Saint Humbert, Annonciation

« Grenouilles qui chantent avant l'Annonciation • Autant de jours après pleuvront »

Quand traiter les fruitiers

Le débourrement correspond au moment où les bourgeons des arbres éclatent : la pousse apparaît au milieu de la bourre qui la protège. On peut alors apporter de l'engrais azoté au pied des arbres fruitiers, afin de favoriser le départ de la végétation.
Attention ! on traite les arbres fruitiers au débourrement des bourgeons ou juste après la floraison, à la chute des pétales, mais pas pendant la durée de la floraison.

Semez clair le chou de Bruxelles

En pépinière bien exposée, faites un semis clair (meilleures variétés pour la récolte d'automne : 'Rubine', 'à pommes rouges', 'de Rosny amélioré', 'de Fontenay'). Vous repiquerez en mai, dans un sol assez riche, pas trop acide (chaulé si nécessaire), en espaçant de 60 cm. Le pralinage des racines favorise la reprise.

Le bon remède

La chenille arpenteuse

Au printemps, la terrible chenille arpenteuse (cheimatobie) qui a hiverné dans le sol, monte sur le tronc des pommiers et des poiriers pour s'en aller dévorer les bourgeons et les jeunes pousses. Pour lui faire barrage, mettez en place des bandes engluées que vous trouverez en jardinerie. Cependant, un simple collier de carton ondulé est également très efficace.

Le mélilot *est un bon engrais vert, et il est apprécié par les abeilles. Mais en outre, il semble dissuader les campagnols de sévir dans le jardin. Semez-le près de la clôture.*

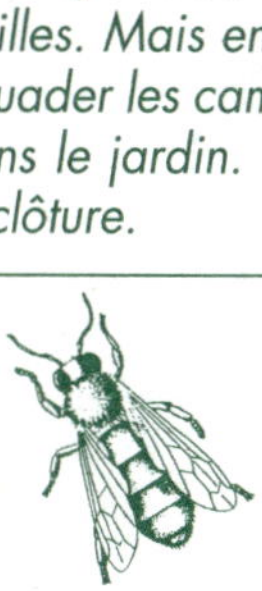

ENDURCISSEZ LES ANNUELLES

Endurcissez les plantes annuelles semées sous abri, lorsque le temps le permet, en les sortant ou en les aérant largement. Mais n'oubliez pas de les rentrer le soir. Et ne les placez pas en plein soleil – il peut être brûlant, même en cette saison.

26 MARS

Sainte Larissa

« Neige de mars • Brûle le bourgeon »

Le terme jardinier de « plomber » signifie tout simplement « tasser ».
Après un semis, il est indispensable de plomber (après avoir recouvert les graines de terreau), selon la superficie, avec un rouleau, un râteau ou une planchette (pour les semis en terrine), cela afin que la terre adhère bien aux graines. Faites toujours suivre le plombage d'un arrosage en pluie fine.

De la place pour la lentille

Pour la cultiver, il faut de l'espace car le rendement n'est pas très élevé. Semez-la en place, en poquets (cinq ou six graines), en recouvrant de 1 cm de terre fine. Buttez comme les haricots, quand la plante est assez haute. Récoltez en août, quand les cosses sont sèches, en arrachant entièrement les plantes, pour les suspendre en bottes.

Le bon remède

Ameublir

La terre des massifs a été tassée par les pluies d'hiver et le piétinement. A l'aide d'une griffe, d'une houe ou d'une serfouette, effectuez un ameublissement de surface, en prenant soin de ne pas abîmer les souches des plantes vivaces. Effectuez en même temps un sérieux désherbage.

LE BOUGAINVILLÉE

Cette merveilleuse grimpante s'adapte bien dans une serre ou une véranda. C'est maintenant qu'il faut effectuer la taille en rabattant à 3 ou 4 yeux les pousses de l'an passé. Augmentez les arrosages mais n'apportez pas d'engrais azoté qui pourrait compromettre la floraison.

27 MARS

Saint Grégoire

« Mars rend les fossés • Comme il les a trouvés »

LE MYOSOTIS

Il s'est souvent ressemé spontanément un peu partout dans le jardin. Récupérez les pieds et regroupez-les en bordure et dans les plates-bandes.

DANS LA MAISON

LES GÉRANIUMS ET LES FUCHSIAS

Les plantes qui ont passé l'hiver sous abri repartent en végétation et il faut donc reprendre graduellement les arrosages. Pour obtenir une floraison assez tôt, effectuez un apport hebdomadaire d'engrais liquide pour balconnières et plantes à fleur.

Pour bloquer en place le manche d'une bêche, *d'une fourche ou d'une pelle, faites chauffer la douille à la flamme, sans toutefois la porter au rouge. Mouillez alors le manche et enfoncez-le au marteau. Trempez ensuite dans l'eau froide pour que la douille se rétracte, bloquant ainsi le manche.*

Le bon remède

Les épouvantails

Sont-ils efficaces ? Peut-être un peu, mais pour une courte durée. Après quelque temps, les oiseaux s'y habituent… et remercient le jardinier de leur fournir ce perchoir supplémentaire au beau milieu du potager. En tout cas, les enfants les adorent (surtout quand ils ont vu Le magicien d'Oz) *et s'amusent beaucoup à les fabriquer, à les affubler des vos vieilles chemises et à les coiffer d'un pittoresque galure – c'est encore plus marrant qu'un bonhomme de neige ! S'ils sont doués, ils pourront participer à un concours d'épouvantails : il y en a de plus en plus à la belle saison, un peu partout en France.*

Notes personnelles

....

....

28 MARS

Saint Gontran

« De Saint-Gontran la journée belle • Voit arriver les hirondelles »

Découvrez…

LE MYOSOTIS DU CAUCASE

Cette plante se distingue par sa grande robustesse et sa capacité d'adaptation à tous les sols (même si elle préfère la fraîcheur) et toutes les situations. *Brunnera macrophylla* est précieux pour les sous-bois où l'on peut l'associer aux bulbeuses. Il forme une touffe de 40 cm de haut et de large, et donne, en avril-mai, des fleurs bleues, assez proches de celles du myosotis. Le feuillage est vert foncé et rugueux.

LE CROCUS TARDIF

Les crocus botaniques ont jeté leurs feux, mais il y a quelques retardataires – et notamment l'un de mes préférés, le petit crocus de Corse *(C. corsicus)* : il est bleu violet à l'intérieur, et blanc crème strié de violet à l'extérieur. C'est l'un des plus beaux pour les rocailles. Pour le trouver, consultez la liste de mes bonnes adresses pour les fournisseurs de bulbes originaux (en fin d'ouvrage).

L'échalote 'de Jersey'

L'échalote 'de Jersey' (ou aigon échalote) donne un bulbe presque rond, avec une peau cuivrée et une chair légèrement rosée. A mon avis, c'est la plus savoureuse de toutes. On la plante au printemps.

Constituez un mélange terreux *avec 1/3 de tourbe, 1/3 de terreau du commerce et 1/3 de sable de rivière. C'est un bon mélange pour la majorité des plantes d'intérieur (à l'exception des cactus et des fougères).*

Notes personnelles

....

....

....

....

....

Sainte Gwladys

« Que mars ou non veuille • Il faut qu'avril feuille »

La montaison : *on n'est évidemment pas obligé de connaître la botanique pour faire pousser des carottes ou des capucines. Toutefois, je trouve qu'il est souvent préférable d'employer le mot exact, surtout quand il est beau et qu'il parle de lui-même. La « montaison », c'est l'allongement de la tige de la plante, stade qui précède en général la floraison.*

Découvrez... LE PENTZIA

Encore une excellente plante à fleurs annuelle, facile à cultiver et originale que nous propose le grainetier providence des jardiniers, Baumaux. *Pentzia grandiflora* 'Pincushion' forme une belle touffe de 60 cm de haut et donne de nombreuses fleurs jaune d'or en boule, durant la période estivale. Elle est belle en plate-bande, mais surtout excellente pour les bouquets séchés (elle conserve parfaitement sa couleur). On peut la cultiver en annuelle, et alors la semer en mars-avril sous abri et la repiquer en place en avril-mai, ou directement en place à cette dernière époque ; mais il est préférable de la semer en août en pépinière bien exposée, pour la repiquer en place au printemps.

La roquette, quelle salade !

Quelle bonne salade pour les palais qui ne craignent pas les saveurs fortes et un peu piquantes ! Je cueille les feuilles quand elles sont encore jeunes et je les mélange à d'autres salades, ou je les utilise pour accompagner la volaille. En outre, elles donnent un goût très agréable aux soupes – et elles sont riches en vitamine C. Il faut semer la roquette de fin mars jusqu'en septembre, en lignes espacées de 25 cm. Après la levée, éclaircissez à 8 cm environ. Récoltez en coupant les feuilles à la base, sans trop attendre.

Le bon remède

La protection des choux

Ouvrez en croix le fond d'un pot de yaourt en matière plastique pour y glisser – par le fond – les racines des jeunes choux à repiquer. Placez le fond du pot au niveau du collet, et repiquez le chou tel quel dans une terre meuble. Cette protection épargnera à la plante de nombreuses attaques de parasites du sol.

30 MARS

Saint Amédée

« Mars n'a cessé • Qu'il n'ait montré ses dents à Saint-Amédée »

Le photopériodisme : *ce terme scientifique désigne la réaction des végétaux à la durée relative du jour et de la nuit. En effet, si les plantes se réveillent ou fleurissent au printemps, ce n'est pas simplement grâce au soleil qui réchauffe la terre, mais aussi parce que les jours sont plus longs. On a d'ailleurs parfois recours à la lumière artificielle, sous serre, pour allonger la durée d'éclairement et ainsi déclencher des floraisons précoces.*

Découvrez…

L'ASCLÉPIAS DE CURAÇAO

Cette plante spectaculaire est vivace dans le Midi (où je recommande chaudement sa culture), mais on peut aussi l'élever en annuelle partout ailleurs sous nos climats, en la semant sous abri en mars. Elle est assez grande (60 à 80 cm) et elle donne de petites fleurs, dans des coloris flamboyants, jaune et rouge, regroupées en larges bouquets (ombelles) qui s'épanouissent en été. On peut la conserver dans une serre ou dans une pièce fraîche pendant l'hiver.

Le bon remède

Arrosage : la bonne dose

Arrosez régulièrement les arbres fruitiers récemment plantés. Ces derniers développent leurs racines et ont besoin de beaucoup d'eau. Apportez deux ou trois arrosoirs (20 à 30 litres) par sujet, une fois par semaine et en une seule fois. Si ce n'est pas déjà fait, ménagez une cuvette au pied de l'arbre.

LE NÉMOPHILE

L'espèce à fleurs bleues est assez connue, pleine de charme, facile à cultiver – mais attention aux chats car ils adorent se coucher dessus. Il faut découvrir la très belle espèce à petites fleurs noires brillantes, aux pétales bordés de blanc. Elle s'appelle 'Penny Black' et on la sème directement en place, en avril-mai, pour qu'elle fleurisse en juillet-août.

« Pluie de Saint-Benjamin • Assure moult foin »

Le choix des pros

*Philippe et Christine Latour, Aromatiques, tropicales**

Poivre de la Jamaïque 4 épices. ***Pimenta dioïca*** : Particulièrement apprécié pour son beau feuillage très aromatique qui parfumera vos plats de saveurs mêlées de clou de girofle, muscade, cannelle, poivre. Cet arbuste nécessite une température de 15 °C minimum et un emplacement lumineux. Le parfum des tropiques dans votre appartement !

Poivre de Sichuan. ***Zanthoxylum piperitum*** : Cet arbuste épineux, originaire du Japon, est rustique. Il doit être cultivé en exposition ensoleillée et terrain drainé. Il produit à l'automne des fruits dont l'enveloppe, une fois écrasée, donneront à votre cuisine une saveur et un arôme puissants rappelant les parfums d'Asie. Magnifiques couleurs d'automne.

Theier. ***Camellia sinensis*** : Résistant à - 15 °C, ce petit arbuste de la famille des camélias est de culture facile : mi-ombre et terre acide. Cueillir les jeunes pousses (trois feuilles) pour votre tasse de thé. Fait partie des plaisirs que peut vous procurer votre jardin aromatique.

Berlandiera lyrata : Cette vivace rustique au port touffu, à la floraison jaune bronze, généreuse, dévoilera toute sa délicatesse et sa subtilité en embaumant votre jardin ou votre terrasse d'un arôme suave de crème à la vanille. Étonnant ! Sol chaud et sec.

* Voir le carnet d'adresses.

MON CARNET D'ADRESSES

APICULTURE

THOMAS, 86, rue Abbé-Thomas – 45450 Fay-aux-Loges – Tél. : 02.38.59.56.20

ARBRES ET PLANTES DE TERRE DE BRUYÈRE

PÉPINIÈRES DE KERISNEL, 29250 Saint-Pol-de-Léon – Tél. : 02.98.69.07.10
PÉPINIÈRES A. STERVINIOU, Guipronvel – 29200 Saint-Renan – Tél. : 02.98.07.90.66
PÉPINIÈRES CLAUDE THOBY, B.P. 3, Route de Paris – 44470 Carquefou – Tél. : 02.40.72.10.48

ARBRES ET PLANTES MÉDITERRANÉENS

PÉPINIÈRES JEAN REY, La Pascalette, RN 98 – 83250 Lalonde-les-Maures – Tél. : 04.94.66.88.99
P. & M. CUCHE, Quartier Devant ville – 83830 Claviers – Tél. : 04.94.76.63.91
MICHÈLE DENTAL, 1569, route de la Mer – 06410 Biot – Tél. : 04.93.65.63.32
PÉPINIÈRES LA FOUX, Chemin de la Foux – 83220 Le Pradet – Tél. : 04.94.75.35.45
LE GROS PIN, Quartier de l'Almanarre – 83400 Hyères – Tél. : 04.94.57.72.93
DINO PELIZZARO, 290, ch. de Léouse – 06220 Vallauris – Tél. : 04.93.64.18.43

ARBRES ET PLANTES MELLIFÈRES

RÉMY POULAIN, Chemin de Pontoise – 95540 Méry-sur-Oise – Tél. : 01.30.36.60.53

ARBRES FRUITIERS

BAUD (Figuiers), Le Palis – 84110 Vaisons-la-Romaine – Tél. : 04.90.36.08.46
DURET (Petits fruits), 16360 Le Tarte – Tél. : 05.45.78.48.33
JARDIVIGNE (Vignes d'ornement et fruitières), 47110 Sainte-Livrade-sur-Lot – Tél. : 05.53.01.00.37
PÉPINIÈRES DARNAUD, Route de Marseille – 26103 Montélimar – Tél. : 04.75.01.61.44
PÉPINIÈRES DELBARD, 16, quai de la Mégisserie – 75038 Paris cedex 01 – Tél. : 01.42.36.45.01
PÉPINIÈRES JACQUES MARIONNET, B.P. 3 – 41230 Soings-en-Sologne – Tél. : 02.54.98.70.58

ARBRES FRUITIERS ANCIENS

CHRISTOPHE DELAY, Les combes – 38780 Estrablin – Tél. : 04.74.57.14.42
CONSERVATOIRE D'AQUITAINE, Eco-musée de Sabres – 40630 Sabres – Tél. : 05.58.75.78.43
LES VERGERS DE RAYNAUDE – ALAIN PONTOPPIDAN, « La guinguette » – 09350 Daumazan – Tél. : 05.61.69.85.11
PÉPINIÈRES RHÔNE-ALPES – ANDRÉ GAYRAUD, « Les Greffets» – 01440 Viriat – Tél. : 04.74.25.36.55

ARBUSTES ET PLANTES À PARFUM

FRAGRANCE, 71110 Varenne-L'Arconce – Tél. : 03.85.25.86.07

ASSOCIATIONS

AMATEURS DE BÉGONIAS, 11, rue Mirha – 75008 Paris – Tél. : 01.42.62.84.89
ASSOCIATION DE PARCS BOTANIQUES DE FRANCE, 15 bis, rue de Marignan – 75008 Paris – Tél. : 01.42.56.26.07
ASSOCIATION FRANÇAISE DES AMATEURS DE BONSAÏS, 8, rue Lakanal – 92330 Sceaux
FÉDÉRATION FRANÇAISE DES AMATEURS D'ORCHIDÉES, Service culturel de la mairie 95580 Montlignon
L'ORMEAU ET LA PALISSE CATHERINE BISSON, Rue du Petit Paradis – 79160 Coulonges-sur-l'Autize – Tél. : 05.49.06.02.18
LA SALICAIRE, 82210 Saint-Nicolas-de-la-Grave – Tél. : 05.63.94.85.98 ou 05.53.95.83.95
LES CROQUEURS DE POMMES, B.P. 702, Belfort cedex, Section Brie-Gatinais, La Therionne 77715 Hautefeuille
LES FOUS DE PALMIERS, B.P. 10 – 83400 Hyères

SOCIÉTÉ D'HORTICULTURE ET DES JARDINIERS DE FRANCE, 97, bd Saly – 59000 Valenciennes – Tél. : 03.27.46.37.50
SOCIÉTÉ DES GENS DE JARDINS, 141, ch. des Maures – 06600 Antibes – Tél. : 04.93.95.26.82
SOCIÉTÉ NATIONALE D'HORTICULTURE DE FRANCE, 84, rue de Grenelle – 75007 Paris – Tél. : 01.45.48.81.00

BAMBOUS

JARDINS D'OMBRE, 9, rue La Fayette – 94210 La Varenne – Tél. : 01.48.89.50.05 ou 01.48.89.02.97
LES BAMBOUS DE L'HUBAC – BENOÎT BERAUD, Pont de Siagne – 83440 Montauroux – Tél. : 04.93.66.12.94
PÉPINIÈRES DE PRAFRANCE, Générargues – 30140 Anduze – Tél. : 04.66.61.70.47
PLANBUISSON, 24480 Le Buisson – Tél. : 05.53.22.01.03

BONSAÏS

RÉMY SAMSON, 25, rue de Chateaubriand – 92290 Châtenay-Malabry – Tél. : 01.47.02.91.99

BULBES

BULBES D'OPALE, Boerenweg Ouest – 59285 Buysscheure – Tél. : 03.28.43.04.67
SCHRYVE JARDIN, Route de Steent'je – 59270 Bailleul – Tél. : 03.28.49.27.40

CACTUS ET PLANTES GRASSES

CACTUS ESTEREL, Ch. de Maupas – 83600 Bagnols-en-Forêt – Tél. : 04.94.40.66.73
ETS KUENTZ, Le monde des cactus, 327, rue Gal.-Brosset – 83600 Fréjus – Tél. : 04.94.51.48.66

CITRONNIERS – ORANGERS – AGRUMES

AGRUMES EN PROVENCE, 30131 Pujaut – Tél. : 04.90.26.47.12
ANDRÉ BENTOGLIO, Route d'Hauterives – 47110 Sainte-Livrade-sur-Lot – Tél. : 05.53.01.11.01
J.J. SOUCASSE, Lieu Dit « Jouenton », lotissement Bellevue – 40800 Aire-sur-Adour – Tél. : 05.58.71.66.28 ou 05.58.71.60.94

CLÉMATITES – GLYCINES

THE VALLEY CLEMATIS NURSERY, Hainton, Lincoln, LN3 6LN – Royaume-Uni – Tél. : 05 07 31 33 98
TRAVERS, Cours Charettes – 45650 Saint-Jean-le-Blanc – Tél. : 02.38.66.37.93

DAHLIAS DE COLLECTION

BAUMAUX, 11, rue des quatre Églises – 54000 Nancy – Tél. : 03.83.32.01.67

ÉRABLES DE COLLECTION

JARDINS DE VALLOIRES, 80120 Argoules – Tél. : 03.22.23.53.55

FUCHSIAS – GÉRANIUMS

FLEURS DE GASCOGNE (Pelargonium), Route de Buglose – 49190 Saint-Vincent-de-Paul – Tél. : 05.58.89.91.09
GAEC HORTIFLOR – BUREAU ET FILS, Savennières – 49170 Saint-Georges-sur-Loire – Tél. : 02.41.72.21.67
GÉRANIUMS D'AQUITAINE, 60, impasse Péchabout – 47000 Agens – Tél. : 05.53.96.33.48
J.P. TOURLY, 17, rue de Danton-Asnières – 18000 Bourges – Tél. : 02.48.24.44.21
LES CAILLOUX VIVANTS, 46360 Saint-Cernin – Tél. : 05.65.31.31.51
LESLIE MILLNS FUCHSIAS, Trenogoat – 29350 Moëlan-sur-Mer – Tél. : 02.98.39.74.00
SIRVEN – YVETTE HORTICULTEUR, Chemin de la Glacière – 40180 Saint-Vincent-de-Paul Tél. : 05.58.89.91.09

GERMOIRS – GRAINES GERMÉES – DIABLES

MAX LABBÉ, 3, rue Emile Level – 75017 Paris – Tél. : 01.44.75.07.63

GIROUETTES DE JARDIN

CLAUDE CALLONI, 14, route de Rambouillet – 78120 Poigny-la-Forêt – Tél. : 01.34.84.71.60
CLAUDE DELTON, La Fazinde, Domaine d'Ollone, Quartier de Saint-Véran – 84110 Vaison-la-Romaine – Tél. : 04.90.46.15.56
GEORGES CWIECINSKI, « Chez Dyon »
17770 Saint-Hilaire-de-Villefranche – Tél. : 05.46.95.31.99
MICHEL CHEBROU, Rue du Député-Disleau, Saint-Ouenne – 79220 Champdeniers – Tél. : 05.49.04.02.32

GRAINES ET LÉGUMES D'AUTREFOIS

BAUMAUX, 11, rue des Quatre-Eglises – 54000 Nancy – Tél. : 03.83.32.01.67
BLANVILLAIN (Ginseng), 15, rue des trois Cornets – 45140 Ormes – Tél. : 02.38.74.85.84
CLUB MÉMOIRE VERTE, 33670 La Sauve
FERME DE SAINTE MARTHE, G.E.P. B.P. 10 – 41700 Cour-Cheverny – Tél. : 02.54.44.20.03
FLORAMA, 74, rue d'Etigny – 64000 PAU – Tél. : 05.59.92.12.03
GAEC HORTIFLOR – BUREAU ET FILS, Savennières – 49170 Saint-Georges-sur-Loire – Tél. : 02.41.72.21.67
LE JARDIN DE SAUVETERRE (Semences et plants de fleurs sauvages), Laboutant – 23220 Moutier-Malcard – Tél : 05.55.80.60.24
THOMSON AND MORGAN, Poplar Lane – Ipswish IP8 3BU – Royaume-Uni Tél. : 01 473 68 88.21

IRIS

BULBES D'OPALE, Boerenweg Ouest – 59285 Buysscheure – Tél. : 03.28.43.04.67
CAILLEUX S.A., Ferme de la Carcaudière, route de Coullons, C.D. 956 Poilly-les-Gien, B.P. 35 – 45501 Gien cedex – Tél. : 02.38.67.71.06
GAEC DE CHAMPAGNE, 41230 Soings-en-Sologne – Tél. : 02.54.98.71.06
IRIS AU TRESCOLS, 47340 Hautefage-La Tour – Tél. : 05.53.70.75.66
IRIS DE THAU, Route de Villeveyrac – 34140 Mèze – Tél. : 04.67.43.59.54
IRIS EN PROVENCE, B.P. 53, Chem. des Maures, route Appie – 83402 Hyères – Tél. : 04.94.65.98.30

LAURIERS ROSES

OLIVIER FILIPPI, « Pétal » R.N. 113 – 34140 Mèze – Tél. : 04.67.43.88.69

MAGNOLIAS

PÉPINIÈRE BOTANIQUE D'ARMORIQUE – PHILIPPE NOËL, Crech'an Bleiz – 22160 Mael-Pestivien – Tél. 02.96.45.70.45
PÉPINIÈRE SAINT ANTOINE, 10130 Evry-le-Chatel. Tél. : 03.25.70.50.33
PÉPINIÈRES DU DOMAINE DES ROCHETTES, La Prévière – 49420 Pouancé – Tél. 02.41.92.44.76

MEUBLES – GLORIETTES – CLAUSTRAS

FERMOB, B.P. 48 – 71102 Chalon-sur-Saône. Tél. : 03.85.46.55.23

ORCHIDÈES

EXOFLEUR, Chemin des Faudouas – 31700 Cornebarrieu – Tél. : 05.61.85.27.25
MARCEL LECOUFLE, 5, rue de Paris – 94470 Boissy-Saint-Léger – Tél. : 01.45.95.25.25
MICHEL VACHEROT, C.D. 7, Le pont d'Argens – 83520 Roquebrune-sur-Argens – Tél. : 04.94.45.48.59
VACHEROT ET LECOUFLE, « La Tuilerie », Rue de Valenton, B.P. 8 – 94471 Boissy-Saint-Léger – Tél. : 01.45.69.10.42

OUTILS ET MATÉRIEL POUR GAUCHERS

LA MAIN GAUCHE, 7, quai de l'Iser – 76200 Dieppe

PÉPINIÈRES D'ALTITUDE

GRUSZKA, 195, rue des Ecoles – 73230 Saint-Alban-Leysse – Tél. : 04.79.85.77.08
PUTHOD, 74130 Le Petit-Bornand – Tél. : 04.50.03.50.31

PÉPINIÈRES GÉNÉRALES « TROIS ÉTOILES »

ANDRÉ BRIANT, « La Bouvinerie » – 49180 Saint-Bartélémy-d'Anjou – Tél. : 02.41.93.92.86
ARBORESCENCES, Thauvenay – 18300 Sancerre – Tél. : 02.48.79.92.92
DAUGUET (Bruyères), La Voisinière – 53220 Larchamp – Tél. : 02.43.05.32.20
DINO PELLIZZARO, 290, ch. de Léouse – 06220 Vallauris – Tél. : 04.93.64.18.43
GRUSZKA, 195, rue des Écoles – 73230 Saint-Alban-Leysse – Tél. : 04.79.85.77.08
J.E.C.E, 12, avenue Léopold III – 7130 Bray (Binche) – Belgique – Tél. : (33) 064.33.82.15
JARDINS DE VALLOIRES, 80120 Argoules – Tél. : 03.22.23.53.55
JARRIGE ESPACES VERTS, Les Quatre Routes – 46110 Vayrac – Tél. : 05.65.32.11.54
JOURDAN ET ÈVE, Le Chesnoy – 45490 Treilles – Tél. : 02.38.87.83.58
L'ATELIER VERT, 47, rue Carnot – 95360 Montmagny – Tél. : 02.39.83.54.58
LANDY, Richoré, B.P. 9 – 42740 Saint-Paul en Jares – Tél. : 04.77.73.21.09
LES JARDINS DE LA BRANDE, 24380 Fouleix – Tél. : 05.53.07.47.85
LES PÉPINIÈRES DE SAINT-CYPRIEN, Saint-Cyprien – 20137 Lecci – Tél. : 04.95.71.61.45
MICHEL BONNET (Gros arbres), 7, place des Enfants Nantais – 44000 Nantes – Tél. : 02.40.74.18.28
OLIVIER FILIPPI, « Pétal », R.N. 113 – 34140 Mèze – Tél. : 04.67.43.88.69
PÉPINIÈRE BOTANIQUE PLANTYMEN, Penquelen – 56530 Queven – Tél. : 02.97.65.99.76
PÉPINIÈRE FRAGRANCE, La Jugnon – 71800 Vauban – Tél. : 03.85.25.89.58
PÉPINIÈRE PAQUEREAU, Domaine de Cornay – 45590 Saint-Cyr-en-Val – Tél. : 02.38.76.23.10
PÉPINIÈRES ADELINE (Collection nationale de Ginkgos), Route d'Herri – 18140 La Chapelle-Montlinart – Tél. : 02.48.79.51.51
PÉPINIÈRES ALLAVOINE, Rue Charles-de-Gaulle – 78350 Jouy-en-Josas – Tél. : 01.39.50.56.98
PÉPINIÈRES BOTANIQUES JEAN THOBY, 40330 Amou – Tél. : 05.59.89.24.22
PÉPINIÈRES CHARENTAISES, 16310 Montembœuf – Tél. : 05.45.65.02.61
PÉPINIÈRES CÔTE SUD DES LANDES, Route d'Artigue – 40230 Saint-Géours-de-Maremne Tél. : 05.58.57.33.30
PÉPINIÈRES DE CLAIREAU, Route de Fay-aux-loges – 45450 Sully-La-Chapelle – Tél. : 02.38.57.10.77
PÉPINIÈRES DES FARGUETTES, 24520 Saint-Nexans – Tél. : 05.53.24.37.54
PÉPINIÈRES DES LAURAINS, 22, rue d'Etrelles – 10170 Longue-Ville-sur-Aube – Tél. : 03.25.39.17.17
PÉPINIÈRES JEAN REY, La Pascalette, RN 98 – 83250 Lalonde-les-Maures – Tél.: 04.90.70.61.13
PÉPINIÈRES MINIER, « Les fontaines de l'Aunay », B.P. 79 – 49250 Beaufort-en-Vallée – Tél. : 02.41.79.48.48
PÉPINIÈRES RENAULT, Domaine du Rocher – 53120 Gorron – Tél. : 02.43.08.60.45
PÉPINIÈRES RHÔNE-ALPES – A. GAYRAUD, « Les Greffets » – 01440 Viriat – Tél. : 04.74.25.36.55
VERSEPUY (Pépinières et graines d'arbres), 1, chemin Sainte-Catherine – 43001 Le Puy-en-Velay Tél. : 04.71.05.60.80

PIVOINES

LA PIVOINERAIE, Latrenne – 47380 Montclar-d'Agenais – Tél. : 05.53.84.91.33
M. RIVIÈRE, Moulin Cassal-Nievroz – 01120 Montuel – Tél. : 04.78.06.19.02

PLANTES AQUATIQUES

ALISMA, La Ville – 09160 Taurignan Castet – Tél. : 05.61.66.77.63
AQUICULTURE – ROGER BEZANCON, « Moulin de la Follaine » – 37310 Azay-sur-Indre – Tél. : 02.47.92.58.39
GÉRARD MALINVAUD, Chemin de Maupas – 83600 Bagnols-en-Forêt – Tél. : 04.94.40.66.73
MAIGRET S.A., 73, route d'Aulnay – 91180 Saint-Germain-les-Arpajons – Tél. : 01.60.84.06.54

PLANTES AROMATIQUES ET MÉDICINALES

F.L. GAUTHIER, B.P. 301 – 64703 Hendaye cedex – Tél. : 02.43.53.78.35
LA FOUX, Chemin de la Foux – 83220 Le Pradet – Tél. : 04.94.75.35.45
PH. & CH. LATOUR, Moulin de la Serre – 46340 Degagnac – Tél. : 05.65.41.55.81

PLANTES CARNIVORES

JEAN-JACQUES LABAT, Empouchon-Peyrusses, Majas – 32360 Jegun – Tél. : 05.62.65.52.48
MARCEL LECOUFLE, 5, rue de Paris – 94470 Boissy-Saint-Léger – Tél. : 01.45.95.25.25

PLANTES VIVACES

BONAUT, 566, Chemin des Maures – 06600 Antibes – Tél. : 04.93.33.51.24

CÔTÉ JARDIN, 444, route de Morgny – 76160 La-Vieux-Rue – Tél. : 02.35.34.08.87
ELLÉBORE, Jardin d'acclimatation, Bois de Boulogne – 75016 Paris – Tél. : 01.40.67.93.37
EMMANUEL LEPAGE, « La fontaine », Ch. des perrins – 49130 Les Ponts-de-Cé – Tél. : 02.41.44.93.55
L'ARCHE DE NOÉ, Route de Montmorency – 95330 Domont – Tél. : 02.39.35.03.73
LE JARDIN DU MONT DES OISEAUX, 31220 Mondavezan – Tél. : 05.61.97.24.97
LE JARDIN DU MORVAN, Savigny-Poil-Fol – 58170 Luzy – Tél. : 03.86.30.87.29
LE JARDIN FRANÇAIS, 24, rue René de Girardin – 60950 Ermenonville – Tél. : 03.44.54.07.77
LE JARDIN MINIATURE, 45, chemin des Bretoux – 95320 Saint-Leu-La-Forêt – Tél. : 02.39.60.91.73
LE TEMPLE DES DEFFENDS, « Le Tatre » – 16360 Baignes – Tél. : 05.45.78.48.33
LES JARDINS D'EN FACE, La Ville-au-Monnier – 35730 Pleurtuit – Tél. : 02.99.46.43.31
LES JARDINS DE COTELLE, 76370 Derchigny-Graincourt – Tél. : 02.35.83.61.38
LES JARDINS DE JOHN, Les Nautes – 66220 Fenouillet – Tél. : 04.68.59.94.28
MICHEL LUMEN , « Les Coutets », Creysse – 24100 Bergerac – Tél. : 05.53.57.62.15
MICHÈLE DENTAL, 1569, route de la Mer – 06410 Biot – Tél. : 04.93.65.63.32
OLIVIER FILIPPI, « Pétal », R.N. 113 – 34140 Mèze – Tél. : 04.67.43.88.69
ORKIDÉE, 9, Grande rue – 27220 Saint-Laurent-des-Bois – Tél. : 02.32.37.25.22
PATRICK NICOLAS, 8, sentier du Clos-Madame – 92190 Meudon – Tél. : 05.45.07.80.05
PÉPINIÈRE DES PINS (Fougères, Plantes exotiques), 06330 Roquefort-Les-Pins – Tél. : 04.93.77.04.48
PÉPINIÈRES BROCHET-LANVIN, « La Presle », rue Bré – 51480 Nanteuil-la-Forêt – Tél. : 03.26.59.43.39
PLANBESSIN – C. SAINTE BEUVE, Castillon – 14490 Balleroy – Tél. : 02.31.92.56.03
PROUTEAU, Les Quatre rues, Saint-Saturnin-sur-Loire – 49320 Brissac-Quince – Tél. : 02.41.91.29.86
SANTONINE, Tout-Y-Faut, 17260 Villars-en-Pons – Tél. : 05.46.94.26.94
SOPHIE ET JEAN-YVES POIROUX, Le petit Beauregard – 85340 Olonne-sur-Mer – Tél. : 02.51.95.09.61
UN JARDIN DE COTTAGE – MONIQUE HEGO, 2, rue Laurent Pillard – 88100 Saint-Dié des Vosges – Tél. : 03.29.56.73.97
YVES DUPONT, 10, rue de Bellevue – 45081 ORLÉANS cedex 2 – Tél. : 02.38.66.39.29

ROSES ANCIENNES ET MODERNES

ANDRE ÈVE, B.P. 206 – 45302 Pithiviers Cedex – Tél. : 02.38.30.01.30
BOUREAU, 28 bis, rue du Maréchal Gallieni – 77166 Grisy-Suisnes – Tél. : 01.64.05.91.83
GUILLOT, Domaine de la Plaine, Chamagnieu – 38460 Cremieu – Tél. : 04.74.90.27.55
LAPERRIÈRE, RN 6 – 38070 Saint-Quentin-Falavier – Tél. : 04.74.94.04.36
MEILLAND RICHARDIER, B.P. 2 – 69815 Tassin-la-Demi-Lune cedex – Tél. : 04.78.34.46.52
PÉPINIÈRES DELBARD, 16, quai de la Mégisserie – 75038 Paris cedex 01 – Tél. : 01.42.36.45.01
ROSERAIE DE BERTY, 07110 Largentière – Tél. : 04.75.88.30.56
ROSERAIE DU DAUPHINÉ, Le Varnier – 38940 Montfalcon – Tél. : 04.76.36.25.71
ROSES D'ANTAN, 22200 Grâces – Guingamp – Tél. : 02.96.44.41.10

SAUGES

LA FOUX, Chemin de la Foux – 83220 Le Pradet – Tél.: 04.94.75.35.45

SEMENCES ET GRAINES ET PLANTES RARES

BAUMAUX, 11, rue des quatre Eglises – 54000 Nancy – Tél. : 03.83.32.01.67
DESPALLES, 3 ter, rue d'Alésia – 75014 Paris – Tél. : 01.45.89.05.31
ETS PARIS-HOLLANDE, 1, rue des Lavandières – Sainte Opportune – 75001 Paris – Tél. : 01.42.36.82.68
FERME DE SAINTE-MARTHE, G.E.P., B.P. 10 – 41700 Cour-Cheverny – Tél. : 02.54.44.20.03
GRAINETERIE SCHOCH, 18, rue des Boulangers – 68100 Mulhouse – Tél. : 03.89.45.11.21

SERRES

ANGEVINUS, La Poulinière – 49140 Beauné – Tél. : 02.41.45.13.69
IMPORT GARDEN – GUY LANGE, 16-18, rue Marie Joyle – 7040 Havre (Mons) – Belgique – Tél. : (00.32) 65.87.25.94
SERRES ET FERRONNERIE D'ANTAN, Route de Vendôme – 41360 Savigny-sur-Braye – Tél. : 02.54.23.70.34

VIBURNUMS

MAURICE LAURENT, « Les Granges Pomeyrieu » – 69560 Saint-Romain-en-Gal – Tél. : 04.74.53.03.80

A

B

C

D

E

F

G

H

I

J

K

L

R

S

T

V

Z

Achevé d'imprimer
en février 1998
par Pozzo Gros Monti
Turin, Italie